EL CRIMEN DE SUICIDIO EN LA EDAD MODERNA.
Tratamiento institucional en la literatura moral y jurídica europea

Victoria Sandoval Parra

EL CRIMEN DE SUICIDIO EN LA EDAD MODERNA.
Tratamiento institucional en la literatura moral y jurídica europea

Dykinson, S.L.

Este libro ha sido sometido a evaluación por parte de nuestro Consejo Editorial
Para mayor información, véase www.dykinson.com/quienes somos

Editorial DYKINSON, S. L. - Meléndez Valdés, 61 - 28015 Madrid
Teléfonos (+34) 91 544 28 46 - (+34) 91 544 28 69
e-mail: info@dykinson.com
http://www.dykinson.es
http//www.dykinson.com

ISBN: 978-84-9148-077-8
Depósito legal: M. 2705-2017

Preimpresión e Impresión:
SAFEKAT, S.L.
Laguna del Marquesado, 32 - Naves J, K, y L - 28021 Madrid
www.safekat.com

Este trabajo pertenece a los Proyectos de Investigación «El crimen en la doctrina jurídica europea: espacio común y singularidades territoriales», financiado por la Fundación Séneca, ref. 19208/PI/14, y «Literatura del crimen: doctrina jurídica y crónica social (siglos XVI-XX)», ref. DER2015-64627-P, financiado por el Ministerio de Economía y Competitividad.

ÍNDICE

CAPÍTULO I.
«OCCIDERE SE IPSUM»

1. EL SUICIDIO: EXTENSIÓN Y RESTRICCIÓN DEL CRIMEN

Toda reflexión a propósito del perfil del suicida, si se siguen las precisiones de los jurisperitos y los teólogos de los siglos XVI y XVII, tiene su raíz en la equiparación del acto en el que el suicidio consiste —«occidere se ipsum» con el homicidio, de tal forma que el acto doloso de comisión de muerte contra el prójimo que el homicidio significa se convierte en un atentado de muerte contra la propia vida del homicida[1]. El hecho de que el suicida sea estrictamente un homicida pro-

[1] Como referencia para este estudio sobre el crimen del suicidio según la literatura o doctrina jurídica de la Edad Moderna tiene sentido destacar el análisis similar, contextualizado geográfica e historiográficamente en la Italia del siglo XVI, que ofrece Gian Paolo MASSETTO, «Il suicidio nella dottrina dell'età di mezzo», *Acta histriae*, 12 (2004), pp. 139-176, un trabajo no sólo relacionado por materia y época con el objeto de estas páginas, sino también por la forma jurídicamente muy estructurada y documentada de analizar el tema del suicidio en la doctrina jurídica italiana. En líneas generales el autor viene a reflexionar sobre la consideración moderna del suicidio como un acto contrario a la inclinación natural y a la caridad, así como una injuria hacia la República, en función de las aportaciones que ofrecen los jurisperitos italianos, y hace hincapié en la frecuente distinción entre suicidio directo y suicidio indirecto, la posibilidad muy discutida de dar castigo al suicida «post-mortem» mediante la horca (en la tensión entre el rechazo doctoral a estas prácticas, propugnando su abandono por los jueces, frente a la opinión de quienes creyeron en su mantenimiento pero dependiente del arbitrio judicial, valorador de las causas que pudieran justificar la aplicación —o no— de la pena «post-mortem»), las penas patrimoniales impuestas al suicida, tales como la confiscación de los bienes en el caso de que el

porciona una referencia básica moral y jurídica que no evita, por supuesto, sino que pone de manifiesto, la necesidad de la consideración de no pocas singularidades. Éstas se deben, en principio y fundamentalmente, al hecho de que el suicidio tenga que ser catalogado, todavía con mayor rigor técnico, como un «homicidium qualificatum», cuya peculiaridad cualificada se deriva precisamente de la extraña posición del sujeto que consuma el delito. Es evidente que el autor que protagoniza el crimen ha de presentar, en esta situación tan singular del suicidio en la que principal y víctima del homicidio se confunden, unos rasgos psicológicos muy especiales[2].

---

suicidio fuese cometido por conciencia o miedo de la pena por la comisión de un delito anterior (y por consiguiente, distinguiendo por un lado el suicidio por conciencia de crimen y miedo a la pena, activo desde la captura flagrante del reo o bien desde la acusación del crimen, y atendido el momento procesal en que se hallara el reo en el momento en que se suicidó; y de otro lado, un segundo conjunto de motivaciones tales como el furor o la locura, el tedio vital, la enfermedad o la impaciencia del dolor, que en líneas generales según el criterio común no deberían penalizarse); la tentativa de suicidio conforme a las valoraciones de los doctores (y de nuevo en su contexto: en prisión, por la comisión de un crimen anterior, o por otros motivos, como el padecimiento de graves dolores), y de manera particular el suicidio de los clérigos, o incluso el suicidio de los declarados como enemigos. Massetto discurre sobre la naturaleza jurídica del suicidio a partir de su entendimiento como una figura delictiva en la que el sujeto activo se identifica con el sujeto pasivo y al mismo tiempo existe la dualidad de la afección del cuerpo y la afección del alma, que convierte el acto en un atentado contra Dios, y en consecuencia el crimen en una conducta caracterizada por la inclusión de elementos complejos éticos, morales y políticos: hay en el suicidio un quebrantamiento tanto del orden teológico como del jurídico, y de ahí sus consecuencias nefastas traducidas en la dureza de las penas tipificadas, parejas sin embargo a la preocupación doctrinal por lo que se consideró una excesiva y cruenta penalización del suicidio.

[2] Destaquemos la crítica que realiza Róisín HEALY, «Suicide in Early Modern and Modern Europe», *The Historical Journal*, 49 (2006), pp. 903-919, al tratamiento que concede la disciplina de la Historia general al suicidio, tratamiento en el que entran en juego las especialidades de las disciplinas jurídicas, filosóficas o teológicas en las que irremediablemente se ampara la Historia para conformar sus argumentos. Dice Healy que los historiadores suelen indagar sobre un número reducido de suicidas, o bien sobre el carácter de los sujetos que se ven abocados al acto, reclamando un mayor escepticismo sobre la fiabilidad de las pruebas y el sentido de las conclusiones basadas en experiencias individuales. Es cierto que son muchas las disciplinas relevantes para el tratamiento del suicidio, y que si la Historia es una de ellas, lo es sirviéndose a su vez de otras ciencias como la Teología y la Filosofía, que además

De hecho, no sólo el término subjetivo de suicida no forma parte del lenguaje jurídico moderno hasta el siglo XVIII[3], sino que su caracte-

---

configuran una especie de vehículo para la discusión sobre la relación entre Dios y la sociedad. En realidad, la autora revisa el lenguaje utilizado por la historiografía anglosajona y alemana que tiene como objeto el suicidio en el temprano y tardío periodo Moderno, destacando que es el consustancial carácter problemático a la hora de evidenciar un suicidio lo que ha dado lugar a un aumento de las investigaciones empíricas. Asimismo, concluye su análisis recomendando a los historiadores que intenten fomentar y conducir sus estudios hacia este empirismo, como cauce para la ampliación de sus investigaciones en función de respuestas alternativas sobre el acto del suicida, además de la posibilidad de mostrar otros datos históricos relevantes. Parece olvidársele a la autora, dada una practicidad que se acompaña tan sólo de un repaso bibliográfico sobre el tema del suicidio en las últimas décadas, que la práctica requiere de o emana una teoría, y que, precisamente, del estudio de esa teoría se encargan disciplinas como la Historia, la Filosofía o la Teología, para comprender esencialmente, como punto de partida, qué significa un suicidio según el contexto y la época en la que se produce, así como qué es lo que explica el comportamiento del ser humano, cuál es su relación intelectual con lo divino, lo natural y lo positivo, para finalmente cometer un hecho que socialmente ha pasado por varios grados de especulación individual y social, de valoración necesaria para comprender su práctica; si en la Antigüedad el suicidio podía llegar a ser visto como un hecho grandioso y heroico, durante la Edad Media y Moderna pasó a ser tipificado como un crimen homicida motivado por impulsos diabólicos o en su defecto de locura, si no absolutamente pernicioso por plenamente deliberado. La lectura de lo empírico carece de sentido si no se ha tratado necesariamente esa relación intelectual del hombre con lo divino, lo espiritual o lo social, con mayor razón de cara a la comisión de un hecho suicida cuyo sentido y gravedad ha de definirse según el contexto histórico.

[3] El término «suicidio» no se desarrolla hasta ya entrado el siglo XVIII. Hasta que este término se abre camino, la expresión del acto es descriptiva de su clara tipificación como un delito cualificado de homicidio, de modo que la terminología empleada para referirse a la acción «suicida» en concreto —matarse a sí mismo, «occidere se ipsum»— vendría a mostrar la dureza y la brutalidad de un hecho tan abominable y bochornoso que prefiere identificar a su protagonista como el verdadero autor de un crimen homicida sin caracterizarlo en ningún caso (y lo es) como su víctima. Así lo explica Jean-Claude SHMITT, «Le suicide au Moyen Age», *Annales. Histoire, Sciences Sociales,* 1 (enero-febrero, 1976), pp. 3-28, para el caso francés. En Francia, explica, el término «suicidio» exactamente apareció en 1734, utilizándose hasta ese momento expresiones que, al igual que en el caso español, identificaban al suicida como un homicida: «être homicide de soi-même», «s'occir sos-même», «se meutrir». No obstante, el término

rización objetiva a través del acto en el que consiste su comportamiento (el hecho de matarse a sí mismo) es inmediatamente explicado o desarrollado en función de esos matices, esas razones o causas psicológicas, que pretenden explicar su excepcionalidad. Si el suicida es quien se causa a sí mismo la muerte, con esta sentencia viene añadida de modo constante la relación de motivos que explican la autoagresión, como si la rareza de la conducta tuviera que atenuarse lógicamente con el inmediato apoyo de sus móviles. Así los motivos se ponen en valor a propósito del suicidio, a veces tan amplios y ambiguos como pueda ser la mera ansia por perder la vida, y otras veces materializados en intereses antepuestos al aliento vital, tanto positivos, como la búsqueda de la gloria, como negativos, como el arrepentimiento por la culpa en algún hecho no honroso o vergonzoso. Por supuesto, la similitud o analogía permite adivinar un fondo amplísimo de posibles pretextos o criterios tan complejos como el entendimiento y el sentimiento humanos[4].

«suicidio» ya era utilizado desde el siglo xvii por los filósofos y casuistas ingleses. De hecho, el origen del término parece ser de carácter anglosajón, unido al nacimiento de la Primera Revolución Industrial y al desarrollo y valoración de actitudes individualistas que, progresivamente, irían abandonando la idea del «homicidio hacia sí mismo». En este sentido, Alejandro Morín, «Desesperación y suicidio en Partidas y Cantigas de Santa María», en M. Brizuela (coord.), *El hispanismo al final del milenio. V Congreso Argentino de Hispanistas*, Córdoba (Argentina), Comunicarte Editorial, 1999, I, pp. 231-241, identifica ambas nociones de suicidio y desesperación como «pecado que nunca Dios perdona», exponiendo que el suicidio, como concepto tal y como lo conocemos hoy en día, no existe hasta finales del siglo xvii y además difiere radicalmente del significado actual. De hecho, si la literatura medieval y moderna utiliza expresiones como «homicidio de sí mismo» o «desesperamiento», éste último, la «desesperación», procede de la teología y considera un pecado nefando el «homicidio de sí», utilizándose a menudo esta expresión para referirse tanto a la acción suicida como a su ejecutor. *Vid.* también, del mismo autor, «Suicidas, apóstatas y asesinos. La desesperación en la Séptima Partida de Alfonso el Sabio»,en *Hispania. Revista Española de Historia*, 207 (2001), pp. 179-220; o «Delinquere in se. Condiçoes de criminalizaçao do suicidio no mundo jurídico da Baixa Edade Média», *Signum*, 10 (2008), pp. 95-116

[4] A propósito de las definiciones y diferentes perspectivas históricas sobre el suicidio, cabe destacar el artículo de Miguel Ángel Isais Contreras, «Del homicidio voluntario a la monomanía suicida: perspectivas históricas y explicativas de un mismo fenómeno», *Estudios Sociales*, 1 (2007), pp. 133-164. En este trabajo el autor

Ahora bien, ateniéndonos a la valoración moral y jurídica que el suicidio merece para la doctrina católica, es importante tener en cuenta que el suicida viene caracterizado por aquella complejidad psicoló-

---

defiende que para comprender el fenómeno suicida dentro de cualquier contexto social e histórico es necesario tener previamente en cuenta el «cuerpo conceptual» y «simbólico» que determinaron la variedad de discursos sobre el hecho en sí según la época; discursos que, en definitiva, siempre han sido representados por dos grandes instituciones, la Iglesia Católica y el Estado. El término «suicidio» como tal no aparece hasta la época ilustrada; en España fue en 1817 cuando el Diccionario de la Real Academia Española lo definía como el «acto o la conducta que daña o destruye al propio agente». En primer lugar, el autor realiza un recorrido histórico sobre el suicidio, exponiendo que civilizaciones antiguas como la griega consideraron este acto como totalmente legítimo y que a la vez estaba permitido por el propio Estado si previamente el individuo que pretendía darse muerte exponía ante el Senado los motivos que lo guiaban; en caso de no hacerlo, su muerte sería vista como un atentado contrario a la «polis», prohibiéndose los honores de la sepultura, amputando la mano derecha del cadáver y enterrándola aparte, o exponiendo el cuerpo. Sería más adelante, a raíz de las meditaciones expuestas por San Agustín sobre el hecho de darse muerte a sí mismo, cuando finalmente fuese reconocido como un delito cualificado de homicidio, considerando igual de culpable —e incluso mayor— al suicida, que al individuo que mata al prójimo. De esta forma, confluían la consideración por la Iglesia del suicidio como un insulto, una injuria hacia Dios, y la del Estado como un crimen merecedor de pena, y así, desde el Medioevo, las autoridades impondrían castigos a los suicidas que irían desde la confiscación total de sus bienes «hasta relegarles a una eterna condena», expresando una represión al unísono temporal y espiritual. Un motivo además por el que el suicida era duramente condenado residía en el temor y la incertidumbre social, horrorizada ante un posible contagio, lo que explica la repulsión social y los ultrajes hacia los cadáveres, o incluso el hecho de llegar a considerar la tentativa como una acción criminal y punible. Fue a partir del siglo XVIII, explica Isais, cuando el suicidio adquiere unas connotaciones diferentes y novedosas, resaltando una incipiente tolerancia hacia este acto. Para demostrarlo, destaca las aportaciones al respecto de David Hume, cuando sostenía que «todo aquel que terminara con su propia existencia no atentaba contra la sociedad a la que pertenecía»; en consecuencia, el individuo, al matarse, sólo dejaba de ser útil, y hasta en cierto modo la sociedad se libraba con su suicidio de cierto malestar, pues el sujeto, al verse imposibilitado para cumplir sus labores, decidía evadirse, en un acto que incluso podría entenderse admirable al ofrecer a otro la posibilidad, en su lugar, de destacar y mostrar ante la sociedad sus capacidades y dones. Asimismo, Hume replantea el derecho de quitarse la vida ante problemas tales como la miseria o el fracaso personal como una alternativa, una salida hacia la libertad, despojándose el sujeto de su malestar. No lo entiende así Catalina GONZÁLEZ, «Ironía y escepticismo

gica siempre bajo un juicio que simplifica sus justificaciones en función de la depravación del acto cometido. Y en este sentido las razones del suicida obedecen, de cualquier forma y en cualquier caso, a pesar

---

en 'Sobre el suicidio' de David Hume», en Felipe Castañeda (coord.), *Francisco de Vitoria. Relección sobre el homicidio & comentario a la cuestión 64 «sobre el homicidio» de la «Suma Teológica II(A)-II(AE)*, Bogotá, Universidad de los Andes, 2010, pp. 243-260, al indicar que el argumento de Hume sobre el suicidio tiene «dos niveles de interpretación» que analiza de manera muy exhaustiva, exponiendo además el contexto de la discusión. En primer lugar, ciertamente, una clara exculpación del suicidio y por ende su rechazo hacia la condena tanto moral como estrictamente cristiana; pero, no obstante, en un segundo nivel de lectura, «entrelíneas», podría creerse que la intención de Hume no es defender el suicidio como tal, de forma tan abierta y reivindicativa, sino más exactamente «ofrecer un comentario crítico a la doctrina cristiana de la compatibilidad entre providencia divina y libre arbitrio». La autora cree que Hume «desea defender el acto suicida de su impugnación moral», de ahí que «su principal objetivo es más bien servirse del tema para catalogar la creencia en la providencia divina de 'superstición'». Volviendo a Isais Contreras, situado ya en el siglo xix, destaca las ideas de filósofos como Arthur Schopenhauer o Friedrich Nietzsche. Para el primero, en muchos casos la muerte voluntaria no implica también el cese de la voluntad de vivir, sino únicamente el impacto de las condiciones que rodean a cada persona, la cual, en un momento dado, llega a una especie de «resignación y tranquilidad verdadera debido a su vulnerabilidad e influencia que le afecta desde su exterior», lo que, por consiguiente, «le repercutiría de manera fatal, provocando su propia muerte en su entorno doméstico o personal». Para el segundo, hay que distinguir dos vertientes suicidas: un suicidio irracional y un suicidio racional. El primero de ellos no sería considerado como un suicidio justificado si se ha producido el sometimiento del «ser» al «yo», pues el «ser» es conformado como una parte del cuerpo que domina los pensamientos y los sentimientos del ser humano, diciéndole en todo momento al «yo» qué debe hacer. La muerte voluntaria, según Nietzsche, es la consecuencia de una extrema dominación del «ser» sobre el «yo», elementos que deberían permanecer en constante equilibrio. La «muerte soberana», en fin, una vez que el individuo ha cumplido sus propósitos, alcanzando «un grado de solemnidad y satisfacción propia», viene a ser un «saber morir a tiempo». En otro orden de cosas, Isais ofrece una explicación psicológica del suicidio a lo largo de la historia. Así, si en la Edad Media el suicidio era interpretado como un impulso pagano, durante el Renacimiento se aprecia una transición desde lo pagano hacia la locura a raíz de la creación del concepto de «melancolía»; en efecto, la melancolía puede ser entendida como un término que nace para explicar el suicidio en función de un desequilibrio mental, como una noción psicológica. Durante la segunda mitad del siglo xvii y en gran parte del siglo xviii, el suicidio muestra una doble faceta: por una parte, gran parte de los jurisperitos europeos continuarán condenándolo, sancionánde la conmoción que puedan provocar, a un «malignus animus»[5], calificativo que la intención merece precisamente porque ha provocado ese acto horrendo que es el suicidio. Al matarse, el suicida pierde tanto el cuerpo como el alma, y queda sin opción de llegar a Dios. Y la pérdida del cuerpo y del alma, además, se ha producido en el suicida de forma abominable, porque desde el punto de vista de los modelos morales de comportamiento el acto del suicida no ha de ser contemplado como un crimen cualquiera, sino precisamente como el crimen por excelencia de quien traicionó a Cristo; de manera que el alma del suicida queda a la misma altura moral que el alma de Judas Iscariote[6], y como en éste el suicidio es un pecado directo contra Dios y también contra Su revelación particular como juez del hombre. Si Dios es juez, en efecto, no existe individuo que haya de ser juez de sí mismo y, en consecuencia, el hombre no dispone de potestad para ejecutar su propia muerte. El ser humano no puede condenarse a muerte por aquello que soporta: ni es un ministro de justicia de sí, ni puede prescribirse la muerte. Ni siquiera el dolor, o la penitencia de pecados antecedentes, debiera inducir al suicidio: no es lícito que el ser humano disminuya o acorte su vida, por mucho que tampoco esté obligado a extenderla artificiosamente[7]. El hombre es el único ser capaz de soportar la

---

dolo con gran severidad (confiscación de los bienes y anulación de testamentos cuando se presupone que el suicidio ha sido cometido en función de un crimen anterior y de manera consciente y racional); por otra parte, el suicidio se ve «respaldado» por el concepto de «melancolía», llegando incluso a ser indultado por evidentes y claras muestras de furor y locura. Ya en el siglo XIX, a grandes rasgos, e incluso hasta la actualidad, explica el autor, el suicidio se ha considerado la acción más extrema y concluyente que un sujeto puede llevar a cabo guiado por determinados desequilibrios mentales.

[5] Iodoco DAMHOUDER, *Praxis Rerum Criminalium*, Antuerpia, Apud Ioannem Bellerum, sub insigni Falconis, 1555, p. 310.

[6] Para la interpretación del suicidio de Judas Iscariote *vid.* Alexander MURRAY, *Suicide in the Middle Ages. The Curse on Self-Murder*, vol. II., Nueva York, Oxford University Press, 2000, pp. 323-368. Así, Murray detecta tres pautas en las implicaciones de la imagen de Judas Iscariote: 1. Judas cometió suicidio; 2. Judas fue culpable de pecado por un acto de desesperación; y 3. La desesperación es la antítesis de la virtud teológica de la esperanza.

[7] Como puede entenderse en seguida, el estudio y el tratamiento del suicidio es de por sí muy complejo porque innumerables son los motivos que pueden llevar al ser humano a concluir deliberadamente con su vida, y resulta prácticamente imposible averiguar qué fue lo último que dispuso al individuo a optar decididamente por

infamia y el tormento, de resistir y superar el sufrimiento extremo, por lo que no puede haber nada que lo empuje hacia la comisión del mayor de los males, ya que, en definitiva, cualquier padecimiento es me-

matarse. Georges Minois, *History of Suicide. Voluntary Death in Western Culture*, Maryland, The John Hopkings University Press, 1992, intenta esclarecerlo repasando en su obra la historia del suicidio y la concepción que socialmente se ha tenido al respecto, desde Grecia y la antigua Roma hasta entrado el siglo xx. En su estudio, el autor insiste en aquellos aspectos influyentes que condicionaron la visión social del suicidio, mediante un aparato documental que, como reconoce el mismo autor en la introducción de su libro, plantea múltiples problemas interpretativos, en buena medida debidos a la intención de abarcar un espacio temporal tan amplio. Las fuentes que registran las muertes voluntarias son diferentes de las muertes naturales y, por otra parte, los registros parroquiales de defunción no son de utilidad, pues los suicidas, por lo general, no recibían sepultura eclesiástica. Las fuentes o registros judiciales aportan datos más fiables al tildar de crimen la muerte voluntaria; ahora bien, estos mismos registros se conservan de manera fragmentaria, de ahí su necesidad de completarlos con otras fuentes más variadas, tales como memorias, tratados, crónicas, periódicos o fuentes literarias, entre otras. Con todo, la dificultad principal no reside en la complejidad tipológica documental, explica el autor, pues a las razones metodológicas se une una razón de fondo: no podemos analizar el suicidio como si de un estudio demográfico se tratara, como si el acto del suicida entrara a formar parte de un análisis cuantitativo más; un estudio sobre el suicidio no puede recibir el mismo tratamiento que una investigación que indague sobre los estragos de la tuberculosis o la peste, por ejemplo, pues la muerte voluntaria es un tipo de defunción cuyo significado de orden no es precisamente demográfico, sino religioso, filosófico, moral o cultural; a ello se suma el silencio y la disimulación que rodean al suicidio, lo que contribuye, aún más, a la instauración, en líneas generales, de un clima molesto y de rechazo social. Minois intenta mostrar cómo las actitudes culturales respecto del suicidio han desencadenado grandes creencias y valores hacia la vida y la muerte, el deber y el honor, el dolor y el placer. Partiendo de las antiguas Grecia y Roma, donde el suicidio era aceptable e incluso heroico en determinadas circunstancias, describe cómo el ascenso del cristianismo lo cualificó como un hecho delictivo, un homicidio hacia sí mismo, estipulado como crimen por su naturaleza de grave insulto contra Dios. Como se ha comentado anteriormente, no será hasta entrado el siglo xviii cuando el término «suicidio» reemplace a la expresión de «homicidio de sí mismo», comenzando a tener esta materia cierto interés para otras disciplinas científicas emergentes. Dicho esto, conviene notar que el suicidio, en esta evolución histórica, ha sido —y es, en su justa medida— un hecho socialmente controlado; Olli Matikainen & Satu Lidman, *Morality, Crime and Social Control in Europe 1500-1900*, Helsinky, SKS, 2014 exploran, aunque no directa y explícitamente sobre la muerte voluntaria, temas clave en la historia europea socialmente muy discutidos, contronor que la provocación de la propia muerte. El suicidio ni siquiera se justifica por conservar la integridad del cuerpo, el honor o la fama, ni por el mantenimiento intacto de la castidad ante la amenaza de una agresión exterior. No hay motivo ninguno, indica Luis de Molina, que legitime el movimiento del ser humano hacia la ejecución de su propia muerte[8]. No obstante, son numerosas las trabas e impedimentos que obstaculizan la vida, no siendo pocos los hipotéticos motivos por los que el sujeto día a día puede sentirse impotente e incapacitado, impedido e inmóvil ante la carga que soporta, cuando la desesperación se apodera de su ser y sólo se deja conducir a una única vía, la más terrible, la de su propia muerte. Así, son diversos los ejemplos o causas revisadas y estudiadas por Próspero Farinacio que mueven al indivi-

---

vertidos, opinables y, en definitiva, manipulados o dirigidos a nivel social: en su obra abordan desde asuntos privados ligados al ámbito familiar, hasta asuntos públicos de interés gubernamental. Por otro lado, Olive ANDERSON, *Suicide in Victorian and Edwardian England*, Oxford, Oxford, 2003, realiza una crítica acerca de la escasez de estudios sobre el suicidio y su historia, entendiendo que a diferencia de disciplinas como la psiquiatría o la sociología, que han centrado ampliamente su atención sobre el acto y la naturaleza del suicidio dando lugar a toda una amalgama de contribuciones —monografías, artículos, congresos, etc.—, muy al contrario los historiadores poco han ofrecido sobre el tema, quedando pendiente la consideración de su función en el debate literario y ético: precisamente Anderson trata de superar esa barrera elaborando una reconstrucción histórica del suicidio en la Inglaterra del siglo XIX en la que ofrece, entre otros muchos datos, estadísticas, procesos, edades, sexo o geografía de la muerte voluntaria, así como aportaciones relacionadas con las reacciones personales ante el suicidio, paralelismos entre casos, formas, sermones en su contra, sanciones de la ley, ambientes y actitudes para su prevención y la ayuda de la ciencia médica. Alexander MURRAY, *Suicide in the Middle Ages. The Violent against themselves*, Nueva York, Oxford University Press, 1998, vol. I, es otro de los autores cuyo objetivo se centra en poner fin a la escasez de estudios históricos sobre el tema del suicidio, fundamentalmente durante la Edad Media; el análisis de registros judiciales en los que se describe el procedimiento seguido en Francia e Inglaterra entre 1170 y 1500 incluye distribuciones cronológicas de casos de suicidio en Francia, Alemania y Países Bajos, marcando —quizá de una forma un tanto enrevesada— las diferencias entre las fuentes legales y religiosas en las que se basa la investigación, y haciendo hincapié en factores como la locura o la enfermedad, entre otras formas aun de suicidios inciertos o camuflados, que el jurado o los jueces de instrucción debían analizar.

[8] Ludovico MOLINA, *De iustitia et Iure*, Moguntiae, Excudebat Balthasar Lippius, Sumptibus Hermanni Mylii Brckm, 1614, tomo I, c. 17.

duo a la comisión de un acto tan horrendo: el cansancio de la vida, la desesperación, la impaciencia del dolor, el furor, la ebriedad, la vergüenza, los celos y el amor[9], los prejuicios, la inmoralidad o las consecuencias derivadas de ésta, el consentimiento del pecado, la revelación de un secreto u otros pretextos que, con la pasión del cuerpo y del alma, guían al hombre hacia su propia muerte, al fin ejecutada con una herida mortal en la cabeza, la precipitación a un río o a un pozo, el envenenamiento o la horca. En definitiva, son innumerables los motivos que pueden guiar al hombre hacia la provocación del acto más nefasto e injurioso imaginable, que es su propia muerte, e infinitas las maneras de cometerlo contra toda justificación. Por eso el suicidio está prohibido, como dice Farinacio recogiendo la opinión común, por todo Derecho —civil, canónico y natural—, y por eso puede ser considerado el más siniestro de los crímenes[10].

Podría decirse entonces que el suicida, como persona, como sujeto, como actor de la propia muerte, sufre una calificación moral negativa en la raíz misma de su entendimiento, en virtud de aquella identifica-

---

[9] Sobre el amor y los celos, un curioso artículo de Cristiano BARBIERI & Pierluigi RONCAROLI, «Da Verona a Masyerling: Riflessioni sul fenómeno dell'omicidio-suicidio partendo da alcuini casi storico-artistici», *Rassegna italiana di Criminologia*, 2 (2008), pp. 351-372, en el que ambos autores analizan sucintamente el denominado «síndrome de Mayerling», fenómeno homicida-suicida entre dos amantes heterosexuales, partiendo de la trágica historia de Romeo y Julieta y de la muerte de Rodolfo de Habsburgo y de su amante María Vetzera. En definitiva, situaciones extremas y violentas (el radical y exagerado odio entre Montescos y Capuletos que intenta sofocar el verdadero amor entre Romeo y Julieta; y la debilidad y el estado psíquico y físico del príncipe Habsburgo, achacado a enfermedades como locura, gonorrea, epilepsia, alcoholismo e incluso drogadicción por causa del abuso del opio y la morfina que le fue suministrada para combatir la gonorrea), constituyen factores interesantes desde el punto de vista psicopatológico y criminológico. El síndrome se caracteriza por la inexistencia de un suicidio directo, pues no hay un acuerdo previo entre los dos amantes a la hora de darse muerte, a diferencia de lo que sucede en el «pacto suicida», en el que sí hay un acuerdo entre dos personas que optan por darse muerte en el mismo lugar, siendo posible definir plenamente esta acción como suicidio, en el sentido de que se trata de una decisión totalmente premeditada y voluntaria, de efecto inmediato.

[10] Prospero FARINACIO, *Praxis, et theoricae criminalis*, Pars Quarta, Editio postrema recens ab Auctore recognita, locupletata, & mendis expurgata, Lugduni, Sumptibus Iacobi Cardon, 1631, pp. 317-318.

ción citada con Judas el Traidor. Además del juicio que haya de merecer el acto de matarse, la doctrina está interesada en una consiguiente caracterización subjetiva del suicida, acaso porque, a diferencia de cualquier otro delincuente, el suicida oculta, y mantiene en una absoluta clandestinidad, la sucesión de acontecimientos de los fueros interno y externo que van a dar lugar a su crimen, y la única posibilidad de prevenir y reprimir su mal propósito se encuentra en la difusión de una especie de retrato que permita contemplarlo, o que permita que él se contemple, como un sujeto cuyo comportamiento carece de ninguna legitimación moral. El suicida, o también el que atenta contra sí mismo sin obtener el resultado esperado, permanece infame, y en este sentido conviene generalizar y no especificar ni entrar en motivaciones psicológicas que movieron al individuo a provocar su propia muerte: bien su razón resida en la conciencia de crimen y el miedo a una pena futura, bien en el tedio vital, el dolor, la enfermedad, la locura o furor, claro está que se trata de un acto horrendo y bochornoso, maligno y abominable, que marca con la infamia a su ejecutor[11].

---

[11] *Ibid.*, p. 319. En este sentido puede destacarse la sucinta pero muy acertada y esclarecedora exposición que dedica Mikel Berraondo al suicidio en su tesis doctoral, entre otras diversas formas de violencia interpersonal en la Navarra de la Alta Edad Moderna; apoyado en la doctrina de la época, como Azpilcueta, Pedraza, Carrillo y Noydens, analiza la razón por la que un suicidio constituye un grave pecado mortal, así como otras situaciones afines al suicidio como la escisión de miembros, la tentativa de suicidio o el deseo de no haber nacido, comportamientos que implican un ánimo favorable a la disminución deliberada de la vida y que en definitiva injurian gravemente a Dios: Mikel Berraondo Piudo, *La violencia interpersonal en la Navarra Moderna (siglos XVI-XVII)*, Pamplona, Universidad de Navarra, 2012, pp. 240-242. También son interesantes, aunque indirectamente vinculadas al tema que tratamos, las contribuciones sobre la violencia interpersonal y colectiva incluidas en Jonathan Davies (ed.), *Aspects of Violence in Renaissance Europe*, Farnham, Ashgate, 2013: el tema de la violencia en la Europa de los siglos xv-xvii es estudiado con el motivo principal del incremento considerable del número de homicidios en la Europa de la Alta Edad Media; pero el homicida en sí no es el único marcador de la sociedad violenta, puesto que existe toda una gama de actitudes que giran en torno a la violencia y que esta obra trata de dilucidar dividiéndose en tres secciones que abarcan los temas de la violencia interpersonal y ritual, la guerra, y el sistema jurídico y su tratamiento. En definitiva, los diferentes estudios complementarios tratan de examinar todas las formas de violencia y homicidio entre la Baja Edad Media y la Alta Edad Moderna, incluyendo por supuesto el homicidio con o sin premeditación, y también

No existe razón legítima suficiente que motive al hombre al suicidio, y así lo sentencia la comunidad de los doctores, teólogos y juristas. Ni siquiera hay justificación posible en el temor hacia el futuro por la fragilidad propia de la mala culpa, ni en la evasión del pecado, ni el apresuramiento por la obtención de la felicidad eterna. Y es que tales deseos, a pesar de su digna apariencia, no son en esta tesitura nada más que formas de conducción del hombre a la comisión del mayor de los pecados[12].

Es muy significativo que Damhouder haga hincapié en la timidez o en la debilidad como aptitudes del suicida. Una falsa percepción podría juzgar a quien causa la propia muerte como un sujeto con coraje, con valentía, desde luego con una fortaleza psíquica suficiente como para contrarrestar la inercia natural contra la muerte; el propio acto instrumental del suicidio podría dar la impresión, para una opinión vulgar, de una energía mental desmedida, y sin embargo, frente a esta hipotética visión, Damhouder va a insistir, efectivamente, en la timidez o la debilidad como atributos del suicida, incluso cuando éste goza de un buen estado mental, a pesar de no sufrir ninguna alteración de su entendimiento, explicando que aquél que a sí mismo se provoca la muerte comete un crimen de cobardía, pues el hombre que atenta contra su propia vida es un ser vencido, un ser cobarde a quien el odio a la vida ha hecho caer en la desesperación, esto es, un hombre cuya debilidad es manifiesta por la razón de haber sido víctima de sí mismo, como al fin demuestra el mismo acto en el que vulnera maléficamente su propio cuerpo[13]. De hecho, ciertamente es sentencia universal filosófica y teológica, y jurídica, sin disidencia alguna, la ilicitud del suicido. Y por lo tanto ha de ser ilícita la motivación de la muerte de uno mismo; además, con una fuerza atractiva: también serán ilícitos otros actos afines como la escisión o amputación de los miembros del cuerpo, aun incluyendo aquellas autoagresiones que a primera vista pudieran hasta ser dignificadas, consideradas virtuosas y honradas pero que igualmente incurren en grave crimen, como lo es la mutilación del miembro viril cuando se trata de evitar el pecado de la carne[14].

---

el asalto, la violación, los disturbios, las guerras o la justicia pública entre otras formas de violencia en las que se sitúa, como un fenómeno más, el suicidio.

12 Molina, *De iustitia*, cit., tomo IV, cs. 551-552.

13 Damhouder, *Praxis Rerum*, cit., p. 310.

14 Molina, *De iustitia et iure*, cit., tomo IV, c. 556.

Al actuar así, odiando la vida y despreciando la muerte, el suicida se convierte en víctima de su propia impaciencia. El acto del suicida no hace más que sacar a la luz la debilidad que ha vencido al hombre, un hombre que angustiado y sometido a su propia culpa nunca será partícipe de la llamada de Dios, como explica Giovanni Baptista Ziletti[15]. Y esta privación del acceso a Dios, unida a la degradación del vencimiento vital del suicida, es la que en definitiva permite ver al suicida como un ser deforme que a sí mismo se destruye tanto en la vida como en la muerte.

Basándose en el suicidio de Judas Iscariote, Farinacio describe qué es lo que implica un suicidio y cómo es el perfil del criminal que lo comete. El suicidio, explica, es un crimen detestable y horrendo que conlleva injuria contra la república y contra la comunidad. Pero esto es así no sólo en el suicidio directo e inmediato, sino también en el suicidio indirecto y mediato, igual de nefasto y horrendo, igual de criminal o delictivo. El suicida es aún más culpable que el que mata al prójimo, pues no sólo mata su cuerpo, sino que además da muerte a su propia alma: una destrucción en cuerpo y alma que es una destrucción entera, completa[16]. En este sentido, Benedicto Carpzov añade que aquél que mata a otro sólo ocasiona el fenecimiento de su cuerpo, mas no del alma; sin embargo, el suicida verdaderamente hiere cuerpo y alma criminalmente[17]; y con mayor gravedad aún, como indica Baltasar Gómez de Amescua, por el hecho de que el suicida ni siquiera luche, como contra el prójimo, cuando opta por atacarse a sí mismo y oponerse a su propia persona[18]. El perfil del suicida responde al de un sujeto débil, tímido, enfadado consigo mismo y verdugo de sí, que opera al máximo contra la caridad, al caer en un error execrable. Y este abominable crimen, impío y de daño malvado, es radicalmente contrario a la justicia, a la vez que la religión católica no permite su penitencia, negándose a preparar el alma del «propricida» hacia el

---

15 Giovanni Baptista Ziletti, *Consiliorum seu responsorum ad causas criminales*, Venetiis, apud Bernardinum Ziletum et frates, 1566, tomo III, f. 45 v-r.

16 Farinacio, *Praxis*, cit., pp. 317-320.

17 Benedicto Carpzov, *Practicae Novae Imperialis saxonicae rerum criminalium*, Pars I, Vittebergae, Sumptibus Haeredum D. Tobiae Mevii, & Elerdi Schumacheri, 1670, p. 12.

18 Baltasar Gómez de Amescua i. c. Toletano, *Tractatus de potestate in se ipsum*, Mediolani, aput Hieronymum Bordomun, 1609, p. 21.

camino del cielo, por la desconfianza que un hecho tan detestable, atroz y misérrimo confiere[19].

Antonio Matthaeus, así como la gran mayoría de los autores, distingue dos tipos universales de suicidio, uno con «conscientia criminis», en función de la comisión de un delito anterior, y otro ligado al «taedium vitae», esto es, al estado físico o mental del sujeto, provocado por estimulaciones tales como el dolor, la enfermedad, el luto u otras causas[20]. Esta tipología se mantendrá durante toda la Edad Moderna, aunque durante el siglo XVIII tienda a ser sustituida por una distinción más objetiva entre suicidio directo e indirecto; así, como explica Antonio San José, contemplando tanto el caso de mutilación como el de muerte, el suicidio directo sería el dirigido contra sí, el expresamente destinado a la propia persona, de forma inmediata, mientras que el suicidio indirecto sería aquél cometido en función de causas mediatas, intencionadas y provocadoras, aun a largo plazo, de esa deriva que es el suicidio[21]. En realidad, las diferencias entre una y otra tipología son mínimas en lo que atañe a la esencia y la función, y aunque varíe la terminología, lo cierto es que en definitiva tanto una como otra pretenden abarcar de manera similar las formas o métodos utilizados para la puesta en marcha del acto suicida. Para los estoicos, aclara Matthaeus, el suicidio era el precio de la ausencia de razones para vivir, la opción por el suicidio en definitiva «el precio de la vida vencido con la razón de la muerte», acto cobarde de imbécil alma temible, triste e inevitablemente antinatural. Porque, se pregunta Matthaeus, ¿qué tantas necesidades pueden imponérseles a los hombres, qué tanta vergüenza puede amenazarles, para que uno mismo se convierta en «propricida»? ¿Cómo puede el amor natural de los hombres dar lugar a que deliberadamente pongan las manos sobre sí mismos? Sería una calamidad para la generosidad del alma que, en tiempos adversos, pudiera antojarse una gravedad tal que sólo pudiera ser aminorada arrancando la vida de uno mismo; el hombre, como criatura de Dios, se degradaría, pues —concluyendo el autor con las palabras de Ulpia-

---

19 FARINACIO, *Praxis*, cit., pp. 317-322.

20 Antonio MATTHAEUS, *De criminibus*, Trajecti ad Rhenum, Typis Ioannis a Waesberg, 1654, pp. 524-525.

21 Antonio SAN JOSÉ, *Compendium salmanticense in duos tomos distributum universae theologicae moralis quaestiones*, Pompelone, apud Joseph Longas et Benedictum Cosculluela, 1791, tomo I, pp. 358-362.

no— «Malus servus creditus est, qui quid facit, quo magis rebus humanis se eximat»[22]. Con razón, dice Carpzov, la αυτοχειϱ está prohibida; y trae a colación un ejemplo significativo por cuanto versa sobre las relaciones de dependencia: si el dueño carece de potestad sobre los miembros corporales de su siervo, en menor medida aún dispondrá el siervo de dominio alguno sobre su propio cuerpo y, por esta razón, nada justificará su atentado violento contra sí, y al igual que se le castiga cuando a otro siervo enfurece o agrede, igualmente habrá de castigársele si acaso fuera sorprendido atentando contra su propia vida[23]; también Farinacio advierte de que no se le permite al siervo enfurecerse consigo mismo, y merecerá pena si se agrede a sí mismo o exaspera a otro[24]. Enlazando con la tipología clásica del suicidio, Carpzov reafirma que el acto del suicida nunca es inocente, ni cuando su acto responde a la conciencia por crimen perpetrado, o al temor a la pena merecida, ni cuando lo provoca el cansancio, el dolor, la desesperación, el furor, la jactancia, la vergüenza y similares[25].

Siguiendo esta línea, Gómez de Amescua recuerda sin novedad que no existe circunstancia alguna que legitime el suicidio. Asimismo, señala la intrínseca malicia que habita en un sujeto capaz de acometer su propia muerte: un ser malévolo y perverso consigo mismo, que de ningún modo podrá ser bueno. No obstante, el autor trae a discusión las palabras de Pedro de Navarra, quien sostenía que el perfil del suicida no ha de responder, necesariamente, al de un maligno innato, pues es más bien su caída en la falsedad y odio hacia Dios lo que le mueve hacia la comisión de un acto tan horrendo. Es como si quisiera decir que la intrínseca malicia del ser aparece simplemente en el momento del derrumbe; en efecto, es ahí, en el derrumbamiento del sujeto, cuando se muestra su malicia, pues ni siquiera la potencial dispensa o perdón de Dios es capaz de reconducirle al bien, no teniéndola en consideración como el poderoso remedio extraordinario que es[26].

El acto del suicida entraña una malicia que no puede ser obviada, porque implica una ignorancia de Dios que, según Emanuel Concepción, de ningún modo puede constituir un pretexto que excu-

---

22 Matthaeus, *De criminibus*, cit., pp. 525-526.
23 Carpzov, *Practicae Novae Imperialis*, cit., pp. 12-13.
24 Farinacio, *Praxis*, cit., p. 320.
25 Carpzov, *Practicae Novae Imperialis*,. cit., p. 13.
26 Gómez de Amescua, *Tractatus*, cit., pp. 50-51.

se un suicidio. Si consustancialmente el suicidio es un pecado, la malicia del hecho, en la comisión del acto, no puede ser soslayada en función de ninguna supuesta ignorancia, ni siquiera en la errónea sanación derivada de motivaciones especiales como podrían ser la libertad de la patria, o la evitación del cautiverio, la vergüenza o la pérdida de la castidad. En la ingesta de veneno en virtud de su potencial virtud sanadora, por ejemplo, hay una voluntariedad dolosa inherente, que no excusa por ignorancia si se deriva la muerte. En el caso más problemático de la mujer, cuya «fragilitas» impulsa la aceptación de su ignorancia, también vence la malicia propia del acto pecaminoso: en la exclusión de las mujeres santas y veneradas que en su momento optaron por darse muerte antes que perder su virtud en manos del enemigo opresor, el suicidio no se justifica por una concepción ignorante de la malicia del acto sino, en todo caso, y en muy contadas ocasiones, porque «Spiritus Sancti instinctu fecerint», impulso del Espíritu Santo que la Iglesia ha de considerar y aceptar expresamente. El suicida peca contra sí mismo, y no sólo con una injusticia formal reconocida, sino porque al mismo tiempo altera el orden natural en este daño que comete sobre sí mismo y no contra el prójimo pues, como afirmó Santo Tomás, el hombre que provoca su propia muerte posee cuando menos la malicia de la imprudencia o la intemperancia, y dicha malicia —directa o indirecta— no es diferente en función de las situaciones, no depende de las circunstancias, ni de factores temporales eventuales. Así también el que anuncia que se abstiene de comer y beber hasta su muerte, por la razón que fuere, igualmente se suicida, e igual de grave e injustificable es este hecho, equiparable en malicia e inmoralidad a la propia de un suicidio inmediato[27].

En definitiva, esta concepción del suicida se ratifica por supuesto de una manera prescriptiva o imperativa si se tiene en cuenta que quien se mata a sí mismo conoce que está quebrantando el precepto sagrado del Quinto Mandamiento. En cuanto vulneración del Derecho divino-positivo, el suicidio constituye por lo tanto —y otra vez a la misma manera en la que Judas traicionó a Cristo— una traición al precepto divino y al orden moral, social y jurídico de la especie humana a la que afecta su incumplimiento. Porque el suicidio produce su

---

[27] Emanuel Concepcion, *Suma de los nueve tiempos*, Pampilone, Apud Lazarum Gonzalez de Assarta et Guillelmum Francisco et Alcanduz, 1696, pp. 540-542.

singular injuria, de tantas dimensiones, a partir de un incumplimiento de la ley de Dios que le es común con el homicidio, de tal suerte que igual que el homicidio priva de dignidad a la muerte, el suicidio priva a la muerte de dignidad y aun de una manera cualificada, cualificada precisamente porque procede de ese ser retratado perniciosamente como suicida, vencido no por un acto externo irremediable, sino por su misma flaqueza, por su mismo envilecimiento.

En términos sociales, en términos incluso políticos, la ruptura con el mandamiento de Dios tiene un reflejo en la posición torticera del suicida en la sociedad humana[28]. El suicida se arroga un derecho político que no tiene, detenta una potestad impropia, porque nadie puede ser juez de sí mismo y en consecuencia, como alega Domingo de

---

[28] *Vid.* Michael MACDONALD & Terence R. MURPHY, *Sleepless Souls. Suicide in Early Modern England*, Oxford, Clarendon Press, 2002. La obra en esencia enfoca el auge y caída de la hostilidad hacia el suicidio, incidiendo en su cruento castigo en Inglaterra entre los siglos XVI y XIX. Así, los autores sostienen que en la mayor parte de las sociedades occidentales el suicidio ha sido considerado como una especie de negación de la «buena muerte», sin perjuicio de que la «mala muerte» se haya alterado también en su tránsito social histórico: se han diseñado objetos más letales y menos dolorosos, por ejemplo, así como los cambios sociales, económicos y culturales han reformado las circunstancias de las vidas individuales y nuestros criterios sobre la felicidad o la miseria, con lo que se ven afectados los potenciales motivos del suicidio. No obstante, los principales cambios pueden apreciarse en las actitudes y respuestas del poder hacia el suicidio: desde su tolerancia (por parte de antiguas civilizaciones), pasando por el castigo y su severa represión (durante la Edad Media y Moderna, tanto eclesiástica como secularmente, influyendo además las costumbres de cada zona), hasta que, finalmente, durante el siglo XVIII, el clima humanitario ilustrado propició la progresiva secularización del suicidio, al considerarse como una acción vinculada a la mente, a la enfermedad psíquica, tendiendo a su tolerancia y, finalmente, abogando por su destipificación como acto punible. Esto explica que los cambios dramáticos en actitudes y respuestas hacia el acto del suicidio lo hayan convertido en una materia históricamente interesante, justamente porque los cambios son producto de una interacción compleja de amplias fuerzas históricas: el estudio del suicidio permite remontar la trayectoria de cambio social y cultural desde una perspectiva que visibiliza aquellas fuerzas sociales y culturales. La descripción de los acontecimientos políticos, los cambios religiosos, las transformaciones sociales y los acontecimientos intelectuales de la Edad Media y la Edad Moderna son el objeto principal de esta investigación para comprender y desarrollar las diferentes actitudes y cambios que en cada época, en cada contexto, se han observado sobre el suicidio.

Soto, nadie está legitimado para condenarse y ejecutar en sí mismo la muerte: ni siquiera el malhechor puede proceder a imponerse su propio castigo, y no puede tanto por una razón de coherencia de juicio, al igual que no es cabal que un médico se diagnostique a sí mismo ni se prescriba su propia cura[29], cuanto por una razón política, como es la de no privar a la potestad pública del «ius puniendi» que le corresponde. Y este preciso efecto político en la interpretación de la conducta explica que el suicida pueda ser comparado con el desertor del ejército. Aunque, en realidad, su acto sea aún peor que el de este último, porque, si el desertor es aquél que decide separarse de su superior aun bajo el riesgo de que su desafección le suponga la pena capital, del suicida bien puede decirse que se separa de su dueño, es decir, es aquél que se aparta de Dios, y al mismo tiempo se aparta de la vida y del trabajo que Dios, como dueño, le ha impuesto cumplir en la vida terrenal. De ahí que, en palabras de Jacobo de Simancas, el sujeto que a sí mismo se causa la muerte sea visto como el desertor en el ejército, «quod militiae desertor, qui a statione discedit in iussu ducis, capite puniendus est: sed multo magis delinquid vitae desertor, qui ab huius vitae militia in iussu Dei discedens»[30]. Con su apartamiento de Dios, el suicidio aparece como un crimen oscuro ligado a una conciencia desordenada del sujeto, lo que anuncia que la pena ultraterrena que ha de sufrir el suicida, como desertor de la vida, será al final mucho peor que la pena de muerte que pueda imponerse al desertor.

Asimismo, por esta privación de futuro espiritual, suicidio es sinónimo de desesperación. Y a su vez, como bien afirma Iván Aranda, «la desesperación es una cruel homicida del alma»[31], que desemboca, por la maldad del delito, en la muerte suicida. Ciertamente, la falta de esperanza se expresa en el acto mismo del suicidio cuanto además se manifiesta en la flojedad, la torpeza o la pereza de la desesperación del hombre que, ya sin fuerza, se lanza al abismo, provocándose la muerte. Ocurre en la desesperación de los presos, cuando «les crece el

---

29 Domingo de Soto, *De iustitia & iure*, libri decem, excudebat Ioannes Baptista a Terranova, 1574, p. 365.

30 Jacobo de Simancas, *De catholicis institutionibus liber, ad precavendas & extirpandas haereses admodum necessarius*, Compluti, apud Andream de Angulo, 1569, f. 79 r.

31 Iván Aranda, *Lugares comunes de conceptos, dichos y sentencias en diversas materias*, Madrid, por Juan de la Cuesta, 1612, f. 83v.

atreuimiento con la desesperacion, y como no tienen esperança toma armas el temor», como describe Aranda[32]; es la conciencia del crimen cometido cuando el reo es capturado o sorprendido, y el temor a la pena que el inmediato futuro le depara tras su acusación, el que se entiende conduce al reo, ya desalentado y abatido, a optar por la vil muerte en la improvisada soga, el indecoroso desangramiento o el sutil y disimulado veneno.

Así pues, el suicida peca igualmente contra la virtud de la fortaleza, de tres formas. En primer lugar, peca de temeridad, si por su audacia se expone a la muerte contra la razón del peligro. En segundo lugar, peca de intimidación, si no huye del peligro de muerte. Y finalmente, peca cuando, por evitar las desventajas y sinsabores de la vida, decide sustituirlas por la caída, suicidándose impulsado por un indebido temor a lo terrenal[33]. De modo que no sólo el suicidio es un pecado mortal contrario a la justicia o a la caridad, sino que también es un acto contrario, sin duda, a la fortaleza, pues no es sino por su pusilanimidad que el hombre a sí mismo se provoca la muerte. Aquellos que por evitar la ignominia o por evitar los dolores y problemas de la vida se suicidan no son tenidos por seres de sabiduría laudable, muy al contrario han de ser vistos como sujetos cobardes y vergonzosos y por ello de reputación perdida, pues quienes no fueron capaces de soportar los problemas y las vivencias terrenales, al fin se generaron mayor daño a sí mismos: se trata del hombre imprudente que ha caído en el vicio de la timidez[34]. Samuel Boehmer, ya en el siglo XVIII, expone una relación muy amplia de quienes incurren en el crimen de «authochiria»: todos aquéllos que por conciencia de crimen u otra causa yerran privándose de la vida, cualquiera que fuere el modo de la acción (armas, horca, veneno, precipitarse al vacío…); los que estando en servicio, extenuados, se causan la muerte; los que por oficio de necesidad se arrojan al peligro, en incendios, pestes y enfermedades o diluvios; quienes sin temor, por el bienestar de la patria, se apresuran a morir; los que se torturan y se violentan a sí mismos en cualquier otro grado; o los que marcados por la infamia y la vergüenza, la melancolía o la culpa, desgarran la vida. Verdaderamente, remata Boehmer, tal ac-

---

32 *Ibid.*

33 CONCEPCION, *Suma de los nueve tiempos*, cit., pp. 540-542.

34 MOLINA, *De iustitia et iure*, cit., tomo I, c. 20-17.

ción, esto es, la provocación de la muerte de uno mismo, es propia de malvados[35].

Además, con el pecado de la desesperación, como privación de esperanza fruto de la debilidad, hace pareja el de impenitencia final, pues aquél que decide consumar su propia muerte no encontrará penitencia que lo redima, no encontrará la salvación, convirtiéndose su desesperanza e impotencia en lo opuesto al acto positivo de su liberación espiritual[36]. Malicia de intemperancia o de imprudencia es lo que muestra el suicida, advertía Santo Tomás de Aquino, y en esta línea Juan Machado de Chaves entrelaza la presunción con la desesperación en su tratado *De la esperança y vicios contrarios*. La presunción, explica, es un vicio que se opone a la virtud por exceso —y desprecio de las consecuencias del pecado—, de dos modos: el primero, al confiar que por fuerzas meramente humanas se pueda alcanzar la gracia y la gloria de Dios; el segundo, al confiar que sin penitencia pueda alcanzarse la gracia y la gloria de Dios. De esta forma, la desesperación no es sólo el resultado de una debilidad, sino a su vez una activo apartamiento de Dios, pues «que no ay precepto de temor de Dios seruil, o filial, por ser su defecto una condición general de todo pecado»[37].

Como es sabido, no sólo la doctrina jurídica discurre sobre el concepto de desesperación a propósito del suicidio. En la introducción al título 27 de la séptima *Partida*[38], se define el pecado de la desesperación, a la manera de una tipificación del crimen de suicidio que opta por la vía de un razonamiento teológico y moral: «*Delos desesperados que matan assi mismos, o a otros por algo que les dan, e de los bienes de ellos*. / Desesperacion es pecado que nunca Dios perdona a los que enel caen, a maguer los omes veren en las maneras que dichas auemos en estos tres titulos solo que les finque la esperança, pueden ganar

---

35 Samuel Boehmer, *Elementa Iurisprudentiae Criminalis*, Halae, Sumtibus Orphanotropei, 1774, pp. 403-407.

36 Concepcion, *Suma de los nueve tiempos*, cit., pp. 540-542.

37 Juan Machado de Chaves, *Suma moral y resumen brevissimo de todas las obras del doctor Machado*, Madrid, por Andrés García de la Iglesia, 1661, pp. 94-95.

38 *Las Siete Partidas del sabio rey don Alonso el nono, nueuamente Glosadas por el Licenciado Gregorio Lopez del Consejo Real de Indias de su Magestad. Impresso en Salamanca. Por Andrea de Portonaris, Impressor de su Magestad. 1555*, ed. facsimil, Madrid, 1985.

merced de Dios. Mas el que en desesperamiento muere, nunca puede llegar a el. Onde pues que en los titulos antes desde fablamos de los judios, e de los moros, e de los herejes: queremos a qui decir delos desesperados, e mostrar que cosa es desesperamiento, e en qua(n)tas maneras caen los omes enel, e que pena merrecen los desesperados en sus personas, e en sus bienes». Y la ley primera del mismo título 27 reza: «*Que cosa es desesperamiento, e en quantas maneras caen en el.* / Desesperamiento es quando el ome se desfiuza, e se desampara de los bienes desde mundo e del otro aborreciendo su vida, e cobdiciando su muerte. E son cinco maneras de desesperacion de los omes. La primera es quando alguno ha fecho gran yerro, e seyendo acusado del con miedo, o con verguença de la pena que espera recebir, porende, matasse el mismo con sus manos: o beue a sabiendas yeruas con que muera. La segunda es qua(n)do alguno se mata con gran cuyta, e por gran dolor de enfermedad quel acaesce non podie(n)do sufrir las penas della. La tercera es quando alguno lo faze con locura o co(n) saña. La quarta es qua(n)do alguno que es rico, e honrado, e poderoso, veyendo que lo desheredan, o lo ha(n) desheredado, o le fazen perder la honrra, o el señorio que antes auiase desespera, ponie(n)dose a peligro de muerte, o matandose el mismo. La quinta es de los assessinos, e de los otros traydores que matan a furto a los omes por algo que les dan».

Aquél que desespera, como explica la ley segunda del título 27 de la séptima *Partida*, ansía o bien su propia muerte, o bien la muerte del prójimo; cuando se reduce la pena al suicidio por conciencia del crimen o miedo de la pena, se equipara al homicidio este tipo de suicidio, y no el que se deba a otra causa: «Que *pena merescen auer los desesperados.* / Aborrescen los homes assi mismos quando son acusados de algún yerro, que ha(n) fecho, de manera que se matan ellos mismos, assi como diximos en la ley a(n)te desta: E de la pena q(ue) deuen auer estos atales: fablamos en el titulo de las acusaciones, en la ley que comiença, desesperado seyendo. E los otros desesperados, que se matan ellos mismos por algunas de las razones, que diximos en la ley ante desta, non deuen auer pena ninguna: mas si matasen a otro deuen rescebir la pena que diximos enel titulo de los omezillos, en las leyes que fablan en esta razón». De esta forma la legislación castellana tipifica el suicidio como un crimen de homicidio, aunque el régimen jurídico del homicidio parece depender de un refuerzo de la obligación criminal que se debe a la existencia de un delito anterior, de manera que si el suicidio fuese debido a otras causas que no son la comisión de delito previo, la acción, aunque sigue conectada al homicidio con ser gravemente pecaminosa, con las penas espirituales correspondientes, no activará la cualificación del homicidio propia del que se comete por conciencia del crimen o miedo de la pena[39]. Cuatro de las cinco maneras de caer en la desesperación dan lugar a la muerte de sí mismo, como decía la ley primera, entendiendo que la desesperación resulta un vicio contrario a la virtud de la esperanza que, en definitiva, es el camino del que dispone el hombre en vida para llegar tras la muerte a Dios, y entendiendo en consecuencia además que el que muere por desesperación nunca recibirá el perdón de Dios, y tampoco ganará Su favor. Son ideas que, como hemos comprobado, serán reiteradas en la doctrina teológica y jurídica moderna. Así, Aranda explica que «la desesperación nace de no conocer a Dios», pues «torpemente se desespera lo que tiene remedio. No porque uno no sea oydo en una tribulación, por ello ha de desesperar», ya que «la primera salud es estar libre de culpa, y la segunda no desesperar del perdón»[40].

De manera que —decíamos— son cuatro las formas de caer en el suicidio, tal y como barajan las *Partidas*. La primera de ellas se resume en el miedo derivado de la pena que merecerá un delito previamente cometido; parece presuponerse el caso del reo prisionero en cárcel, a la espera de la imposición o ejecución de la pena, que, movido por el temor que le causa ésta, opta por la horca u otro medio («matasse el mismo con sus manos»), como la ingesta de veneno («o beue a sabiendas yeruas con que muera»). Y aunque la ley haga hincapié en el miedo por el delito anteriormente cometido, ha de darse también por incluida en la norma la causa de conciencia de crimen, que operaría antes de la acusación, en la que se fija la petición de pena: así prima originalmente una especie de miedo genérico en la conciencia del delincuente por su obligación criminal, que más adelante, durante o tras el fin de su procesamiento, se convertiría en un miedo concreto a la pena próxima o determinada finalmente por su crimen. La segunda se refiere al dolor físico padecido por la enfermedad; en definitiva, una suerte de eutanasia que pone fin al sufrimiento

[39] Para la relación técnica entre los conceptos de homicidio y suicidio, *vid*. Enrique Álvarez Cora, «La doctrina del homicidio en el siglo xvi», *Initium. Revista catalana d'Història del Dret*, 20 (2015), pp. 315-318.

[40] Aranda, *Lugares comunes de conceptos*, cit., f. 83v.

y el dolor que el hombre padece. La tercera consiste en el dolor psíquico o mental[41], traducido en furor, locura o saña[42]. Y por último, el miedo

---

[41] En relación con los factores psíquicos y mentales, es interesante y sucinto el estudio de Alice & Gwen SEABOURNE, «Suicide or accident-self killing in medieval England», *British Journal of Psychiatry*, 178 (2001), pp. 42-47, en el que partiendo del análisis de ciento noventa y ocho casos dictaminados como suicidios («felonía de se») en la Inglaterra de la Edad Media (entre los siglos XIII y XIV) tratan de entender el estado psiquiátrico o las motivaciones mentales que mueven al individuo hacia la comisión de un acto suicida. Sólo ocho de estos ciento noventa y ocho casos son diagnosticados como muertes accidentales. Asimismo, destacan que el suicidio era más común en hombres, además de los métodos y objetos utilizados, siendo la horca el más frecuente, de nuevo sobre todo entre los hombres, mientras que el ahogamiento sería el segundo método tanto para hombres como para mujeres; la opción de darse muerte con objetos punzantes y cortantes sería también más propia del sexo masculino. Los valores cuantitativos no deben ignorar, sin embargo, que algunas pruebas demuestran que se intentó ocultar los suicidios a los oficiales reales. De cara a la ciencia psiquiátrica, subrayan que la evolución de las ideas sobre el suicidio en el contexto legal e histórico es algo relevante e importante para la disciplina, pues al examinar fuentes históricas se pueden explorar actitudes tempranas que mueven al ser humano hacia el suicidio, así como factores demográficos o sociales, añadiendo la perspectiva de la enfermedad mental. Además, resaltan, el contexto histórico y social de la época obliga a tener en cuenta que el suicidio en la Inglaterra medieval estaba penado civil y religiosamente, lo que influye ciertamente a la hora de tener en cuenta su evolución. En efecto, la investigación de las muertes que no parecían ser naturales era encargada al juez de instrucción y a un jurado que debía desarrollar un informe detallado en el que se exponía quién halló el cadáver, la forma en la que se produjo la muerte (causas naturales, accidente, asesinato, suicidio); a su vez, si se determinaba que era una muerte provocada por el mismo sujeto, debía indagarse si el suicidio era la consecuencia derivada de la comisión de un hecho criminal previo (por ejemplo, un crimen de traición), demostrando así el individuo con su muerte que, sin duda, era el responsable de sus acciones; además, debían averiguar si el individuo disponía de bienes inmuebles y muebles. Concluyen las autoras exponiendo una breve descripción de la concepción de la enfermedad mental en esta época, explicando que el lenguaje utilizado en las sentencias e informes estudiados es relevante a la hora de describir los suicidios criminales (crímenes de felonía hacia sí mismo) y las muertes no criminales (accidentales). En los casos de muerte accidental, las perturbaciones mentales normalmente son causadas por una enfermedad física, o bien una perturbación inherente mental no permitió al individuo continuar con una intención precisa; por consiguiente, estos individuos, como consecuencia de su enfermedad, quedarían incapacitados para darse muerte responsablemente. No sucede lo mismo con los ciento ochenta y dos restantes casos que, ciertamente, son dictami-

o la vergüenza que la pérdida de la honra, los bienes o el señorío pudieren generar, en este caso al noble. Evidentemente, la desesperación como concepto está encauzando la problemática jurídica completa del

---

nados como suicidios o crímenes de felonía. Estos sujetos, por el contrario, parecen quedar libres de cualquier enfermedad mental; la clave a la hora de determinar que no padecen ninguna enfermedad psicosomática (aunque pudieran padecerla en secreto) reside en la voluntariedad del acto, concretamente en la premeditación: el acto de ahorcarse, por ejemplo, requiere de una mínima planificación, y de ahí la deliberación del acto, que excluye por ende a los enfermos mentales, incapaces de llevar a cabo conductas criminales de cierta complejidad. Conviene citar otro trabajo en el que las mismas autoras llevan a cabo un análisis mucho más extenso que trata de dilucidar cuestiones relacionadas con las leyes seculares medievales inglesas sobre el suicidio, importantes para descifrar algunas incógnitas útiles para la Historia del Derecho pero a su vez también para la Historia de la psiquiatría: Alice & Gwen Seabourne, «Suicide or accident-self killing in medieval England», *British Journal of Psychiatry*, 178 (2001), pp. 42-47, estudian el suicidio como uno de los crímenes de felonía o traición tipificados en la Inglaterra medieval («felonía de se»), que lleva aparejadas condenas tanto seculares (pérdida de las tierras y bienes del «delincuente») como espirituales (denegación de sacra sepultura). Para los historiadores del Derecho, el interés se centra en la consideración de los motivos por los que el suicidio es contemplado como la mayor de las ofensas, así como la definición de la felonía, del comportamiento criminal suicida y del mecanismo probatorio para detectar un suicidio; para los historiadores de la psiquiatría, la distinción y el examen se realiza sobre lo «sano» e «insano» de la comisión de un acto suicida, o la naturaleza del sujeto que se ve conducido al atentado sobre sí mismo, en orden a una comprensión de las influencias históricas sobre los discursos modernos acerca de la mente. No obstante, ante la escasez de fuentes documentales o de una legislación amplia concreta sobre el delito de suicidio, las autoras critican lo que consideran un empleo abusivo de tratados doctrinales medievales en detrimento del uso de las informaciones disponibles en los registros judiciales por parte de los historiadores del Derecho, aunque reconocen que a raíz del estudio de Alexander Murray sobre trescientas dieciséis sentencias judiciales sobre suicidios ingleses datadas en los siglos XIII y XIV, se ha ido suscitando cada vez un mayor interés sobre los registros e informaciones judiciales. Normalmente la información que ofrecen los registros consiste en la revelación del nombre del difunto, la forma en la que falleció, el lugar de la muerte, el nombre de la persona que lo encuentra, el veredicto («felonía de se» o muerte accidental), si el fallecido disponía de bienes muebles e inmuebles y a disposición de quién deberían ir destinados, y por último si los vecinos y vecinas de las villas más próximas habían entrado a formar parte (como testigos, con pruebas, etc.) en la investigación. De esta forma, los registros ofrecen ciertas informaciones sobre el régimen secular legal, las reglas enfocadas en torno a la investigación y la condena del suicidio: su cualificación del homicidio, por una parte, y por otra parte la tipología de causas, tanto aquéllas que afectan a la situación procesal del reo cuanto las que tienen que ver con su capacidad de dolo.

---

suicidio, si bien es cierto no constan de extensos informes sobre dicha acción criminal de una forma concreta, localizada y minuciosamente analítica. En definitiva, los registros legales de los jueces de instrucción que investigan el crimen de suicidio parecerían las únicas fuentes oficiales útiles para definir de una forma mucho más concreta lo que es el delito en sí, pues podría decirse que la ley fijada para con el suicidio es lagunosa, y a menudo aplicada conforme a referencias consuetudinarias medievales, a diferencia de otros delitos igualmente considerados graves, no obstante lo cual sabemos que dicho crimen concernía a la justicia real. Con todo, ya anotó Emile Durkheim que la definición de suicidio como un acto criminal no era en ningún caso simple a la hora de evaluar el nivel de intencionalidad o casualidad influyentes en el autor-víctima del hecho; la intencionalidad podría hacer del suicidio un acto criminal, esto es, una acción principal ejecutada directamente por el individuo, pero por otro lado hay que tener en cuenta no sólo la accidentalidad, sino también la posibilidad de la acción pasiva o mediata, o del suicidio a largo plazo, del cual la doctrina y la ley inglesas no aportan información alguna y que además no parece que fuera castigado o considerado un crimen de felonía. Explican las autoras, en primer lugar, que la práctica para dilucidar suicidios no estaba preparada para descubrir suicidios pasivos (por ejemplo, es difícil averiguar que una persona se suicida cuando pasivamente deja de ingerir alimentos); en segundo lugar, el suicidio activo es equivalente a la muerte directa, es decir, es evidente que hay una acción-reacción directas, pues el sujeto se provoca la muerte e inmediatamente fenece, mientras que en el suicidio pasivo intervendrían otros factores variables (por ejemplo, el sujeto que ha dejado de comer no muere por dejar de comer en sí, sino por alguna enfermedad que su cuerpo, debilitado y sin defensas, ha generado a consecuencia de no recibir alimento alguno para su sustento). Otro problema que influye en la definición del suicidio como crimen sería la tentativa o autodaño que no causa la muerte inmediata, y parece también muy complicada la subsunción de esta conducta en la valoración legal. En resumen, la inexistencia de una ley concreta y fijada que conceptúe y califique de homicidio al suicidio, más la falta de acción contra la tentativa, permiten a los autores afirmar que, efectivamente, no existe una ley expresamente aprobada de felonía durante los siglos XIII y XIV que pueda anteponerse en el discurso a la ampliación y desarrollo del campo legal por la vía judicial y la extensión del Derecho consuetudinario.

[42] En este sentido, cabe destacar el artículo de Sonja DESCHRIJVER, «From Sin to Insanity? Suicide Trials in the Spanish Netherlands, Sixteenth and Seventeenth Centuries», *The Sixteenth Century Journal. The Journal of Early Modern Studies*, 42, 4 (invierno 2011), pp. 981-1002. En este trabajo, la autora trata de identificar lo que considera la «secularización del suicidio» con la desaparición de referencias diabólicas en las explicaciones del acto suicida y un aumento de diagnósticos relacionados con la enfermedad mental y la locura como causas principales que desembocaban en el suicidio, todo centrado en el ámbito geográfico concreto de los Países Bajos espa-

Rudolf Engau, al igual que Carpzov, se refiere al suicidio con el término de «autochiria», para definirlo como «actus, quo quis sibi ipse violentas manus infert». Pero esta definición del acto va unida a una condición necesaria para el reo de este crimen, cual es la existencia de dolo en su comportamiento criminalmente responsable: «Qualem qui

ñoles. Hasta el siglo xvi, pero entonces ya en menor medida, el suicidio era visto y juzgado como un acto inspirado por el diablo, si bien a finales del siglo xvii en líneas generales se puede apreciar cómo el suicidio tiende a despenalizarse —o más bien a mitigar su penalización— y a secularizarse, mediante la sustitución en su análisis de «actitudes» y «posesiones» demoniacas por motivaciones como el furor o la locura que son cada vez más valoradas en los procesos judiciales y tienen que ver con el valor probatorio reconocido a los diagnósticos médicos. No obstante, como explica Deschrijver, el recurso al demonio constituyó una estrategia judicial y discursiva que compitió con el recurso a la enfermedad mental. Con esta perspectiva transitoria, para su estudio, la autora parte de ciento treinta supuestos criminales y el contexto judicial de cada uno de ellos para aclarar si, en efecto, se impuso un discurso «demoniaco» o bien una tendencia hacia el diagnóstico de la locura, como enfrentamiento de estrategias lingüísticas para el desciframiento legal de la represión del suicidio. El problema reside en que los materiales y documentos utilizados son incompletos, y a éste se añade otro: la dificultad para diferenciar un posible suicidio de una muerte accidental. Las sentencias condenatorias remiten a una práctica punitiva que debe mucho a la costumbre: el cadáver se arroja desde su domicilio, es arrastrado por la calle, colgado en la horca, y además legalmente se deniega la sepultura eclesiástica y se procede a la confiscación de los bienes; pero es cierto también que factores como la edad, la embriaguez, la enfermedad, las pasiones o locuras y desesperaciones personales podían ser utilizados para atenuar la pena ordinaria. Sólo si el suicidio se consumaba en la prisión (de hecho, parece que un gran número de automuertes provocadas por el propio sujeto eran ocasionadas en esta tesitura) se interpretaba prácticamente de inmediato que el reo era culpable por el crimen anterior, motivo de su encarcelamiento, el suicidio se entendía como una clara intención de evitar el castigo, y en consecuencia el reo era considerado merecedor de la aplicación sin paliativos de la pena ordinaria. Las investigaciones de la autora constatan que las alegaciones de locura o enfermedad mental en los juicios como un factor para mitigar la pena tendieron a aumentar, sobre todo a partir de la segunda mitad del siglo xvi; es más, a partir de este momento se constata una tendencia a exigir, por parte de los estatutos locales, que sólo fueran condenados los suicidios provocados en su sano juicio, es decir, los suicidios plenamente deliberados, tramados y perfeccionados con premeditación. Por otra parte, también comenzaron a desaparecer las penas consuetudinarias de mayor dureza, lo que no significa que la repulsa social al suicidio desapareciera a su vez; las familias de los suicidas, fuera el suicidio motivado por lo que fuere, seguían quedando externamente marcadas, y además se mantuvieron otras penas espirituales como la denegación de la sepultura eclesiástica.

dolo malo, seu ex reproba causa, suscepit, *criminis authochiriae* reus est». Al insistir en el dolo, el autor excluye de la acusación por crimen de *autochiria* a todo aquél que se ha dejado llevar por una ausencia de claridad mental, la locura, el miedo al dolor, o aun el mandato severo de una autoridad preeminente... una relación de causas del suicidio a la que puede unirse la ignorancia, por ejemplo en la ingesta de veneno. En este sentido, el suicidio únicamente será concebido como un crimen cuando exista un ánimo maligno doloso, esto es, cuando se trate de un hecho intencionado, premeditado y cometido a conciencia. Así, en función del requisito esencial del dolo, Engau mantiene una pauta restrictiva respecto de la criminalidad del suicidio propia de la literatura jurídica, moral y teológica del siglo XVIII, que no abandona la teoría clásica del suicidio pero la adapta, mediante el factor de la intencionalidad, de una forma más condescendiente con el suicida: si con la perspectiva bajomoderna el acto del suicida ha de ser visto como un acto criminal tan sólo si existió ánimo doloso en el momento de su comisión, el criterio en definitiva no se desvía en exceso de las reflexiones de los siglos XVI y XVII (ni por supuesto de la necesaria presencia del dolo en todo delito, para tener el efecto de la obligación penal) y desde un punto de vista técnico reitera e insiste en los contenidos, aportaciones y opiniones de los siglos precedentes, pero la condición sine qua non del ánimo malicioso está dando a entender que en el abanico de comportamientos que son propios de la «autochiria» hay una variedad de conductas en las que la capacidad de dolo no está presente, las cuales en vez de quedar incluidas por la magnitud de la injuria, al modo clásico, han de quedar excluidas estrictamente de la criminalidad, lo que implica la concesión implícita al suicida de un trato más benévolo e indulgente, por alejado de la capacidad requerida para la obligación penal. Por otra parte, después de encontrar en el requisito del dolo un factor tan clásico como proclive a la alteración del campo criminal, Engau recupera la tipología clásica del suicidio para concretar la conducta relevante y merecedora de pena: serán culpables de este delito sólo aquéllos que se suicidaron por miedo a la pena derivada de un delito anterior. Y así los ejecutores y culpables de este delito serán los que «poenarum metu, temeritate, irrationabili diffidentia, aliaue reproba causa ducti interitum sibi pararunt ipsi»[43]. En

---

[43] Rudolph ENGAU, *Elementa Iuris Criminalis Germanico-Carolini*, Ienae, Sumtibus Viduae Croekerianae, 1767, pp. 251-257.

realidad, que un suicidio sea considerado crimen sólo cuando el acto haya sido provocado en atención a un hecho delictivo o criminal anterior, esto es, a raíz de la comisión de un delito previo, no es sino un criterio que funciona como un nuevo factor de acotación del ámbito criminal del suicidio, de tal modo que Engau, sin aportar ninguna novedad en comparación con la tipología empleada por la literatura jurídica de los siglos xvi y xvii, la ha modelado para limitar, de una forma mucho más concreta y específica —que refleja por supuesto un cambio de mentalidad— la criminalización del acto del suicidio.

Así las cosas, será en este mismo siglo xviii cuando José Santiago Plenk, en su obra titulada *Medicina y cirugía forense o legal*, explique las claves para estructurar y analizar el suicidio, bien como un acto criminal, bien como un acto que responde a otras motivaciones físicas o psicológicas. En primer lugar, Plenk distingue cuatro situaciones en las que es posible que los hombres se provoquen la muerte a sí mismos. La primera de ellas, «quando están delirantes, como los maniacos, frenéticos febricitantes»; la segunda, «quando son melancolicos, como los atrabiliarios, los hypocondriacos, las histercias, las ninfomaníacas»; la tercera, «quando están desesperados por haber cometido algún delito, ò para evitar el suplicio, ò por haber perdido la esperanza de mejorar de fortuna; y en cuarto lugar «quando son descuidados ò negligentes, se matan muchas veces los hombres sin querer por una casualidad». Si abreviamos, los motivos que según Plenk pueden desencadenar el suicidio constituyen dos grandes bloques o conjuntos de motivaciones que contemplaba la doctrina jurídica moderna: por un lado, la conciencia del crimen y el miedo a la pena, por la comisión de un delito anterior; por otro lado, el tedio vital, la desesperación, la enfermedad, la locura y otros móviles. No obstante, se añade un tercer grupo, que propiamente no vendría a constituir un suicidio en la medida en la que responde a una muerte casual o fortuita que, en principio, no ha de ser intencionada en el sujeto, mas advenida por su torpeza o descuido, sin propósito ni decisión. Quizá la explicación de que Plenk plantee la muerte casual junto al suicidio se encuentra en el planteamiento a continuación de los supuestos en los que cabe la conjetura de suicidio: se sospecha como suicidas de «los que se encuentran muertos», de «aquellos que mueren prontamente con grandes dolores de vientre. Estos se juzga haberse quitado la vida con veneno»; y de «aquellos que se encuentran muertos con heridas, ò ahorcados, ò ahogados».

A su vez, Plenk distingue el suicidio notorio del no notorio, en función el primero de si circunstancias concluyentes, testificales por ejemplo, manifestaran que el sujeto, efectivamente, se dio muerte a sí mismo; o si por el contrario, existiendo dudas acerca de la muerte, se cree que pudiera haberla cometido un tercero. Siguiendo este orden, el suicidio notorio habría que dividirlo en «malicioso, quando uno estando en su sano juicio se da muerte à sí mismo. Esto sucede raras veces», y «delirante, quando uno se mata estando padeciendo alguna enfermedad de ánimo». Parece significativo, en relación con la constancia de notoriedad, el hecho de que el autor sostenga que un suicidio plenamente deliberado y premeditado suceda tan sólo «raras veces», porque viene a ser como si la mentalidad ilustrada, de nuevo, redujera el ámbito de la criminalidad del suicidio: como si el preferente análisis por parte de los comentarios de la práctica totalidad de la doctrina jurídica fundamentalmente de los siglos XVI y XVII en torno a los suicidios «maliciosos», habitualmente en prisión y en relación con un crimen atroz cometido previamente, merecedores de duros castigos civiles y espirituales, y de presencia superior a la de los «suicidios delirantes», viniera a ser contrapesada por una observación y dato sociológico que redujera, al menos en este tiempo bajomoderno, su importancia. En cuanto a los «suicidios delirantes», que ahora han de ser más profusos, son diversas las señales que manifiestan que el suicidio fue un acto fruto del frenesí, observado frecuentemente en los «hiponcondriacos, atrabiliarios, en las mugeres histericas, en las ninfomaníacas, en los que padecen satiriasis, y en los hombres de mucho talento». Obsérvese, por un lado, la inclusión de la fémina si bien caracterizada como «hipocondriaca» o «ninfómana» en la ejecución de un acto suicida, una particularización de la patología del sexo hasta ahora no resaltada en la doctrina moderna, quizá vinculada al protagonismo del sexo masculino. Por otro lado, si se supiera que la persona fallecida se encontraba afligida, «con las pasiones de una grave ira o miedo, o desesperación, o vehemente dolor, o tedio a la vida, o si estaba embriagado», estaríamos añadiendo posibilidades, en definitiva, al segundo conjunto de motivaciones desencadenantes de suicidio. Por último, el autor nos explica que es posible encontrar indicios de estas enfermedades en los cadáveres, «como estar el cerebro algo duro, el haber algún vicio en el hígado, vejiga de la hiel, bazo, u otra entraña. Al mismo tiempo la sangre esta espesa, el habito es atrabiliar, hay detención de meses, &c». Para con los suicidios fortuitos, Plenk explica —remitiendo a la investigación procesal— que «esta especie se juzga por las circunstancias»[44].

Cinco son los modos más frecuentes de suicidio: herida, ahorcamiento, ahogamiento, ingesta de veneno o precipitación desde una altura. Explica Plenk que, con todo, es muy difícil desentrañar la certeza de un suicidio; desde luego, cabe imaginar la dificultad recordando cómo la doctrina moderna encontraba de difícil prueba tanto el suicidio, como alguna de sus formas habituales de comisión, como el venenamiento. Además, el autor advierte de que es fácil que sea un tercero el que provocó la muerte del sujeto; la simulación de un suicidio restringe una vez más el campo criminal del delito en sí mismo considerado. La clave para la determinación del crimen está en el examen e inspección del cadáver, tanto de los indicios anatómicos cuanto de las circunstancias, como la existencia de un hurto, que rodeen a la muerte. Con el espíritu crítico y científico del iluminismo, Plenk ordena las señales más frecuentes según el modo de actuación del suicida, conforme a sus indagaciones prácticas. Por ejemplo, un suicidio por herida sería posible «si se encuentra una herida mortal hecha con arma de fuego, o con instrumento punzante», pero cabe ponerlo en duda si la herida fuera craneal, pues la muerte podría ser la consecuencia de una caída; las heridas de un instrumento cortante localizadas en la cabeza, en las extremidades o en la espalda, hacen presumir un atentado externo, mientras que sería propio del suicida la opción por el degüello; y en cuanto a las heridas provocadas por arma de fuego, habría que comparar el tamaño de la herida con el calibre de la bala, pues si la primera fuese superior o la herida de bala se encuentra en cualquier parte corporal de difícil acceso por el sujeto, habría que plantear la inquisición de la posibilidad de que hubiera sido un tercero el que le provocara la muerte. En relación con el suicidio por ahorcamiento, explica el autor que se conocerá que la muerte por horca ha sido ejecutada por un tercero si hay luxación o fractura en la nuca, si se presencia en el ahorcado cualquier herida mortal, o con mayor y rotunda evidencia si el cuerpo estaba atado de pies y manos. Como todo es susceptible de duda, incluido el ahorcamiento mismo, así como la determinación de si el ahorcado lo fue vivo o después de muerto, y en el primer supuesto la certeza del suicidio o la

---

[44] Josef Santiago Plenk, *Medicina y cirugía forense o legal*, Madrid, en la imprenta de la viuda e hijo de Marin, 1796, pp. 16-50.

intervención de homicida que le causó la muerte, Plenk analiza las señales corporales del cadáver. Serían así señales relevantes de ahorcamiento «la lengua hinchada, amoratada, cogida entre los dientes, y algunas veces herida por ellos, una espuma sanguinolenta que se advierte en la boca y fauces, y algunas veces sale por las narices un moco sanguinolento y espumoso, los ojos hinchados y medio cerrados, la cara, el cuello, y los labios hinchados, amoratados, o negros, en los hombres el escroto está como magullado, y el miembro rígido, el cuerpo está rígido, las extremidades y los dedos contraídos y alguna vez amoratados, hay algunas señales de haber arrojado semen, orina, o excremento, los pulmones se hallan dilatados por el ayre, y los vasos aereos llenos de una sangre espumosa, algunas veces se rompen los vasos de la cabeza, los intestinos delgados algunas veces están muy rubicundos». Señales especiales serían además «un circulo exterior que da vuelta al cuello, y corresponde al grueso de la cuerda con que fue ahorcado, y en dicho circulo esta el cutis mas oprimido, y se halla algunas veces acompañado de una echimosis subcutanea, aunque esto no sucede siempre; los musculos que comprendió el cordel, especialmente los plati-smamohyoideos se hallan mas o menos magullados, o con otro daño». Señales que demostraran que el individuo fue ahorcado ya muerto (muerte natural o violenta), serían «el no haber magullamiento subcutaneo en los musculos del cuello. El cordel en un cadaver, aunque se apriete mucho, imprime un surco, pero no magulla. Si se dixese que un hombre que se halló ahorcado en parage oculto había sido muerto de muerte natural, entonces se puede saber la verdad por el circulo que hemos dicho del cuello». Aunque, desde luego, las complicaciones probatorias no son exclusivas de una modalidad de suicidio. También resulta arduo saber si un ahogamiento fue un acto propiamente deliberado, o bien llevado a cabo por otro; una de las claves para sospechar que fue arrojado por un tercero al agua, bien muerto o aún vivo, sería la aparición en el cuerpo ahogado de heridas provocadas por instrumentos cortantes; sin embargo, no sería lo mismo si la herida fue «contusa, leve o grave», puesto que los que se arrojan al agua pueden dañarse con los palos o piedras ocultas en la inmersión, los «garabatos» del cadáver cuando es sacado al exterior. Todo depende, en definitiva, de la investigación judicial, que no siempre cuenta con el apoyo de las deducciones científicas. Para determinar si un suicidio fue provocado por la ingesta de veneno, o si por el contrario el veneno fue inoculado, no hay reglas previas que resuelvan la incertidumbre del juez. Lo mismo ocurre a la hora de esclarecer un suicidio por precipitación o caída desde una altura, pues por lo común es difícil garantizar que fuera la propia persona la que se arrojó, aunque sostiene Plenk, como mera orientación, que «solamente en el caso en que se hallen en el cadaver heridas hechas con instrumento cortante, podrá sospecharse que fue arrojado por otro». El concurso de delitos parece favorecer la interpretación a favor del suicidio, que se retrae en el caso contrario.

Así, cuando recuerda Plenk que ordinariamente las leyes establecen que a los suicidas maliciosos se les ha de dar sepultura infame, y sepultura sagrada a los no maliciosos, mantiene por lo tanto una concepción punitiva clásica del suicidio que sin embargo, interpretativa y operativamente, él mismo ha trastornado por dos caminos: el de la frecuencia mayor de las causas psicológicas (frente a la responsabilidad criminal) que por lo demás relaciona con la necesidad de inquisición judicial sobre sus motivos, y la confusa frontera, derivada de las dificultades probatorias del suicidio, con el homicidio, precisamente el delito del que el suicidio se había considerado siempre una cualificación[45].

2. *LA TRANSGRESIÓN DEL DERECHO DIVINO, NATURAL Y POSITIVO*

«Matarse a si mismo, es grauissimo peccado mortal. Esto enseña S. Thomas [...] y con el todos sus discípulos. Prueuase lo primero, porque esta prohibido con aquel precepto: No mataras: en el qual se incluye el no matarse a si mismo. Lo segundo se prueua: porque haze contra la natural inclinación». Así describe Pedro de Ledesma el mal del suicidio: el que se mata a sí mismo peca mortalmente, y además comete un acto antinatural[46].

La razón o el deber de conservar la propia vida, así como la del prójimo, constituye el precepto del Quinto Mandamiento: «No mata-

45 *Ibid.*.

46 Pedro Ledesma, *Segunda parte de la Summa, en la qual se summa y cifra todo lo moral, y casos de consciencia que no pertenecen a los Sacramentos, con todas las dudas, con sus razones breuemente puestas*, Salamanca, en casa de Antonia Ramirez viuda, 1605, pp. 664-665.

rás». La comisión de un suicidio implica la comisión de un homicidio, y no obstante la literatura jurídica matiza: así, por ejemplo, Juan Machado de Chaves precisa que dicho mandamiento prohíbe en concreto el homicidio injusto, puesto que el homicidio es crimen tan sólo en cuanto «iniusta hominis occisio», y exclusivamente respecto de este maleficio las leyes justas imponen la pena de muerte. La injusticia es lo regular, y para que un homicidio no sea contrario a la caridad, continúa el autor, se requiere «causa grave», como la defensa propia («si lo haze un particular, ha de ser por natural defensa»), o el bien público y el respeto al orden jurídico para el caso de su comisión por las autoridades públicas ordinarias o delegadas, siempre bajo el celo de la justicia y lejos de los vicios del odio, la pasión o la envidia[47].

Quien a sí mismo se mata, como argumenta Jacobo Menochio entre tantos otros, ofende sin excepción y gravemente a Dios, al Derecho natural y a la República. Daña gravemente a Dios ya que Éste es el verdadero dueño de la vida de los hombres. Daña a la naturaleza cuando ésta proporciona al hombre todas las virtudes, entre ellas la fuerza para abogar por la conservación de la vida y resistir la corrupción. Ofende a la República porque el hombre ha nacido para servir a su patria, como miembro que es de ésta, y no a sí mismo[48]; injuria a la patria, dice también Luis de Molina, como parte suya y sujeto al cumplimiento de una serie de obligaciones, porque el suicida se acoge a un supuesto derecho del que en verdad no dispone y que la República no puede ceder: peca contra la caridad, pero también peca contra la justicia civil, y por este doble motivo las leyes ciudadanas castigan duramente el crimen[49]. Esta idea del dominio de la propia vida está presente asimismo en Baltasar Gómez de Amescua: se carece de la condición de dueño en relación con aquello que no podemos ceder, el dominio implica la facultad de disponer para el uso de un objeto que no se encuentra prohibido por ley, y no hay disponibilidad sobre la propia vida por cuanto el suicidio resulta un acto contrario y prohibido por el Derecho divino, natural y positivo[50]. La opinión de Fulgencio Cuniliati, ya en el siglo XVIII, no difiere de las aportaciones de sus

---

[47] MACHADO DE CHAVES, *Suma Moral*, cit., pp. 141-142.

[48] Jacobo MENOCHIO, *De paresumptionibus conjecturis signis, & Indiciis*, Aureliae Allobrogum, Apud Samuelem Crispinum, 1609, p. 478.

[49] MOLINA, *De iustitia et iure*, cit., tomo I, cs. 20-17.

[50] GÓMEZ DE AMESCUA, *Tractatus*, cit., pp. 26-27.

colegas barrocos. Distinguiendo, conforme a una tipología muy usada por los doctores, entre el suicidio y la mutilación directos, por un lado, y el suicidio indirecto, por otro, explica que a nadie puede permitírsele matar directamente, ni a sí ni al prójimo, pues, de acuerdo con la doctrina de Santo Tomás de Aquino, quien se mata a sí mismo actúa contra la inclinación natural y la caridad, luego comete siempre pecado mortal, además de una injuria a la comunidad y un pecado contra Dios, de Quien recibió como don la vida y a Quien el suicida usurpa un «iudicium de re sibi non commissa». Por eso, concluye el doctor insistiendo en estos principios, el suicidio es un pecado mortal que daña la caridad que el hombre debe observar para consigo mismo, y además una vulneración de la justicia que no sólo significa un atentado contra el Derecho divino, sino también una injuria contra la República y el Derecho positivo, dado que, como miembro que es todo súbdito de un todo comunitario, la ausencia o privación de una de sus partes desencaja el conjunto, dejándolo desarticulado e incompleto[51].

De la misma manera, Ginés Luis de la Madre de Dios discurre sobre las razones por las que el suicidio es un acto completamente ilícito, un gravísimo pecado contra Dios, la familia, la República y el rey, sancionado por la doctrina jurídica, y castigado por el Derecho canónico y el civil: cada persona, por naturaleza, se ama a sí misma (positivando el amor que igualmente ha de proyectarse al prójimo) de modo que quien se suicida transgrede el orden natural de las cosas, injuria al Derecho natural y peca contra la caridad que cada uno ha de preservar respecto de sí mismo; además, injuria a la comunidad, de la cual como sujeto forma parte; y en definitiva, si la vida es un don divino atribuido a los hombres, prescindir de ella ha de ser tanto como prescindir del regalo divino, el don que Dios concede a todos los hombres como Su dueño y señor. Este peso de los tres Derechos —divino, natural y positivo— en la antijuridicidad del suicidio hace que, por mucho que la literatura busque hipótesis de legitimación excepcional, tal y como en la raíz del homicidio se encontraban razones singulares de licitud por necesidad o potestad de la ley, frene siempre en su intento: como explica Madre de Dios, nada excusa el suicidio, ni siquiera la evasión temerosa de las miserias de la vida terrenal y la huida de la

---

51 Fulgencio CUNILIATI, *Universae theologiae moralis accurata complexio candidatis accommodata*, tomo I, Venetiis, Apud Thomam Bettinelli, 1772, pp. 335-338.

comisión de los pecados u otras corrupciones, ni tampoco la impaciencia por alcanzar antes la vida eterna[52].

a) Injuria al Derecho divino

El suicidio está prohibido por mandamiento de la ley divina. Por lo tanto, quien se mata a sí mismo incurre en un pecado mortal, gravísimo, por actuar contra el Quinto Mandamiento, como ha quedado dicho[53]. Sin embargo, esta contundente contravención o injuria al Derecho divino tiene ramificaciones conceptuales jurídicas y teológicas más complejas que enlazan —hay que verlo así— los tres Derechos divino, natural y positivo.

El suicidio es un crimen que atenta contra la justicia de Dios y contra la república. Pero la república, como el orden natural, está sometida al Derecho divino, de acuerdo con el pensamiento del iusnaturalismo teológico intelectualista moderno de ascendencia tomista. Esta vertebración de los *iura* (divino, natural y positivo) muestra una dependencia tan fuerte respecto del Derecho divino como fundamento del sistema jurídico que a menudo los argumentos teológicos respecto de las injurias provocadas por el suicidio repercuten simultáneamente en varios niveles. De esta forma, por ejemplo, si se tiene en consideración la sociedad humana como Iglesia, ésta ha de ser entendida bajo la presidencia de Dios, que es la cabeza y el alma que la preside y auxilia a sus miembros, de donde habrá que entender que el suicidio constituye una privación de un miembro de la Iglesia que simultáneamente implicará un acto contra Dios y además contra el modelo corporativo de la república que hay que descubrir en esa misma sociedad de fundamentación divina, no en vano el rey se legitima como vicario de Dios. Es decir, el suicida atenta contra Dios, la Iglesia y la República, por este orden, y su atentado produce un efecto comunicativo, desde la mayor jerarquía, entre estos niveles. El suicidio es pues un crimen contrario a la naturaleza universal, y contrario a la naturaleza humana, porque implica una conducta indigna y propia de sujetos que han perdido la

---

52 Ginés Luis Madre de Dios, *Praelectiones in Universam Theologiam Moralem*, Matriti, Typis Benedicti Cano, 1788, tomo IV, pp. 407-411.

53 V. gr., Soto, *De iustitia & iure*, cit., p. 365.

consideración de su propia humanidad, y asimismo de la divinidad a la que responde su humanidad, seres despedazados e incompletos que olvidaron la Fe y la Esperanza, tanto en la vida como en la muerte, y que así rechazan el orden natural y humano porque rechazan su pertenencia a la Divinidad, y por ello han de quedar privados de la trascendencia. Por eso, como dice Jacobo de Simancas, si un hombre no se entiende a sí como un ser absoluto en cuerpo y alma, si no es capaz de amarse a sí mismo, estará cometiendo una injusticia que es ciertamente injusticia porque constituye, en esencia, un pecado mortal que por su radicalismo en el apartamiento de Dios nunca le será perdonado[54].

Sin duda, junto a la privación de un miembro a la comunidad eclesiástica, el suicidio implica también una desposesión de la presidencia divina. Si Dios es nuestro dueño, la vida humana será divina sólo por Dios, y nosotros somos Su posesión como criaturas incardinadas en la divinidad. La comisión del suicidio implica un pecado contra Dios en la medida en la que lo sufre quien de Él es siervo. El razonamiento resulta claro: si somos siervos de Dios, el suicidio implica la usurpación de los derechos que Dios nos ha cedido a través de una especie de contrato divino, y por ende nuestro abuso nos privará de la salvación divina. Además, en su versión se diría que política, cabe el razonamiento de que no sólo Dios es nuestro dueño, sino que también es nuestro juez supremo, y consecuentemente Él es quien nos da la vida y Él será quien nos la haya de quitar. Por lo tanto, como explica Pedro de Aragón, en el suicidio el hombre peca contra la justicia divina en cuanto destruye aquello que pertenece al mismo Dios[55].

Luis de Molina argumenta por qué el suicidio es un acto contrario al Derecho divino, y explica que Dios es el dueño de la vida, y notable el orden manifestado por Él. Por tanto, nadie dispone de derecho alguno para alterar dicho orden provocándose la muerte. Y todo aquello que sea contrario u opuesto a la voluntad divina, obviamente, constituirá un crimen de la mayor gravedad; se tratará de un crimen contrario a la caridad que hacia sí ha de observarse por Derecho natural, y que el sujeto altera y vulnera cuando desprecia el mayor de los bienes temporales que se le otorga, la vida, fundamento de cualesquiera

---

54 Simancas, *De catholicis institutionibus*, cit., f. 79 v-r.

55 Pedro de Aragón, *De iustitia et iure*, Salamanca, apud Guillermum Foque, 1590, p. 356.

otros[56]. De ahí que, como grave injuria hacia Dios, el suicidio, como explica Farinacio, no sea una acción meramente prohibida por el Derecho canónico, sino un crimen que afecta al mismo tiempo a la comunidad eclesiástica y a la justicia civil[57].

Gómez de Amescua también recuerda que el Derecho divino y el Derecho canónico establecen la ilicitud del acto del suicida por la razón de que, como afirma la comunidad de los teólogos, sólo Dios es el dueño de la vida de los hombres, vida que hay que contemplar en su concesión a la humanidad, según se ha repetido, como un regalo divino. Consiguientemente, sólo Dios puede arrebatar y consumir la vida y, como Juez Supremo, no habrá disposición de los hombres que no quede bajo su potestad y albedrío[58]. No hay dominio verdadero de las cosas que el hombre no puede ceder, y la vida es una cesión de Dios y por lo tanto un objeto de su dominio, que además debe entenderse como un tránsito de lo terrenal a lo celestial, del que el hombre tampoco es nunca dueño. De hecho, aunque el hombre pueda ser dueño de ciertos bienes, también son muchas las cosas que no puede adquirir y de las que no puede disponer, cuyo disfrute obedece en rigor a la liberalidad de Dios, como la belleza y otros dones similares, poseídos por cesión divina y en consecuencia nunca objetos de una extinción natural meramente voluntaria. Apoyándose en las reflexiones de Santo Tomás, el autor llega a decir que el hombre puede haber sido constituido como dueño de sí mismo gracias al libre albedrío que también es una concesión de Dios, pero este dominio alcanza en realidad a cuanto le adviene por la vía terrenal; en cuanto al tránsito de lo material a lo celestial, no queda en manos de la voluntariedad o disposición del individuo, pues hay una reserva esencial y nuclear a favor de su origen, que está en la divinidad. Trasladando el argumento, concluye Gómez de Amescua, si los hombres son dueños de sí mismos en cuanto a aquello que forma parte de la vida del siglo, y su dominio no alcanza a lo celestial, el hombre tendrá capacidad para dominar su cuerpo, y para decidir sus acciones, pero ni será el dueño de esta vida ni de su propio cuerpo, como explican los teólogos. Uno respecto de sí mismo dispone de dominio y potestad sólo en los márgenes de la facultad de elección que no sustrae lo acotado —y así vedado o prohibi-

---

56 Molina, *De iustitia*, cit., tomo IV, cs. 551-552.

57 Farinacio, *Praxis*, cit., pp. 317-322.

58 Gómez de Amescua, *Tractatus*, cit., pp. 2-12

do— por la ley divina y, bajo su influjo, por la ley canónica o civil. Sólo Dios es señor del cuerpo humano y de los miembros que lo componen; no hay normativa, ni civil ni canónica, en la que puede hallarse una supuesta potestad de la persona sobre la persona misma, sino la prohibición rigurosa del suicidio o de la automutilación. El Derecho divino, y así el Derecho en todos sus órdenes, concibe el suicidio como un crimen de lesa majestad divina, contrario al dominio exclusivo de Dios sobre el hombre, conforme al pecado mortal que la usurpación de la vida implica, a la que ha de sumarse una usurpación de justicia que se extiende, por vicariato, a la usurpación de la jurisdicción del príncipe, atractiva de la naturaleza del crimen de lesa majestad humana. Si el suicidio fuese lícito, habría constancia de la permisividad en las Sagradas Escrituras, pues los preceptos divinos no engañan al hombre. Y sucede que no hay motivo alguno en la doctrina teológica, por muy alto que parezca —tampoco la consecución de la vida eterna y la inmortalidad— que legitime un acto contrario a la concesión al hombre de la vida por la gloria y el honor de Dios[59]. Los hombres son siervos de Dios, explica Gómez de Amescua, y por consiguiente están sujetos a Su dominio esencial. Si malo es el siervo que ofende a su dueño, malo será aquél que se provoque la muerte ofendiendo a su Señor al retirarse de la vida sin Su arbitrio, y vulnerando con su acción el precepto divino del Quinto Mandamiento. Al hacerlo, el hombre desprecia a su verdadero dueño, a Aquél que lo hizo y bajo cuya potestad se encuentra, y tal es el gravísimo pecado en el que incurre quien se destruye a sí mismo, usurpando el poder ajeno y superior.[60].

Por lo tanto, en la injuria al Derecho divino está la esencia del crimen. Además, en ella reside la clave de la cualificación del homicidio en la que el suicidio consiste. Efectivamente, Domingo de Soto explica que si el suicidio no es un homicidio simple, es debido a que en el suicidio no se traiciona ni se pone en peligro la salvación eterna del prójimo, antes bien en el suicidio la traición se produce respecto del mismo Dios, contra Su condición de creador, dueño y juez absoluto[61].

Conceptual y teológicamente, el suicidio se diferencia además del homicidio, como cualificación singular, cuando se entiende, como

---

59 *Ibid.*, pp. 36-37.

60 *Ibid.*, p. 38.

61 SOTO, *De iustitia & iure*, cit., p. 365.

hemos repetido, que produce un efecto contrario específicamente a la caridad. Por eso dice Pedro de Aragón que aunque quien comete suicidio estuviera atentando contra su propia vida contando con la venia de la república, nunca dejaría de actuar incurriendo en pecado mortal y contra la caridad cristiana, puesto que estas consecuencias son propias de quien incumple la obligación, por las razones teológicas ya apuntadas, de proteger la propia vida, y porque quien destruye lo que pertenece a Dios –la vida de cada hombre le pertenece— perpetra inexcusablemente una injusticia, una injuria contra Él[62]. En realidad, ciertamente, el suicidio puede considerarse un crimen contra la esencia misma o principio de la caridad, porque la caridad de toda persona, advierten los teólogos, debe comenzar por el amor a sí mismo. Explica Giovanni Baptista Ziletti que el cumplimiento de la ley divina que reza «Amarás al prójimo como a ti mismo» no cabe en buena lógica si no es a partir de un respeto de la persona hacia sí misma que sirva de preludio al amor hacia los demás[63]. De ahí que este crimen de suicidio sea propio de individuos que no sienten afecto por nada, incapaces de estimarse ni aun a sí mismos, alejados de todo aprecio por lo humano y lo divino: una especie de seres abominables y monstruosos que ni sienten ni padecen, seres deformes que, en definitiva, ya no es que no sean capaces de amar al prójimo como a sí mismos, sino que, vacíos de caridad, no respetan ni al menos su propio ser.

Fue San Agustín, como recuerda Gómez de Amescua, quien derivó del Quinto Mandamiento, que tan rigurosamente prohibía la comisión de una muerte (entendida afectado el hombre, y excluido el resto de los animales) bajo pecado mortal, la prohibición divino-positiva del suicidio[64]. En el pensamiento de San Agustín, se deduce esta interpre-

---

62 Aragón, *De iustitia et iure*, cit., p. 356.

63 Ziletti, *Consiliorum*, cit., f. 45 r.

64 Lieven Vandekerckhove, *On Punishment. The confrontation of suicide in Old-Europe*, Leuven, Universitaire Pers Leuven, 2000, pp. 16-20, desarrolla una reconstrucción de la criminalización del suicidio destacando a San Agustín como el primer padre de la Iglesia que condenó directa y abiertamente, sin ningún tipo de exclusión, el suicidio. Bien es cierto que los Padres de la Iglesia anteriores a San Agustín (Ambrosio, Eusebio, Crisóstomo y Jerónimo) mostraron unanimidad en la condena del suicidio, pero con una excepción: el suicidio de las mujeres jóvenes que se mataban por mantener su honor antes de ser violadas (las famosas vírgenes de

tación de una comparación del Quinto Mandamiento con el Octavo. Según reza este último precepto divino, queda prohibido el falso testi-

---

Antioquía). La unanimidad patrística al condenar el suicidio representaba una reacción de los Padres de la Iglesia contra lo que Bourquelot denominó «manía del suicidio» extendida entre los primeros cristianos, así que, de acuerdo con Wacke, los primeros padres permitirían el suicidio siempre que éste fuera la única forma de evitar un asalto sexual, mientras que San Agustín niega rotundamente toda excepción por la taxativa prohibición del Derecho divino —«No matarás»— en una posición extremadamente formal: la castidad es una virtud espiritual, no física. Es la posición agustiniana acerca del suicidio la que adoptará la Iglesia católica; es más, en el siglo VI, en el Concilio de Orleans de 633, suicidio y homicidio quedarán vinculados: «We are of the opinion that the oblation of the deceased who where involved in some crime ought to be accpeted, unless it be found that they have killed themselves with their own hands» (p. 18). En otro sentido, sobre la concepción calvinista del suicidio igualmente agustiniana, *vid.* Jeffrey R. Watt, *Choosing death: suicide and calvinism in Early Modern Geneva*, Kirksville, Truman State University Press, 2001, pp. 67-125; en su obra, en efecto, el autor analiza la influencia de la lógica de San Agustín, que es a su vez una lógica platónica, en el pensamiento de Calvino: en sus textos, explica Watt, defiende que Dios nos ha ordenado estar listos para la muerte en todo momento sin que ello implique que seamos nosotros mismos los que determinemos cuándo abandonar, voluntariamente, la vida terrenal. Para Calvino, el «autohomicidio», al igual que para los católicos, es el peor de los crímenes, y los suicidas son culpables de arrogancia, presunción u orgullo desmedido, propio de hombres incrédulos y profanos incapaces de llevar consigo el peso de la desgracia. Los cristianos, considera Calvino, deben quedar sujetos a la voluntad divina y no acobardarse por la vergüenza o la infamia, estando el ser humano obligado a aprender a soportar pacientemente las desgracias de esta vida. Calvino reconoce que el creyente a menudo padecerá momentos difíciles en los que sufrirá reveses que incluso puede llegar a creer no resultan propios de este mundo; sin embargo, el ser humano no debe rebelarse ante Dios, muy al contrario debe rendirse humildemente a Su voluntad. Si el verdadero Dios castiga al ser humano, el individuo no debe caer en la desesperación, sino volver al recto camino. Así, para Calvino no hay límites en los grados de paciencia que los cristianos deben arrostrar: simplemente deben soportar todo tipo de desgracia o tortura advenida; y los que hayan cometido graves pecados han de someterse dignamente a su meritorio castigo. El reiterado tema de las vírgenes que optaron por el suicidio antes que arriesgarse a la pérdida de su pureza también es abordado por Calvino, sosteniendo que se equivocaron sometiendo sus vidas, pues cometieron el mayor de los males por evitar un mal menor. El suicidio no sólo desafía la voluntad de Dios, también es un acto antinatural, y terriblemente malicioso. Matarse es un pecado que viola nuestro instinto natural, el instinto de la propia preservación; es el comportamiento más bajo y mediocre. Y al igual que Calvino considera el suicidio

monio, proyectado hacia el prójimo[65]. Esta naturaleza bifronte no ha de ser presumida en el Quinto, cuyo imperativo «no matarás», carente de añadiduras explícitas ni implícitas, habrá de incluir tanto al prójimo como la expresa prohibición de matarse uno mismo; la omisión del prójimo en el Quinto Mandamiento dota al precepto de un carácter generalizador o totalizador. Por otra parte, si es grave (pecaminosa y criminal) la muerte causada al prójimo, más grave ha de ser —y por lo tanto, darse por subsumida— la muerte de quien comete el crimen contra sí, demostrando la ausencia de caridad que el ser humano, por naturaleza, debería respetar hacia su persona, antes incluso (o como presupuesto) que hacia al prójimo[66]. A la misma conclusión de exceso de pecado, respecto del homicidio, llegará Antonio de San José retornando al argumento de la prohibición del suicidio por el hecho de que su naturaleza implica un acto contra Dios, usurpándole su dominio,

---

como un acto contrario a la ley natural, también, siguiendo la concepción altomedieval, considera que se trata de un hecho impulsado por el demonio, de inspiración diabólica. En definitiva, Calvino principalmente condena el suicidio al considerarlo una rebelión contra Dios, un rechazo a la Divinidad, un acto demoniaco por ser contra-natura. En realidad, concluye Watt, las opiniones de Calvino sobre el suicidio no eran originales, compartiendo prácticamente los mismos puntos de vista al respecto que defendieron los católicos; incluso en la formulación de su punto de vista sobre el suicidio dio menos peso a la exégesis bíblica que a las opiniones de autores como Santo Tomás, pero sobre todo, ciertamente, San Agustín, el principal responsable de los fundamentos teológicos para su aborrecimiento social.

65 *La ciudad de Dios del Glorioso Doctor de la Iglesia S. Agustín, Obispo Hiponense en veynte y dos libros*, Madrid, por Ioan de la Cuesta, 1614, libro I, capítulo XX, p. 22: «[…] donde dice la Ley: *No matarás*, sobre todo al no haber añadido 'a tu prójimo', como al prohibir el falso testimonio dice: *No darás falso testimonio contra tu prójimo*. Con todo, si uno diese un falso testimonio contra sí mismo, que no se crea libre de este delito. Porque la norma de amar al prójimo la tiene en sí mismo el que ama, según aquel texto: Ama al prójimo como a ti mismo. Ahora bien, no sería menos reo de falso testimonio quien lo levantara contra sí mismo que quien lo hiciera contra el prójimo. Pero si, en el precepto que prohíbe el testimonio falso, esta prohibición se limita sólo al prójimo, y en una visión equivocada alguien puede entender que le está permitido presentarse como falso testigo contra sí mismo, ¡con cuánta mayor fuerza se ha de considerar prohibido al hombre el quitarse la vida, ya que en el texto *no matarás*, sin más añadiduras, nadie se puede considerar exceptuado, ni siquiera el que recibe el mandato!».

66 Gómez de Amescua, *Tractatus*, cit., pp. 36-40.

contra la razón natural, en la repugnancia de sí, y contra la república, de la cual el hombre forma parte[67].

Quien huye de la vida, continúa Gómez de Amescua, enoja a Dios, pues de algún modo se convierte en fugitivo del Señor, despreciando el regalo divino, injuriando por ende a su donante, delinquiendo gravemente contra Dios. La vida es sagrada en la medida en que por todos debe ser aceptada la voluntad y arbitrio del Señor, que ha depositado el alma en nuestro cuerpo. Si deliberadamente accedemos a la muerte, el cuerpo y el alma se perderán por cuanto sustraídos a su dueño, y este distanciamiento del Creador impedirá la salvación eterna. Así es Dios, nuestro dueño, quien ha de decidir dar término a la vida terrenal, fijando el comienzo y el fin del tiempo. Quien a sí mismo se mata, desoyendo la palabra de Dios, y contrariando el tiempo estipulado por la divinidad, defrauda al Señor[68], pecando contra la justicia, pero especialmente contra la religión, contra la piedad, contra el prójimo, contra la república y —en este sentido simultáneo— contra sí mismo[69].

b) Injuria al Derecho natural

No sólo el suicidio injuria al Derecho divino, sino que también violenta el Derecho natural. En este sentido, la literatura jurídica, fundamentalmente de los siglos xvi y xvii, ofrece las claves que demuestran que el suicidio es un acto violentamente antinatural por contrario al sistema de reglas de la naturaleza comunes a los seres humanos siempre en cuanto derivadas, conforme al iusnaturalismo teológico, del Derecho divino en su información de la razón del hombre. Aun cuando el iusnaturalismo racionalista del siglo xviii defienda la autonomía de la razón humana, esta misma capacidad de raciocinio no excluirá para el teólogo el criterio de que la contravención de la inclinación natural, buscando con conciencia la muerte, constituye pecado: hay en el comportamiento del suicida un vicio antinatural porque sucede como si la pretensión de morir debilitara, hiciera flaquear, agotara la

---

[67] San José, *Compendium salmanticense*, cit., pp. 358-362.

[68] Gómez de Amescua, *Tractatus*, cit., pp. 2-12

[69] *Ibid.*, pp. 43-44.

capacidad de raciocinio del hombre, despojado así de su inteligencia, y con ello de su faceta natural singularizadora frente al resto de las criaturas. Por mucho que cambie la perspectiva social, el juicio del suicidio como un acto antinatural va a resistir.

Para un renacentista como Domingo de Soto la valoración del raciocinio como preservación de la naturaleza del hombre ha de entenderse (lo que resulta congruente con la sumisión del «ius naturale» al «ius divinum») en el seno de la distinción conectada entre la justicia natural y la justicia supranatural. Se entiende entonces por justicia natural la capacidad del hombre para frenar los instintos o afecciones naturales que fueron infundidas a nuestros primeros padres. Así, es en el relato del *Génesis* donde Soto identifica el origen del Derecho natural: antes de que Eva y Adán, inclinados por la tentación del demonio, comieran de la manzana prohibida, convivían armónicamente en el paraíso, hasta que el pecado original abrió paso al nacimiento de la justicia natural, a partir de la ruptura de la armonía y la felicidad eternas, al dar comienzo el régimen, imperfecto y rectificador, de la razón de ser, la conciencia, la obligación y el buen servicio. Estas reglas de la justicia natural se imponen entonces al hombre y su vulneración implicaría un desprecio a las consecuencias ordenadas por Dios a raíz del pecado que interrumpió la justicia sobrenatural dada la imposibilidad humana de respetar sus límites[70]. Ahora, la responsabilidad humana depende de las reglas naturales; las reglas de la justicia natural han sido impuestas superado el origen preternatural, para evitar que el hombre siga sus instintos más oscuros, y la razón, la racionalidad, son los instrumentos, característicos del hombre, que le permiten detectar, comprender y combatir los malos propósitos. El suicidio sería una renuncia a la racionalidad, y una injuria al Derecho natural inspirado por Dios.

Tommaso Trivisano se explica de la siguiente manera. El suicidio no está permitido porque el hombre no puede cometer en ningún momento un hecho tan impropio de su razón de ser, esto es, de la racionalidad en la que cifra su existencia natural. Como es opinión común, piensa que la justicia natural tiene como fin el impedir que los hombres se dejen vencer por los instintos negativos; es la justicia natural la que nos frena y ayuda a evadir nuestros instintos más oscuros, apo-

---

70 Soto, *De iustitia & iure*, cit., p. 365.

yada en nuestra racionalidad, en el hecho de que seamos seres racionales capaces de comprender y de sustraernos a los malos propósitos. Por lo tanto, el suicidio es un mal instinto que injuria al Derecho natural porque se podría considerar como la acción contraria a la racionalización y, en este sentido, un impulso propio de las malas tentaciones instintivas. El suicidio apela a la racionalidad, para vencerlo, porque es precisamente el hombre la única criatura natural que no busca la satisfacción de sus instintos naturales de modo directo y sin cuestionarse la legitimidad de sus actos. El suicidio es una renuncia al instrumento que permite distinguir entre el instinto y la razón, un desprecio a la justicia natural interpretable bajo el influjo del Derecho divino. Suicidarse es caer en el instinto y contrariar la racionalidad como cauce natural humano contrario al instinto. El hombre ha de ser capaz de mesurar sus inclinaciones, y también puede decirse que lo extremo del suicidio significa una fragilidad intelectual y racional impropia de esta mesura. La capacidad que Dios ha dado al hombre para distinguir entre el bien y el mal, para rechazar el pecado y optar por el servicio a la vida y a Dios, le obliga. Y ni siquiera el príncipe podría dispensarle de esta obligación connatural por aliento de Dios[71]. También Giovanni Baptista Ziletti insistía en esta idea de que el ser humano tiene por naturaleza que cumplir una función, un servicio en la vida terrenal, de tal manera que el suicidio de por sí supone un acto contrario a la naturaleza del hombre, paralizador y contrario a la misión que ha de cumplir en la vida conforme al orden divino[72].

No obstante, el problema que se le presenta a una reflexión que opone la racionalidad a los instintos reside en la determinación de cuál sea la relación entre éstos y la inclinación natural. Considerar la racionalidad como un instrumento humano contrario a los malos instintos exige entender que aquélla forma parte de la naturaleza del hombre tanto como los malos instintos pueden estar presentes en la inclinación natural, es decir, siguiendo a Domingo de Soto, tan cierto es que hay en la naturaleza tentaciones que el hombre debe resistir como que la inclinación natural del hombre es buena. Por lo tanto, podría decirse que el ser humano tiene dos inclinaciones naturales: una ligada al instinto, a la materia, y otra ligada a la verdad, a la ra-

---

[71] Tommasso Trivisano, *Decisionum causarum civilium, criminalium haereticorum*, Francoforti, ex oficina typographica Nicolai Bassai, 1595, p. 324.

[72] Ziletti, *Consiliorum*, cit., f. 45 r.

zón. De la primera inclinación dispone toda criatura natural; se trata de una naturaleza corrupta contraria al hombre: contraria, efectivamente, a su racionalidad. La segunda inclinación es la razón, de la que únicamente dispone el hombre y que caracteriza singularmente a éste frente al resto de las criaturas de la naturaleza. De ahí que el ser humano, a través de la naturaleza racional, deba trabajar para la consecución de la felicidad racional, que es una suerte de estabilidad mental; es decir, el hombre debe trabajar en sí mismo, en su fuero interno, para alcanzar un equilibrio de su entidad, y para encontrar dicho equilibrio debe ser capaz de distinguir sus instintos más inmediatos y negativos o perniciosos y la búsqueda del medio para su represión, que no es otro, como se ha repetido, que la razón, el desarrollo racional de su mente, de su ser. Por muy difícil que sea la empresa, Soto encuentra en ella el único camino posible para la felicidad. Y desde el punto de vista del problema del suicidio esto es importante, porque la estabilidad racional como enfrentamiento a los aspectos positivos y negativos de la naturaleza, como medio para la selección de lo bueno y el rechazo de lo malo, esto es, el denodado esfuerzo por perseguir el bien y sufrir el mal, se plantea entonces como el camino hacia la verdadera felicidad, y toda renuncia, toda deserción, toda rendición, toda ruptura con ese sacrificio o empeño contra lo malo y a favor de lo bueno —esta abdicación, a fin de cuentas, es, en su esencia, el suicidio— significa una claudicación de la naturaleza racional humana[73].

Pedro de Aragón desarrolla también una interpretación del problema. Cada ente natural se conserva, esto es, cada ser tiene una posición en la naturaleza que tiende a conservar: el ente natural se esfuerza por mantenerse y lucha por sobrevivir resistiendo, en lo que puede, a su corrupción. Si esta lucha por la supervivencia es propia de todo ser vivo, que un ser humano se mate a sí mismo tiene que entrañar por fuerza una indignidad, un acto contrario al Derecho divino y también al Derecho natural, pues el hombre que se mata no ha sido capaz de batallar por su vida e incurre, al no defender el don que ha recibido de Dios, en pecado mortal. A su vez, si sumamos que es la especie humana la única que dispone de razón, no sólo aquél que se suicide pecará contra Dios, sino que también lo hará contra la inclinación natural de su naturaleza racional y contra la caridad[74].

---

[73] SOTO, *De iustitia & iure*, cit., p. 366.

[74] ARAGÓN, *De iustitia et iure*, cit., p. 356.

A diferencia de Soto, que opta por resaltar un afán racional de discriminación entre las inclinaciones buenas y las malas, una especie de cedazo mental que elimine la tendencia natural corrupta que acompaña a todos los seres vivos, Pedro de Aragón resalta precisamente la inclinación natural contra la corrupción, la tensión positiva del ser hacia la preservación de la vida, de su naturaleza misma. A sabiendas de los instintos infectos que habitan en todo ser, subraya el afán y la valentía que hasta el ser más ínfimo de la tierra muestra por la supervivencia. Si esto es así, en consecuencia todo hombre que decida suicidarse habrá de quedar moralmente por debajo incluso de cualquier animal o planta que, a pesar de carecer de razón, de racionalidad, se sacrifica por mantenerse en vida, hasta el fin, en la medida de sus posibilidades, de forma natural; si un hombre, capaz de distinguir entre el bien y el mal, el único ser que goza del privilegio del conocimiento y la razón, elige, conscientemente, quitarse la vida, se degrada hasta quedar por debajo del valor de cualquier especie, envilecido de la forma más honda. Aragón resulta así de contundente con el suicida, le muestra un desprecio tan fuerte, hasta rebajarlo ante una bestia o un vegetal, deshumanizándolo tajantemente, precisamente porque entiende que la inclinación natural del hombre es un viento a favor de la conservación de la vida que el suicida desprecia. Y piensa así porque en su opinión es imposible que la inclinación natural humana tienda a lo malo, al ser Dios quien creó, constituyó al hombre: si Dios no puede pecar, tampoco podrá producir una inclinación natural al pecado, pues en tal caso Dios se manifestaría como un tentador del hombre hacia lo malo, lo cual es un absurdo en sí mismo. Distinto es sin embargo que el hombre, naturalmente, conste de dos naturalezas, una naturaleza racional y una naturaleza sensitiva, o una naturaleza exterior y una naturaleza interior. El alma sería la naturaleza interior del hombre, o la naturaleza racional, y el cuerpo la naturaleza exterior o sensitiva. Así las cosas, es la parte racional de la naturaleza la que inclina constantemente a lo bueno, honesto y conforme con la razón; la razón dicta que hay que seguir la virtud y la honestidad. El bien sensible es objeto de apetito sensitivo, y al igual que la voluntad naturalmente se inclina al bien honesto, el apetito sensitivo se inclinará al bien sensible. Entonces, aunque la parte sensitiva en el hombre propiamente incline al bien sensible, no hay en ello formalmente un mal moral si se contiene dentro del apetito sensitivo cuando no es voluntario (en esta voluntariedad o involuntariedad está el principio del bien o del mal moral), luego el apetito sensitivo no es malo ni produce por sí solo una moral corrupta. Así avanza la concepción positiva de la naturaleza de Pedro de Aragón. Por lo tanto, el apetito sensitivo no tiene por qué inclinarse al mal moral porque su objeto sea un bien sensible, y la inclinación al mundo o al demonio no puede imputarse como culpa cuando no existe el consentimiento de la voluntad. De ahí la deducción de que toda naturaleza tiende al bien, y de que no hay estrictamente ninguna inclinación natural al mal. Aunque es verdad que el bien placentero a veces es contrario a la razón, no se debe inferir de esto que el apetito sensitivo tenga inclinación natural al mal y al pecado, por el hecho de tratarse de un bien sensible; así, sólo desde un punto de vista material puede decirse que el bien sensible a veces se inclina al mal, en cuanto se inclina naturalmente a un objeto que a veces pueda ser contrario a la razón. A su vez, en ocasiones el apetito sensitivo por accidente o defecto de nuestra naturaleza o abuso de nuestra consideración inclina al hombre al mal, pero esta inducción al mal, a una tentación contraria a la razón, derivada de la naturaleza corporal, es debida a la imperfección de nuestra condición, y en nada reduce la finalidad de su institución por Dios para el bien del hombre[75].

Más escuetas y reiterativas son las reflexiones que la literatura jurídica del siglo XVII realiza a propósito de esta cuestión, corroborando o recalcando, siempre con matices, las pautas fundamentales de los argumentos jurídicos, morales y teológicos que ofrecían los autores del siglo XVI. Veamos cómo razona Iván Aranda, cuando discurre sobre una definición de la «salud»: «Todos los animales se curan, y buscan medicinas para si, sino es el hombre. No se puede llamar saludable lo que no lo es siempre. El argumento de la salud es tener buenas costumbres, y agradables[76]». De manera que el suicidio ha de ser un acto contrario al Derecho natural en cuanto contrario a la tendencia natural de todo ser vivo, que es la de buscar una medicina para sobrevivir a las adversidades que la naturaleza presenta, recuperando la estabilidad salutífera. Pero este argumento es reforzado en realidad por la singularidad y contraste del hombre: si, como afirmaba Aranda, «todos los animales se curan, y buscan medicinas para si», el suicidio será un acto tanto más contrario a la naturaleza en el ser humano, que

---

75 *Ibid.*, pp. 367-368.

76 ARANDA, *Lugares comunes de conceptos*, cit., fol. 63.

goza del mayor privilegio del raciocinio, y que en consecuencia no lucha por la supervivencia ni busca la cura de su enfermedad de manera puramente instintiva. En consecuencia, el que se mata a sí mismo, actúa contra una naturaleza propia naturalmente animal pero también singularmente humana. Esto no empece que la naturalidad animal sea un argumento por sí mismo. De hecho, por todos es sabido, sostiene Baltasar Gómez de Amescua, que los animales que ofrece la naturaleza gozan en su conjunto de apetito por la vida, lidian por conservarse a sí mismos y resisten toda tendencia contraria a su preservación: ¿por qué el hombre, siendo racional, habría de comportarse de forma totalmente opuesta y adversa a lo que la naturaleza imprime en los seres irracionales? Como dice el autor: «quien también de propias manos muere, a la comunidad de todos los animales dispersa»; pues, efectivamente, en todo acto de todo ser vivo ha de estar impreso el deseo de vivir, y es precisamente dicho deseo el que ratifica la validez de la ley natural, una ley natural que aboga por la vida, y no por la propia muerte[77].

Por tanto, el «propricida» peca contra la ley natural, pues «quod dolorem meum exulcerat: est enim luctuosissimum genus mortis, quae non ex natura, nec fatalis videtur», como Plinio definió el acto del suicida[78]. Hay, sin duda, tristeza en este pecado que forma parte, como dice Gómez de Amescua recordando a Soto, de una inclinación natural que no es buena, que tiende al mal. Pero si el suicidio es un acto *contra natura*, la inclinación natural hacia la bondad debería mostrar entonces su fortaleza, su capacidad de resistencia a la mala inclinación, a esa inclinación material de la que hablaba Soto. En este sentido, destacando de nuevo los argumentos de Aragón, concluye Amescua, contra la potencial maldad de la inclinación natural, en que la inclinación a la conservación de la vida humana compete a la razón de las especies, por lo que universalmente es innato a todo ser la lucha y el deseo por mantener la propia vida. Esto sería una demostración de que el deseo sensitivo es bueno en toda inclinación natural, y tiende al bien y no a la razón adversa. Sólo cuando la tendencia natural contradice a la racionalidad y al precepto divino —recordando así la jerarquía siempre presente que hace del Derecho divino un condicionante del Derecho natural, que por lo tanto no puede incluir un mal

[77] Gómez de Amescua, *Tractatus*, cit., p. 47.

[78] *Ibid.*

contrario al Derecho divino— constituye un orden inverso que conduce al pecado, porque de otra manera la inclinación natural tiende formalmente hacia un bien deleitable, que no es contrario al bien moral ni a la razón[79]. Consiguientemente, en el suicida no hay tan sólo una actitud antinatural en el sentido de mostrar una incapacidad para seguir el camino de la naturaleza que marca el orden divino, de la incapacidad para amarse a sí mismo que se traduce o deriva en una incapacidad para amar al prójimo, ni hay sólo en él una incapacidad para utilizar la razón como el instrumento de la justicia natural que Dios puso en la naturaleza humana para reprimir las inclinaciones o instintos más oscuros[80]... No es esto únicamente; el acto del suicida es algo que va más allá, porque el sujeto que causa su propia muerte en el fondo está mostrando una resistencia negativa, una fortaleza negativa ejercida con toda resolución contra el bien, un ánimo beligerante contra la dificultad de cometer el mal, lo que viene a significar, en términos jurídicos, una cualificada presencia del dolo, contra la inclinación de su propia naturaleza, de la que se deduce la atrocidad de su delito.

c) Injuria a la República

El suicida injuria a la república, pues como una parte de ella opta deliberadamente por excluirse, empobreciendo el todo, al privarse de su condición de miembro. El Derecho divino, el Derecho natural y la república (con su Derecho positivo) se relacionan, como órdenes jurídico y político sujetos a una jerarquía en la que toda afección circula al fin por los tres niveles. La doctrina jurídica no tiene duda de que este triple daño es consustancial específicamente planteado respecto del suicidio. El suicidio quebranta el mandamiento divino que prohíbe al hombre matar, desdeña la inclinación natural al optar por un comportamiento contrario al afán de supervivencia propio de toda especie en la naturaleza y, finalmente, produce un perjuicio a la república, es decir, a la comunidad gobernada por el príncipe que pierde a uno de sus miembros en una especie de deserción, y también de usurpación de poder por un sujeto que dispone de su vida arbitrariamente, al margen de la sociedad eclesiástica o política.

---

79 *Ibid.*, pp. 48-49.

80 Soto, *De iustitia & iure*, cit., p. 366.

Jacobo de Simancas, ya en el siglo xvi, explicaba claramente la relación entre los órdenes divino, natural y político al argumentar que Dios nos auxilia precisamente en nuestra calidad de miembros de una república. La sociedad civil viene a ser una proyección temporal de la sociedad espiritual que tiene también su reflejo positivo en la paralela sociedad eclesiástica, estando todas estas formas sociales legitimadas en la voluntad de Dios, de tal modo que Dios crea y guía al hombre no como individuo, sino como ser social, tanto en lo temporal (República) como en lo espiritual (Iglesia). Por eso el atentado del hombre contra su propia vida no es sólo un acontecimiento negativo que trastorne individualmente a un ser, sino una conmoción en la medida en la que ha roto el engranaje de coordinaciones y subordinaciones entre Dios, el vicariato divino constituido en las autoridades eclesiástica y civil, y el conjunto de los sujetos que forman una sociedad como miembros de aquella corporación de la que el príncipe representa la cabeza, el alma y el corazón del cuerpo. Este diseño de la constitución social natural del hombre, de raíz aristotélica, explica que la injuria del suicidio tenga que afectar a todo sistema jurídico, divino, natural o positivo. El suicida injuria a Dios, dueño de su vida, al tiempo que injuria a su propia naturaleza como ser, y además a la estructura de la que como ser social forma parte[81].

Similar es el planteamiento de Pedro de Aragón, muy inclinado también hacia la teoría del corporativismo. Cada parte de un todo es un todo, y así el hombre, como parte de la comunidad, se identifica con la comunidad misma. Todavía es más claro entonces que el suicidio injurie a la república, es decir, a la comunidad o todo que constituye la república. No pertenecerse a sí mismo, no ser dueño de sí mismo es importante no sólo por el dominio de Dios sobre todas las criaturas, incluidas las racionales, sino también porque implica una manifestación de la voluntad (con mayor razón si se ejerce una potestad que la comunidad ha transferido) que debe fundamentarse, validarse, hacerse lícita en el ámbito de las reglas y normas del conjunto, o república, a la que el sujeto pertenece, en armonía con las facultades que corresponden a la cabeza y a los miembros del cuerpo social. Por eso el suicidio falta al respeto y desconecta la conducta de su razón de ser social, tanto en la relación con el príncipe cuanto con la comunidad[82].

---

81 Simancas, *De catholicis institutionibus*, cit., f. 79 r-v.

82 Aragón, *De iustitia et iure*, cit., p. 328.

En esta misma línea de acomodo de la persona a la comunidad social en su estructura política e institucional, Domingo de Soto resalta el valor de la república como organización comunitaria de la que derivan el consenso y la producción de las leyes. Del consenso y las leyes a su vez nace la justicia civil, la justicia ordinaria de los hombres a la que cualquier sujeto debe someterse, que cualquier persona debe respetar. Así como Dios es dueño de nuestra vida, nuestra vida tiene sentido positivo en el seno de una sociedad cuya supervivencia y racionalidad depende del respeto a una serie de reglas y normas, lo que significa que, para el bien de los sujetos mismos, el dominio de la vida está en manos de la república, a la que están confiadas la custodia y protección de los ciudadanos. Si el hombre decide matarse, elige un alejamiento —como de Dios—de la república, y así pues su pecado, su crimen no sólo será contrario a la caridad, sino que también será contrario a la justicia del gobierno o del Estado, a la sociedad que permite, fundamenta y estructura la vida de los hombres. El suicida, en definitiva, injuria a todos los miembros que conforman la comunidad y al mismo tiempo desobedece al Derecho positivo, es incapaz de servir y cumplir con sus obligaciones como ciudadano y aun pone en tela de juicio la propia organización social, natural y de prescripción divina. En definitiva, el suicida ofende al Estado, como titular de la justicia ordinaria, y a Dios, como titular de la justicia divina, y por ende será juzgado y condenado por el Estado y por Dios, en la vida terrenal y en la vida celestial[83].

Así expresa Emmanuel Concepción cómo el suicidio hiere a la república: el suicidio afecta al Derecho positivo en cuanto que es un acto contrario al bien común de la república; el bien común al que atiende la justicia civil. Aquél que a sí mismo se mata, no sólo peca de injusticia contra Dios y contra la naturaleza, sino que lo hace también contra el resto de los hombres, al injuriarlos[84]. Este término genérico de la injuria, expresivo de la acción contra Derecho, es utilizado igualmente por Luis de Molina cuando habla de la afección a la república por el suicida, como parte que se revuelve contra el orden de la comunidad; además, el sentido deshonroso de la injuria explica que las leyes civiles castiguen un crimen tan relevante con el padecimiento corporal de la vergüenza, la infamia derivada de la simulación de la

---

[83] Soto, *De iustitia & iure*, cit., pp. 366-369.

[84] Concepción, *Suma de los nueve tiempos*, cit., pp. 540-542.

ejecución de la muerte de nuevo del reo, ahora a manos de la justicia civil, más la privación de la sepultura eclesiástica, que simboliza el distanciamiento ultraterreno de la comunidad cristiana. La justicia civil responde punitivamente, como sostiene Molina, porque el suicida no sólo ofende a Dios sino también, como sabemos, a la república de la cual forma parte, y en particular al príncipe como cabeza y alma del Estado, de acuerdo con la teoría corporativista[85]. Y es que efectivamente, explica Jacobo Menochio, hay que distinguir el daño e interés propio, del daño e interés de la patria, y en la colisión entre ambos es la patria la que ha de prevalecer, porque el hombre no nace para servirse a sí, sino para servir a su tierra, a la que pertenece[86]. Una pertenencia como miembro, tan repetida, que es de suma importancia, porque el colectivo de los hombres que constituyen la república integra una columna básica para su mantenimiento, para su pervivencia, que se produce gracias a su utilidad y servicio. Así, un acto suicida implica que forzosa e involuntariamente la república prescinda de uno de sus miembros y se debilite, un daño innecesario que responde además a una decisión individual contraria a Dios, fuente de legitimidad, a Quien ha de reducirse, como dueño de la naturaleza, la extinción de la criatura que, como ciudadano, entretanto ha de servir a su patria, sin atentar contra su esencia espiritual y existencia política[87].

Los hombres, relata Baltasar Gómez de Amescua, son miembros de un todo, y su libertad no está sometida al comercio ni a las estipulaciones negociales, porque el sujeto no se posee a sí mismo, al igual que no puede poseer a otros. Sólo Dios es dueño, y el ciudadano no puede usurpar ese dominio; en realidad, tampoco la república puede ejercerlo, ni extender su potestad hasta incluir la vida misma de los ciudadanos (su sangre, sus miembros), aunque esta concepción del dominio no sea contradictoria, como afirmaba Bártolo, con el hecho de que la república pueda ejercer efectivamente sobre los ciudadanos su jurisdicción: siendo Dios dueño de la vida de los hombres, ningún ciudadano de la república puede privar de ella a sí o a otro, y si tampoco puede hacerlo la república, porque carece de dominio en este sentido, tal dominio ha de ser diferenciado de la ejercitable potestad jurisdiccional, que no es sino la preservación de la justicia, conforme al Dere-

---

85 Molina, *De iustitia*, cit., tomo I, cs. 17-18.

86 Menochio, *De Praesumptionibus*, cit., p. 478.

87 Molina, *De iustitia*, cit., tomo I, cs. 17-18.

cho divino, natural y positivo. Además, si por «mandato de fe» en el Derecho canónico queda prohibida la imposición de la pena corporal, por el contrario el Derecho positivo, la ley civil, subordinada al Derecho natural y al Derecho divino, dispone de la potestad de la aplicación de las penas corporales, que se fundamenta, por mucho que la justicia civil no sea dueña del cuerpo de los hombres (pues dicho dominio se atribuye únicamente a Dios), en la necesidad de la protección y defensa de los ciudadanos, que en caso contrario quedarían desamparados, así como mal usada la potestad de hacer justicia. Toda esta argumentación se activa a propósito de la injuria causada por el suicida: el acto contra justicia merece su represión, para que la justicia, lógicamente, sea consumada. Y este afán represivo, que responde al reequilibrio frente al desorden provocado en la justicia conmutativa, si es coherente cuando se comete un homicidio, ¿cómo no ha de serlo cuando el suicida, con su propia muerte, provoca un perjuicio? Y lo mismo puede decirse cuando se trata de una mutilación: la amputación de un miembro corporal, en cuanto a la fuente de utilidad para la república, tan perniciosa es cuando se causa a otro sujeto, como cuando se causa a uno mismo, y consiguientemente la obligación de restitución tiene que operar de la misma manera, tanto en un caso como en otro. Y también hay un mismo pecado contra la justicia de la república, tal y como se reprime y castiga el homicidio directo o indirecto, tanto en el caso del que se suicida de una forma directa, cuanto en el de quien procede a darse muerte negativa o indirectamente, por ejemplo dejando de alimentarse o no defendiéndose cuando pudo hacerlo[88].

Hay un interés evidente para la utilidad de la república en que sus miembros no sean perdidos. Gómez de Amescua reflexiona sobre el particular, recogiendo las cuestiones que Pedro de Aragón exponía a su propósito. Como miembros de una patria, conviene que los ciudadanos se mantengan fuertes y sanos para defenderla de los enemigos. El suicida no sólo peca pues contra sí mismo, sino también contra la justicia que conserva la comunidad ciudadana y que por naturaleza vincula a los ciudadanos en su mutua protección. El suicidio de un miembro de la república, la injuria en su abandono, en la cobardía de no afrontar el deber de su protección, y al privar de este instrumento de defensa contra el enemigo el suicida, recuerda al desertor del ejér-

---

[88] Gómez de Amescua, *Tractatus*, cit., pp. 5-6.

cito que abandona y rehúsa luchar por la causa de la defensa de la república. El sujeto que a sí mismo se provoca la muerte comete pecado mortal también en cuanto se trata de un individuo que conforma la comunidad de su patria[89], y al arrojarse a la muerte deprime entre los ciudadanos el vínculo de la unidad y la amistad que es complementario del apetito natural que prima para conservar la vida. Porque quien a sí mismo se vulnera, no puede ser contemplado como un sujeto pasivo en relación con un acto contrario a la justicia; su consentimiento verdaderamente incorpora una violencia activa; y además, en relación con la República, todo hombre que no obedece la ley, cuando el Derecho —divino, natural y positivo— ordena no matar, peca contra la justicia, y contra la república que la sirve[90]. Por eso cualquier muerte de un miembro de la república interesa sustancialmente a ésta.

Otro de los inconvenientes políticos derivados del suicidio es la imposibilidad de restitución de los miembros que la república pierde. Una vez más, la república, que no dispone del dominio sobre la vida de sus ciudadanos, tiene a éstos bajo su custodia, que se hace posible mediante el ejercicio de la jurisdicción, para el cumplimiento de la justicia: el suicidio, o la automutilación, es también un pecado contra la justicia legal, en el sentido de que contraría la obligación de guardia y custodia que la república tiene para con sus ciudadanos, y en el sentido a su vez de que provoca un perjuicio a la república no compensable porque, efectivamente, la república no dispone de una potestad de comercio restitutiva de sus miembros, y ni siquiera la pena, en cuanto restitución represiva, permite reparar su pérdida: la vida de los hombres, o su integridad física, es irreparable. Un nuevo argumento —la imposibilidad de restitución de los miembros— para que la doctrina jurídica explique por qué el suicidio es un acto contrario a la República. Por supuesto, no hace falta decir que incluso si eventualmente la república concediera su beneplácito, y desde este punto de vista su amparo por justicia legal, al suicidio de un sujeto, todavía este individuo no dejaría de actuar contra la justicia de Dios, por su desobediencia al Quinto Mandamiento, a la caridad y otras virtudes que por el Derecho natural han de ser propias del ser humano, como un último refuerzo de la vida bajo dominio de Dios[91].

---

89 *Ibid.*, p. 43.

90 *Ibid.*, pp. 43-44.

91 *Ibid.*, pp. 44-45.

En relación con el servicio a la república, la literatura jurídica cuestiona a su vez si sería legítimo el suicidio de las autoridades públicas. Alonso de Vega explica, basándose en la doctrina de Santo Tomás, Domingo de Soto, Manuel Rodríguez y en definitiva de la comunidad de doctores, que ni siquiera el juez —investido de jurisdicción— que se cree digno de muerte puede condenarse a sí mismo, y en consecuencia aprovecha para recordar (deduciendo desde el planteamiento del problema en un más alto estatus) que «ni de aquí se ha de tomar ocasión para decir a uno, que es licito matarse por defender la republica; porque el derecho que tiene la republica, en quanto es todo respeto de sus miembros, que son los moradores de ella, es ciuil, mas el derecho q(ue) tiene el todo respeto de sus manos, o pies, es natural»[92]. Pedro de Aragón, de conformidad con sus planteamientos sobre el suicidio, en buena medida ya expuestos, reflexiona sobre la estructura interna de la república por lo que se refiere a la titularidad y ministerio del «ius puniendi», para hacerse la misma pregunta: ¿puede aquél que dispone de pública potestad para matar lícitamente a los malhechores, matarse a sí mismo? La respuesta, obviamente, es negativa: ni siquiera este sujeto que goza legítimamente de potestad de castigar puede castigarse a sí mismo, porque no es dueño de sí mismo[93].

Igualmente, Gómez de Amescua dedica un apartado en su obra, sobre la autoridad de los jueces y las leyes, a la hipotética permisión del suicidio, pero la conclusión es clara: un ministro de la república no puede suicidarse, puesto que, a pesar de su condición o autoridad, no dejaría de pecar mortalmente, al igual que el resto de sus miembros. Saltando al más bajo estatus, tampoco el condenado a muerte puede suicidarse (por ejemplo, solicitando un veneno a un tercero) ni aun entendiéndolo como forma de ejecución, esto es, como la legítima aplicación de la pena capital, ni las autoridades o jueces pueden otorgarle la posibilidad de elegir su muerte, bien provocándosela el mismo reo, bien ejecutándola el verdugo. En realidad, el reo no está obligado en ningún caso a convertirse en instrumento de su propia muerte: no se le puede pedir que tome un veneno, que eche y ciña la soga a su cuello, que se degüelle haciendo uso de una espada. La ejecución de la muerte es función de los ministros de la república, que tienen la

---

92 VEGA, *Suma*, cit., pp. 1196-1197.

93 ARAGÓN, *De iustitia et iure*, cit., p. 358.

potestad jurisdiccional. El reo que ha violado las leyes debe esperar su condena y someterse a su ejecución. Solamente. De manera que, volviendo a la autoridad judicial, si un juez cometió un crimen digno de ser castigado con la pena de muerte, prevalecerá su condición de reo, no podrá juzgarse tampoco a sí mismo, ni procurar su condena, y esperará al enjuiciamiento por otro magistrado, que será quien eventualmente le imponga la pena capital, que habrán de ejecutar los oficiales con esta competencia en la administración de la justicia[94]. Otra de las reflexiones de Gómez de Amescua versa sobre la posibilidad de que el verdugo (cuyo oficio le confiere potestad para la ejecución de la pena de muerte) pudiera a sí mismo matarse. Evidentemente, la respuesta es negativa, pues aunque los estatutos de la autoridad le confieran este poder sobre otros sujetos, no obstante no se le asignan sobre sí mismo, ciñéndose su labor a dar muerte al reo enviado por el juez, sin que pueda nunca encargarse de su propia muerte si cometiera un delito que tuviera aparejado el castigo con la pena capital[95].

La razón de que esté excluida la posibilidad de que juez alguno pudiera exigir a un reo su suicidio como ejecución de la pena de muerte (como parece que otrora fue costumbre romana), y de que el reo no tenga ninguna obligación de obedecerlo, está muy bien fundamentada en Daniel Concina: aunque los jueces disponen de potestad para dictar sentencias condenatorias, «no tienen la de mandar lo que repugna á la naturaleza»[96]. Otra vez la clave de la sumisión del Derecho positivo al Derecho natural, que a su vez está sometido al Derecho divino. De la misma manera, cuando Antonio San José se pregunta si es lícito que por mandato de los jueces el reo pueda suicidarse, responde negativamente (el juez puede castigar con penas corporales o condenar a muerte, pero no puede ordenar la privación de la vida) explicando que el suicidio es un horror de la naturaleza misma, contrario a las leyes propias de la caridad[97].

En todo caso, la situación plantea matices y objeciones relativas al proceso completo de la ejecución de la pena. ¿Puede el condenado a muerte, por ejemplo, subir la escalera hacia la horca, o abrir la boca

---

94 Gómez de Amescua, *Tractatus*, cit., pp. 76-77.

95 *Ibid.*, p. 80.

96 Concina, *Theologia*, cit., p. 244.

97 San José, *Compendium salmanticense*, cit., p. 358.

para ingerir el veneno? ¿Se trata de actos que puedan considerarse conexos —y aun así, remotos o próximos— a un propósito suicida? Esta conexión es descartada por Pedro Plaza y Moraza, que no ve en la conducta proclividad al suicidio. De todas formas, como si fuera consciente de que es difícil desentrañar la intencionalidad del reo, su argumento principal tiene que ver con el enfrentamiento entre dos crímenes: el suicidio mismo, como probabilidad, y el delito de desobediencia o resistencia a la autoridad, en el que el reo incurriría si no cumpliera con los actos mínimos necesarios que permitieran su ejecución. Al reo no puede exigírsele moralmente la resistencia a la autoridad con la excusa de desterrar cualquier posible intencionalidad suicida, entre otras razones porque su acto no es inmediato y directo respecto de la muerte. En efecto, se entiende que el ascenso a la horca por parte del reo, o su disposición a ser empujado en un despeñamiento, o la apertura de la boca para ingerir el veneno, entre otras acciones posibles, no pueden ser acciones entendidas como actos próximos o afines al suicidio, sino simplemente como la conducta con la que el reo no hace más que cumplir en atención a lo que la autoridad pública le ordena[98]. Pero, como dice Emanuel Concepción, en ningún momento procesal, y por supuesto tampoco cuando se están desarrollando los actos necesarios para la ejecución de la pena capital, cabe admitir una transferencia de la autoridad pública al reo, y menos aún admitir que el reo pueda ejercer una autoridad privada[99]. En este sentido, habría que distinguir, siguiendo a San José, dos tipos de acciones. Por un lado, las acciones que exponen al reo a la muerte próxima; entonces, se permite al reo una suerte de colaboración con la justicia para la aplicación de su condena, contribuyendo, por así decir, a su ejecución, siempre y cuando ésta sea próxima e inmediata; por ejemplo, subiendo firmemente y sin ayuda la escalera en el patíbulo para que le coloquen la soga al cuello. Pero bien distintas serían las acciones antecedentes remotas, de consecuencias que coadyuvan a la muerte a largo plazo; si por ejemplo el juez condena al reo a morir por inanición, en tal supuesto, cuando el reo a escondidas recibiese pan, no podría negarse a comerlo, pues al no tomarlo él mismo contribuiría a una ac-

---

[98] Pedro de Plaza y Moraza, *Epitome delictorum, causarumque criminalium, ex iure pontificio regio & caesareo. Liber I*, Venetiis, apud Hieronymum Scotum, 1573, pp. 390-391.

[99] Concepción, *Suma de los nueve tiempos*, cit., p. 540.

ción de suicidio. En rigor, estas acciones a largo plazo, más lejanas a la muerte, no deberían ser nunca aplicadas, ni sirviendo el reo ni ordenando el juez, porque de una forma u otra suponen una especie de suicidio indirecto, que habrá de entenderse consecuencia de una sentencia viciada del magistrado[100].

La dimensión de injuria a la república que tiene el suicidio, como el homicidio, será destacada como un crimen de Estado por Domenico Ursaya, en ese tiempo de valoración relevante del efecto social del crimen que será el siglo xviii. Poco varían, sin embargo, los razonamientos. El suicidio es un crimen de Estado porque el mismo sujeto que a sí se provoca la muerte es un miembro de la ciudadanía, y en consecuencia ofende a la República y a la ciudadanía común, tratándose de un delito de justicia pública. Nadie es dueño de los miembros de la república, luego el suicidio, como el homicidio, no es lícito. Es insano cualquier aprecio de aquél que a sí mismo se provoca la muerte, merecedor siempre de un juicio moral grave[101]. Por supuesto que tampoco se permitirá el suicidio impuesto por sentencia judicial, como dice Fulgencio Cuniliati, en una línea ecléctica similar a la de Ursaya, aunque el condenado esté obligado a obedecer la sentencia que dicte el juez, sentencia que evoque acciones próximas a la muerte, que nunca pueden significar la autoejecución. Castigar al culpable es un acto de justicia vindicativa: justicia que, de acuerdo con su calificativo, ha de padecerse como perjuicio por el reo, y percibirse como una decisión óptima por el resto de la comunidad en cuanto pena al malhechor garantizando la seguridad de los miembros que conforman la sociedad civil; pero justicia al fin y al cabo, conforme a la ley humana, respetuosa con el Derecho natural, y nunca contraria al Derecho divino-positivo. Será por lo tanto un delito, y un pecado grave contra Dios, no sólo el suicidio mismo, sino precisamente la inducción al suicidio: obligar de cualquier manera al reo a ahorcarse, apuñalarse, ingerir un veneno o precipitarse al vacío. Y la inducción no cabe, no es lícita ni en el mismo juez, que tan sólo puede ordenar al verdugo que proceda a los actos necesarios para la disposición del reo a la muerte: colocarle la soga al cuello, empujarle desde la escalera, abrirle la boca y arrojarle el veneno; en definitiva, acciones legítimas que

[100] San José, *Compendium salmanticense*, cit., pp. 358-362.

[101] Domenico Ursaya, *Instituciones criminales usui etiam forensi*, Roma, ex Typographia Josephi Monaldi, 1701, pp. 19-43.

completan el propósito principal, la imposición de la pena, actos justos y requeridos para la óptima efectividad del castigo, con mayor motivo si el reo es condenado a la muerte, porque el delito que ha cometido es grave o atroz. Pero nunca es lícito, sentencia el autor, que sea el propio criminal, el propio condenado, el que a sí mismo se dé la muerte, por mucho que a la muerte misma haya sido condenado[102].

[102] CUNILIATI, *Universae theologiae moralis*, cit., pp. 335-338.

CAPÍTULO II. NATURALEZA TEOLÓGICO-JURÍDICA DEL SUICIDIO

1. EL SUICIDIO, PECADO MORTAL CONTRA LA CARIDAD

Evidentemente, la injuria contra el Derecho divino y natural, y contra la república, que el suicidio significa jurídicamente, en su institucionalización civil y canónica, supone en teología dogmática que el suicidio es un pecado mortal. Y porque se trata de un pecado mortal el suicidio es un crimen, y un crimen, en cuanto cualificado a partir del homicidio, clasificable como atroz. El suicidio es un pecado contrario a la caridad y contrario a la justicia. Es contrario a la caridad que ordena el amor al prójimo, aunque el suicidio directo atenta a la caridad no sólo respecto del prójimo, sino también, obviamente, respecto de la propia persona; y es contrario a la justicia estrictamente respecto de Dios, porque es un siervo Suyo el que opta por matarse, pero también en relación con la república, cuyo miembro se priva de su tierra[1].

La naturaleza pecaminosa del suicidio deriva, ciertamente, del hecho de que el suicidio sea contrario a la caridad, entendida ésta como la virtud por la cual se ama a Dios sobre todas las cosas, a lo que se une la obligación que tiene el ser humano de amar al prójimo tanto como a sí mismo. Todo este razonamiento parte, por consiguiente, de una interpretación y cumplimiento de los preceptos sagrados de Dios, que la literatura jurídica —fundamentalmente la renacentista— trata de

---

[1] San José, *Compendium salmanticense*, cit., pp. 358-362.

explicar y esclarecer. La caridad, como expone Giovanni BattistaZiletti, tiene como presupuesto del amor a los demás el amor a sí mismo que ha de observar todo cristiano, porque sin este amor propio el amor al prójimo resultaría imposible[2]. El suicidio, en consecuencia, ataca a la base misma, a la fundamentación misma de la caridad. Si un sujeto es incapaz de apreciar su propia vida estará incapacitado también para el amor y el respeto a quienes forman parte con él de la sociedad humana, y en definitiva será inviable que prenda en él la virtud necesaria de la caridad. El suicidio es un pecado mortal contra la virtud teologal de la caridad. El suicidio atenta al fundamento de la caridad porque demuestra una falta de amor de sí que implica la imposibilidad de valorar la vida que Dios da y de desarrollar el amor hacia los otros. En este sentido Pedro de Aragón insiste en que el hombre, en la medida en la que nace con la virtud inherente de la caridad, implícita y consustancial a su ser, al disponerse al acto del suicidio tiene que vencer malévolamente una tendencia a la perfección que le resulta propia. No se trata de que el suicida carezca de la virtud de la caridad, ni tampoco de que la haya podido perder como consecuencia de una desesperación por distintas causas posibles; lo que sucede antes bien es que en el suicidio hay un acto voluntario, necesario para la obligación moral y jurídica derivada de la comisión del pecado mortal y del crimen atroz, que consiste en la contravención deliberada del precepto de la caridad[3].

La desesperación puede ser una causa del suicidio, pero no es la razón justificadora y caracterizadora en esencia del suicidio. Ni el suicida manifiesta por defecto, en la causa de su comportamiento, una razón de incapacidad, porque nada hay en su naturaleza que le conduzca al desamor de sí y del prójimo. Las circunstancias, evidentemente muy complejas, que pueden provocar su angustia, están presentes sólo en el trasfondo, pero no en la causa, de su pensamiento pecaminoso. La decisión de matarse es para el suicida tal vez el resultado de un declive psicológico, de un trauma motivado por contratiempos crueles que le hacen perder toda motivación por la vida, pero esta desesperación no es una causa o razón de su comportamiento, porque el suicida, aun desesperado, tiene al fin que tomar una decisión activa contra la vida propia, o cuando menos ahonda definitivamente contra el gozo, la paz y la misericordia características de la

[2] Ziletti, *Consiliorum*, cit., f. 45 r.

[3] Aragón, *De iustitia et iure*, cit., pp. 356-357.

caridad, y este impulso final y definitivo hacia la muerte es el impulso deliberadamente anticaritativo que define en verdad la esencia de su conducta[4]. Esto no es contradictorio con que pueda decirse, como hace Damhouder, que el suicida ha sido engañado. La desesperación le ha llevado a un acto propio a modo de consecuencia de un engaño en el sentido de que se ha apartado de la verdad, y desde este punto de vista ha fracasado su capacidad racional; si ha decidido al fin matarse, no lo ha hecho por haber sido perturbada su razón por la desesperación, sino porque su razón libremente desencaminada ha optado por pecar, por ir contra la virtud de la caridad, y por eso hay en su acto una sumisión inexcusable ante la tentación del demonio, ante el enga-

---

4 Es significativo el trabajo de Christophe Regina, «Se délivrer soi-même de la vie. Confession d'un suicidé marseillais au siècle des Lumières», *Rives Méditerranéennes*, 44 (2013), pp. 107-123. Su originalidad reside en la intención de indagar en qué es lo que en un determinado momento puede llevar al ser humano hacia el suicidio, partiendo de lo más íntimo, profundo y sincero que ofrecen sus protagonistas: sus cartas de despedida antes de suicidarse. Regina cree que en dichas cartas no se muestra la intención de un criminal contra la sociedad, más bien son una disculpa, una demanda de perdón social, una prueba con la que se pretende demostrar la honradez e incluso la moral cristiana del suicida. De esta forma, sostiene el autor, el acto de su muerte, en vista de los motivos que las cartas ofrecen, deja de ser un factor individual y privado, para convertirse en un factor comunitario, un acto que atañe a la sociedad en general, que la hace partícipe dado su continuo rechazo y repulsión hacia el acto en sí. En definitiva, la sociedad no ve al hombre que hay detrás del suicidio, y sólo ve lo que considera una violenta, abominable y pecaminosa acción que ha de ser castigada, y esta concepción social para con el suicidio convierte a la comunidad en partícipe del delito suicida, pues es la que lo ha generado, la que ha guiado al individuo hacia el peor de sus finales. El suicidio, señala Regina, es un catalizador de los sufrimientos y del malestar que a la vez señala la ruptura con la sociedad, pero también y con el tiempo el fortalecimiento del mismo lazo que la sociedad por su acción testimonial y justificadora ha intentado ocultar. Asimismo, estas cartas son utilizadas como pruebas dentro del proceso judicial contra el suicida, si bien el testimonio que el propio autor del «crimen» manifiesta por escrito parece carecer de validez alguna al anteponerse los testimonios que ofrecen los testigos, testimonios que apuestan por la locura del sujeto, de manera que la misma comunidad, de nuevo, no sólo lo juzga como a un criminal, sino que, además, lo declarara psíquicamente enfermo. Por consiguiente, al prevalecer la supuesta demencia del sujeto, todo lo que pudo decir o escribir antes de su muerte gozará de escaso o nulo interés. Así pues, los testimonios de terceros imponen su verdad, quedando en vano las palabras que el propio protagonista dejó por escrito.

ño de Satanás contra el don de Dios que es la vida, y por eso supone un acto imperdonable, un pecado mortal: nunca el suicida será llamado por el Señor porque, reo de sí mismo a partir de la desesperación como instrumento diabólico de engaño, ha preferido el fraude demoníaco de un alivio del sufrimiento contra la caridad. El suicida se aparta de Cristo como el resto de los criminales, premeditadamente en la atrocidad de su acción, y en este punto se desvanece la importancia de los motivos de su desespero vital[5]. Desde esta perspectiva tiene mucho sentido la consideración del suicidio como el crimen de Judas, no sólo porque quien se suicida sigue el modelo de comportamiento del traidor por definición, incapaz de asumir su culpa, sino también porque Judas fue el discípulo que se apartó de Cristo engañado por la tentación de Satanás, que en vez de enfrentar su naturaleza imperfecta aproximándose a Cristo buscó el alejamiento absoluto y así perdió la oportunidad futura de acercamiento a Dios. El suicida lleva así, como Judas, en su mismo pecado irremisible, la penitencia.

Se trata de una valoración moral pesimista del suicida como la que se encuentra en la argumentación de Jacobo de Simancas. Precisamente si el suicidio consiste en un pecado mortal y crimen premeditado contrario a la caridad, por tanto consistente en un alejamiento de Dios y del prójimo a partir del atentado contra sí mismo, puede dudarse del grado de firmeza que ha tenido originalmente la creencia en Dios del suicida. Porque es difícil aceptar que la creencia en Dios no resulte victoriosa sobre cualquier tentación demoníaca cuando aquella resulta sólida. Quien mantiene firmemente la creencia en Dios, nunca habrá de matarse a sí mismo precisamente en la medida en la que Dios es su fuente de inspiración, su más acertado consejo, que nunca podrá inspirarle la inclinación de perecer por sus propias manos. Si no ha sido así y el suicidio se ha consumado es porque el suicida carecía de esa firmeza, de manera que su debilidad y cobardía procedían ya de un apartamiento de Dios, de una falta de confianza en Dios, lo que vino a ser confirmado al haber optado por transitar el camino del mal[6]. El suicida se aparta de Dios con su deliberada muerte porque en realidad ya estaba apartado, porque ya resultaba incapaz de escuchar lo que el Señor, fuente especial de justicia por ley, le transmitía. Y entonces puede pensarse también que su desesperación no constituía la

---

5 Damhouder, *Praxis Rerum*, cit., pp. 310-314.

6 Simancas, *De catholicis institutionibus*, cit., f. 79 r.

desesperación de un sujeto formada por contratiempos y adversidades, no era sólo un catálogo de desgracias y funestos acontecimientos, ni una mera depresión psicológica o sentimental; por muy duros que fueran los motivos de la desesperación, la desesperación estaba ya activa y residía sustancialmente en una razón más honda: el alejamiento de Dios. La ausencia de creencia y de firmeza en la fe avivó el pecado mortal contra la caridad, y el suicidio es la consumación final de esta decisión premeditada contra la presencia próxima de Dios. Así, Emanuel Concepción se pregunta al hablar del suicidio directo si aquél que no se suicidó por odio acaso no peca contra la caridad, respondiendo que, en general y aun sin la existencia de odio en su interior, el suicida no sólo peca contra la propia caridad, es decir, no sólo acomete la más grave de las injurias contra sí, sino que también daña la caridad del prójimo en función de una acción nociva y perjudicial en todos sus sentidos[7].

Ahora bien, el suicida no sólo atenta contra la caridad. El que a sí mismo se mata peca contra las siete virtudes teologales (fe, esperanza y caridad) y cardinales (prudencia, justicia, fortaleza y templanza). Desde luego, el suicidio es un acto contrario a la fe, porque el suicida no quiere ver el alcance formal definitivo del pecado: ni se deja convencer por la contrición, ni se acoge al arrepentimiento para afligirse con la venia de la penitencia. Excluye, pues, una saludable penitencia que reduce la expectativa derivada de su no creencia a la definitiva pena del infierno. Peca también contra la esperanza ya que cegado por su desesperación y falsamente guiado por el demonio, únicamente cree ver la luz en una especie de huida respecto del cuerpo y el alma: el suicida cree huir de la cárcel de su cuerpo al librarse de los vínculos naturales cuyo compromiso se niega a aceptar, cuando en realidad se hunde en un escenario tenebroso que le envolverá perpetuamente bajo el sonido de estridentes gemidos y chirridos de dientes. Y peca además directamente contra la caridad, sostiene Amescua apoyándose en Baldo, pues «quilibet sibi ipsi est initium charitatis, & amoris primum vinculum, & inmoderata spiritus retinendi dulcedo»[8].

El desesperado peca contra la prudencia, pues opta por el peor de los remedios y comete la mayor de las imprudencias: busca el alivio

---

[7] Concepción, *Suma de los nueve tiempos*, cit., p. 541.

[8] Gómez de Amescua, *Tractatus*, cit., p. 41.

en su muerte sin caer en la cuenta de que su comportamiento no es más que un grave desatino que nunca le librará del Infierno, porque su pecado jamás le será perdonado; con la metáfora de Egessipo, el suicida es el que gobernando la nave de la propia vida se arroja a un naufragio voluntario.

Por supuesto, sabido es que peca también el suicida contra la justicia: contra la justicia de Dios, respecto del prójimo y de sí mismo, contra la justicia de la República. En primer lugar, el suicida incumple con la religión y peca contra la piedad; en segundo lugar peca contra la justicia que los hombres respetan en su vínculo por naturaleza; en tercer lugar, peca contra sí mismo careciendo del apetito natural que lucha por la conservación del hombre, errando contra la unidad, en una suerte de retroceso respecto de sí mismo; y en cuarto lugar, peca contra la justicia de la República, pues como parte de un todo se opone a ella contradiciendo las leyes que ordenan al hombre no matar y no robar[9]: podría decirse que el suicida «mata y roba» a los ciudadanos que la integran.

Por último, el suicidio se opone a la templanza, lo que se explica con Santo Tomás porque implica una huida o fuga de cuanto resulta necesario para la salud humana, incurriendo en un «vitium insensibilitatis». Y así, aquél que voluntariamente se mata vencido por su carne, para el alivio de una angustia presente, en definitiva no hace más que precipitarse hacia el abismo y el terror, porque su pecado es y ha de ser imperdonable[10].

2. *LÍMITES CRIMINALES DEL SUICIDIO*

a) Suicidio y homicidio: licitud e ilicitud

El homicida causa la muerte del prójimo; el suicida se causa la muerte a sí mismo[11]. En uno y otro caso quien causa la muerte ofende

---

9 *Ibid*, pp. 42-43.

10 GÓMEZ DE AMESCUA, *Tractatus*, cit., pp. 40-46.

11 Es interesante destacar algunas de las reflexiones que el dominico Francisco de Vitoria expuso sobre el homicidio a partir del tratamiento de Santo Tomás de Aquino, y en especial sobre el suicidio. Para ello es recomendable la lectura de Felipe

a Dios, porque Dios es el donador de la vida al hombre: sólo a Él le corresponde conceder el regalo de la vida, así como decidir su privación. Como explica Giovanni Baptista Ziletti, en el acto de causar la muerte existe un desprecio hacia el bien más preciado que Dios nos ofrece, y por lo tanto una ingratitud del hombre hacia Dios, además de una usurpación de un poder que al ser humano no le corresponde ejercitar. En particular, el suicida toma esa decisión injusta respecto de sí mismo, decide su propia pasión y el recorte del tiempo concedido por Dios, inclinándose hacia Satanás[12]. En ello reside, como explica Luis de Molina, la naturaleza atroz del crimen en el que el pecado del suicidio consiste[13].

Si este enlace entre pecado mortal y crimen atroz es característico de la literatura jurídica y teológica de los siglos XVI y XVII, en la que el suicidio aparece como una especie cualificada del homicidio, durante el siglo XVIII la tendencia doctrinal a la separación conceptual entre

---

CASTAÑEDA (coord.), *Francisco de Vitoria. Relección sobre el homicidio & comentario a la cuestión 64 «sobre el homicidio» de la «Suma Teológica II(A)-II(AE)»*, Bogotá, Universidad de los Andes, 2010. Particularmente, en esta línea, la contribución de Francisco CASTILLA URBANO, «Francisco de Vitoria y la relección *de homicidio*. Consideraciones morales sobre el suicidio», pp. 187-216, muestra cómo las reflexiones que Vitoria ofrece sobre el suicidio nacen de su concepción general sobre la naturaleza humana: ciertamente a raíz de la «superioridad» que otorga a la idea de naturaleza, en sus planteamientos morales en torno al suicidio prima la ley natural, y desde este punto de vista se plantea el problema de la ilicitud del suicidio, lo que a su vez se complementa con otros temas vinculados, delictivos, como la muerte involuntaria, o punitivos, como la pena capital. En otro de los estudios incluidos en la obra coordinada por Felipe Castañeda, el de Jaime BARRERA PARRA, «*Occidere se ipsum* en Tomás de Aquino», pp. 149-184, se interpreta y profundiza en la cuestión 64, «sobre el homicidio», a través del método de la «inteligibilidad», esto es, la búsqueda de un «punto de llegada de lecturas diferentes de un texto o una situación, que se convierte en punto de partida, no tanto hacia la solución de un problema, cuanto hacia la inteligencia de un asunto». Las reflexiones de Santo Tomás no versan sobre el suicidio en sí, sino sobre las características de una acción consistente en matarse a uno mismo, una acción de autoprivación de la vida sobre cuya licitud o ilicitud se razona: la postura tomista, explica Barrera, es absolutamente clara, de modo que la acción de matarse a sí mismo es ilícita por tres razones: es contraria a la naturaleza, contraria a la comunidad y contraria a Dios. Estas tres razones que tan sólidamente marcan la ilegitimidad del acto suicida son analizadas detenidamente por el autor.

[12] ZILETTI, *Consiliorum*, cit., f. 45 r.

[13] MOLINA, *De iustitia*, cit., tomo I, c. 17.

delito y pecado dará lugar a un planteamiento de la naturaleza delictiva de la muerte propia, cuestionando la tipicidad de los términos de «propricidium», «autochiria» y «suicidium». Pero el planteamiento de la cuestión —por muy sugerente que sea en cuanto a hipotéticas separaciones entre pecado y delito conforme a las ideas ilustradas— no quiere decir que la doctrina clásica tenga que alterarse en cuanto a la conexión entre suicidio y homicidio. Así, Christoph Koch discurre sobre hasta qué punto un «propricidium» puede denotar delito en el caso de quienes optan por el suicidio sin la comisión de delito previo (sin conciencia de crimen); por algún contratiempo o duro obstáculo; o bien por temor al sufrimiento, particularmente en supuestos de comisión de otro delito cuyo procesamiento daría lugar a la tortura, o a la condena a pena corporal o capital. Y concluye que no hay diferencia alguna, pues con independencia de la razón que guía al hombre hacia la comisión de su propia muerte, y cualquiera que sea el motivo de este acto, el suicida no quedará eximido de la responsabilidad por la comisión de un hecho homicida[14].

Al mismo tiempo, el suicidio es un homicidio en cuanto acto que causa la muerte contra un principio de monopolio de la justicia que también se produce, por analogía con el orden de Dios, en el orden de la sociedad política humana. El rey como vicario de Dios es quien, a la manera en que Dios imparte justicia, pretende extender la luz de la justicia divina en la realización de una justicia humana, terrenal, de la que forma parte la justicia vindicativa (unida a la justicia distributiva y conmutativa) como un atributo de la potestad pública, esto es, de los oficios asentados en la organización o administración política en virtud de la legitimación de la estructura jerárquica, respetuosa del orden divino, de la sociedad. Si el suicida rompe con Dios porque se atribuye una justicia que no le compete, también rompe con la sociedad política, y con la potestad pública del príncipe, porque asume un juicio y un castigo que sólo corresponde a la autoridad. Así como el hombre es vasallo de Dios, es vasallo del rey, y contrariar la justicia divina y la justicia humana son dos caras de la misma moneda. De manera que si Dios ofrece, como dueño del hombre, al hombre, la vida, el rey ofrece al hombre, como señor en lo temporal, protección y justicia, que no es sino salvaguarda de la vida. El suicida es un trai-

[14] Christoph Koch, *Institutiones iuris criminalis*, Ienae, Apud Melchioris haeredes, 1791, pp. 269-272.

dor en la medida en la que desprecia estos fundamentos legitimadores del poder político y de su titularidad y ministerio de la justicia, pero también como cualquier homicida lo es, y responde por ello sólo salvo que la propia «potestas legis» —y por tanto la misma potestad pública que se trata de respetar y garantizar— haya aparejado exención penal a su homicidio. Pero el suicidio no es ningún homicidio «ex potestate legis», por supuesto, aunque pueda discutirse, con un cierto grado de artificio argumentativo, su necesidad, es decir, hasta qué punto quien se suicida actúa en legítima defensa frente a un mal que sobreviene. En conclusión, así como el homicida ha de ser castigado por el pecado cometido y por el crimen que comete, el suicida será castigado por ese mismo homicidio en el que ha introducido un factor de cualificación teológica (la acción contra la caridad) tanto por la justicia divina, por el pecado mortal, cuanto por la justicia humana, como homicidio cualificado.

Por supuesto, el suicidio en cuanto homicidio cualificado causa una injuria contra los Derechos divino, natural y positivo, como sabemos. Esta es una concatenación de «iura» en la que Pedro de Aragón vuelve a insistir. El suicidio es un pecado doblemente, porque lo es contra la virtud de la caridad y porque constituye una modalidad de homicidio, que también es un acto pecaminoso. Y no sólo se contraviene en ese doble pecado la virtud teologal de la caridad, sino también la justicia, que es otra virtud que el hombre debe observar no sólo respecto de los demás, sino también respecto de uno mismo. La razón de esta oposición de virtudes y vicios se encuentra en el «liberum arbitrium» del ser humano, esto es, la capacidad de elección que siempre permite al hombre tomar decisiones y disponer hacia cuanto pueda favorecerle en esta vida, lo que puede contemplarse negativamente en cuanto capacidad para evitar y huir del pecado. Pero el libre albedrío, como toda inclinación natural positiva, se encuentra por debajo del Derecho divino, como una emanación de éste, y por lo tanto el camino hacia la felicidad que emprende el hombre, aun guiado por su propia naturaleza, depende siempre de Dios. De ahí la ilicitud del suicidio, como acto que no sólo dispone para prescindir de una naturaleza inclinada hacia la felicidad que forma parte del hombre, como si se tratara de un instrumento del que puede beneficiarse o no, sino que también prescinde del Señor, de Quien está en el origen de esa inclinación natural feliz, y de Quien en todo caso ha de estar presente siempre en el avance de la vida del hombre. El hombre es el verdadero dueño de las cosas terrenales, nos explica Aragón, y por lo tanto puede disponer o renunciar a ellas libre y voluntariamente: no comete ninguna injuria si decide matar a su caballo o incendiar su propia casa, conforme a su libre elección, motivada por un propio razonamiento en este sentido. Sin embargo, el hombre no es dueño de su propia vida, como no lo es de la de los demás, pues la vida del hombre, en general, pertenece a Dios, y Dios no da la vida al hombre para disponer libre y voluntariamente, sino para hacer uso de ella, para vivirla de acuerdo con la moral natural de inspiración divina, para seguir la virtud y combatir el pecado. El autohomicidio del suicida contraviene de raíz esta concepción: ignora a Dios en cuanto origen y conductor de la vida; ignora la naturaleza porque transforma su inclinación hacia la felicidad en una disposición como objeto que excede los límites de la capacidad de elección del ser humano, usurpándosela a Dios; y finalmente ofende a los miembros de la república porque renuncia al servicio y a las justas obligaciones que en el seno de la comunidad le corresponden al sujeto. De modo que la vida humana es un regalo de Dios y de Dios depende la vida o la muerte: sólo en estos límites puede considerarse el libre albedrío como capacidad natural del ser humano, que por lo tanto excluye su extensión a la decisión de la muerte, para con otro o para consigo mismo[15].

Por otra parte, el Quinto Mandamiento de la ley de Dios es un precepto que, argumentado a partir de la doctrina de San Agustín, podría dirigirse tanto al homicida como al suicida. La razón reside en que en la interpretación agustiniana el Quinto Mandamiento es una ley divina que prohíbe todo homicidio malo o irracional, y como sabemos el suicidio se caracteriza precisamente por discutir al margen de la racionalidad natural del hombre. Por eso es imposible encontrar en el «ius canonicum» norma ninguna que permita o defienda la muerte voluntaria de uno mismo, incluso si se produce con el afán de evitar la liberación de un mal o de evitar la caída en éste. Además, Aragón contrasta el precepto «No matarás» con el precepto del Noveno Mandamiento, «No darás falso testimonio contra tu prójimo». Aunque en éste último se especifica la alteridad —«contra tu prójimo»— esto no significa que se acepte como lícita la dación del falso testimonio contra uno mismo, de manera que no delinque en mayor medida aquel que comete falso testimonio contra el prójimo que aquel que depone falsamente contra

[15] Aragón, *De iustitia et iure*, cit., pp. 356-357.

sí, por mucho que la literalidad del precepto se concentre en el supuesto de la relación de un sujeto con otro. Y si esta interpretación tiene lógica a propósito del falso testimonio, mucha mayor lógica ha de tener cuando se trata de un delito de mayor gravedad como es el que contraviene la ley que prohíbe la muerte: la prohibición de matar, tajante en la preceptiva veterotestamentaria, no puede exceptuar a nadie de su imperatividad, porque no permite, en la claridad de su mensaje, ninguna interpretación torcida. Y por lo tanto el precepto divino incluye toda comisión identificada con la causación de la muerte, tanto si el sujeto pasivo se diferencia del sujeto activo, como si sujeto activo y sujeto pasivo son un mismo sujeto.

No obstante, este criterio de literalidad que impide excepciones plantea sus propios problemas. Cuando San Agustín interpreta con generalidad el mandamiento divino tiene que evitar la confusión que pueda derivarse de entender que la prohibición de matar, formulada sin matices, puede extenderse a la prohibición de dar muerte a seres no humanos, como las fieras, los animales amansados y otras especies naturales. Amparándose en textos bíblicos, aclara la licitud de dar muerte a cualquier ser vivo no racional precisamente por este último motivo: la irracionalidad que caracteriza al resto de los seres, no humanos. A pesar de tener vida, la irracionalidad es la clave esencial que hace a estos seres, precisamente, no sentir, y la ausencia de sentimiento de pasión de la muerte se une a la irracionalidad del homicidio como mera privación de la vida, lo que viene a demostrar el hecho de que el animal no cometa estrictamente homicidio como mera voluntad de privar de la vida, pues satisface un apetito y no pretende una disposición que sólo corresponde a Dios; el argumento, entonces, se acentúa en el supuesto del suicidio, inconcebible en la irracionalidad animal. Desde el punto de vista del ser racional que priva de la vida al prójimo, este homicido queda prohibido porque hay racionalidad natural en quien comete la acción y una racionalidad pasiva en quien la sufre, mientras que la extensión de su régimen a la muerte de los animales no puede tener lugar pues aunque exista racionalidad activa en quien provoca la muerte, carece de racionalidad pasiva quien la sufre. La extensión del homicidio a la muerte de los animales sería equivalente a la concesión a éstos de un criterio racional, y aun a la consideración de una preocupación por estos seres con una importancia igual a la preocupación por el hombre, contra el regalo que sin embargo Dios ha otorgado específicamente a éste, a saber, el de la racionalidad, y desde luego sería un desatino sostener una equiparación moral entre seres racionales e irracionales, vertida en la hipotética ilicitud de dar muerte a unos y otros, indistintamente. Un desatino que llevaría muy lejos, según explica San Agustín, pues podría equiparar con la muerte del hombre ya no sólo la de los animales de mayor, sino incluso la de aquellos animales en los que la irracionalidad se enfatiza (aves, peces, reptiles), y aun la de otros seres vivos, como las plantas, en las que hay que excluir no sólo la racionalidad, sino también la sensitividad. De manera que el homicida y el suicida son afectados por la prohibición divina de matar, y no el resto de los seres vivos, precisamente en virtud del respeto a la distinción divina de los seres derivada del otorgamiento sólo al hombre de la racionalidad y la inteligencia. Dios excluyó al resto de seres vivos, animales y plantas, de la racionalidad, para hacer del raciocinio un don exclusivamente otorgado al ser humano. El motivo por el que es ilícito matarse a sí mismo es esta misma disposición de racionalidad que implica disposición de conciencia; la licitud de la muerte de cualquier otro ser animal y vegetal se debe consecuentemente a que ni siente ni padece como el hombre, por ausencia de razón. De hecho, efectivamente, el suicidio mismo es un acto que, por forzar la naturaleza, por ser antinatural, sólo es posible a partir de la inteligencia racional que Dios ha insuflado en el hombre, vencedora de su instinto. Por eso también es el Creador el que mantiene la potestad de darnos y quitarnos la vida, a diferencia de lo que sucede con los animales y los vegetales, que forman parte por naturaleza, en su vida y muerte, de los recursos de los que las criaturas, y también el hombre, dispone en su vida. La vida de otros seres está al servicio de la vida del hombre, y la vida del hombre está al servicio y depende únicamente de Dios[16].

La literatura jurídica del siglo xvii seguirá una línea muy similar en sus reflexiones, relacionando el suicidio con el homicidio, sin encontrar en el primero, a diferencia del segundo, ninguna razón de necesidad o excusación «ex potestate legis», debido a su cualificación y atrocidad.

Emanuel Concepción está considerando esta cualidad delictiva del suicidio cuando entiende que, si la muerte es el mal mayor, la del sui-

[16] *La ciudad de Dios del glorioso doctor de la Iglesia S. Agustín, Obispo Hiponense en veynte y dos libros*, Madrid, por Ioan de la Cuesta, 1614, p. 22.

cida ha de ser de una radical ilicitud. Un suicidio no puede justificarse de ninguna de las maneras: ni por evitar la vergüenza o la vida abominable, ni aun por evitar el pecado futuro. Tampoco justifica la ignorancia el suicidio de la mujer, ni debe aprobarse un acto tal por su compromiso con la beatitud[17]. Como regla definitiva, nadie, en ningún caso, ha de ejecutar su propia muerte, ni existe circunstancia alguna que pueda hacer lícito este acto. Gómez de Amescua explica que el suicida es poseedor de una especie de malicia intrínseca e innata que constituye el factor principal que le conduce hacia tan desastroso final, pues «quien consigo es malo, quien tiene intrínseca malicia, de ningún modo puede ser bueno»; es decir, la intrínseca malicia del suicida le inhabilita hacia el camino del bien, siendo imposible su recuperación para la sociedad. Matizando esta idea pero sin alejarse en realidad de sus argumentos, el autor trae a colación la opinión de Pedro de Navarra al considerar que no es dicha malicia, la maldad interna e intrínseca la que guía hacia el suicidio, sino la falsedad y el odio hacia Dios, pues el suicida, con su acto, demuestra poner en tela de juicio la autoridad de Dios, reafirmando el odio y desinterés hacia Él. El individuo que opta por la vía del suicidio en verdad no cree en Dios, o al menos no parece importarle su grave ofensa e injuria al Señor; el suicida es un hipócrita que juega con la potestad divina, y por eso nunca será perdonado. No está muy lejos Pedro de Navarra de admitir que el hombre pueda tener malicia intrínseca, sino que tan sólo, a la manera clásica, la sitúa e incorpora en el acto de alejamiento de Dios que teológicamente constituye la esencia del suicidio[18].

Pedro Ledesma sitúa sin novedad en el Quinto Mandamiento, que asimila el suicidio al homicidio en su regla absoluta, la naturaleza de gravísimo pecado mortal y la contradicción de la inclinación natural en el acto de matarse a sí mismo, de acuerdo con la enseñanza de Santo Tomás. La comunión jurídica del suicidio y el homicidio da lugar al planteamiento de la eventual licitud de aquél, habida cuenta de que el concepto jurídico de homicidio excluye la ilicitud, o la obligación criminal, en los supuestos de homicidio necesario y por potestad de la ley, o de homicidio casual. El hecho de que en determinadas situaciones el acto de dar muerte a un tercero pueda quedar legitimado, como en el homicidio en defensa propia, permite dudar así si pueden

---

17 Concepción, *Suma de los nueve tiempos*, cit., p. 540.

18 Gómez de Amescua, *Tractatus*, cit., pp. 48-49.

presentarse razones similares en el acto asimilado del suicidio. La respuesta, como cabe imaginar, es claramente negativa: el suicidio está radicalmente prohibido, conforme a la orden del Decálogo que prohíbe matar al hombre contra razón, lo cual significa estrictamente la comisión de un acto homicida. Ni siquiera a aquél que es declarado enemigo (ese *bannitus* de ascendencia premoderna) le está permitido suicidarse, aunque esté aceptada por la ley su ejecución por un tercero: la impunidad de este homicidio no se extiende, como explica Próspero Farinacio, a la impunidad del suicidio[19]; Gómez de Amescua sigue este criterio, relacionando las penas de rigor, con privación de sepultura eclesiástica y de oraciones o pompas fúnebres, aplicables sin excepción al suicida[20]. Por supuesto que la argumentación de Ledesma, a la hora de no hacer valer en el suicidio las causas de exención de responsabilidad criminal en el homicidio por potestad de la ley (la exención en el homicidio casual no está en tela de juicio porque obviamente el suicidio casual es una contradicción en sus propios términos), desarrolla esta valoración del suicidio como un acto contrario a la razón[21]. Como esta naturaleza de acto contra razón del suicidio singulariza el régimen del suicidio al excluir la excepcional licitud característica del homicidio, pero al mismo tiempo se basa en la regla que el Quinto Mandamiento establece en común para las dos instituciones, tiene sentido que Juan Machado de Chaves, cuando aclara qué tipo de homicidios están legitimados, y enumera las condiciones requeridas para que dicha muerte no sea considerada ilícita, presente la idea de que el Mandamiento divino, releído a partir de esa razón de excepcionalidad que el homicidio incluye, tan sólo prohíba el homicidio injusto; sólo en cuanto el homicidio sea interpretado como un *iniustus hominis occisio*, habrá de considerarse afectado por el precepto divino-positivo. Podría decirse que los supuestos de excepción, a favor de la licitud del homicidio, dejan de ser considerados como excepciones de la institución regular, para constituir una especie de la institución: no habría así un homicidio institucionalmente único, sino dos homicidios, justo o injusto. Y la explicación de esta dicotomía, que permite reducir el Quinto Mandamiento al homicidio injusto, y por lo tanto asimilar, bajo el precepto divino, el suicidio al homicidio sin que

19 Farinacio, *Praxis*, cit., p. 320.
20 Gómez de Amescua, *Tractatus*, cit., pp. 81-82.
21 Ledesma, *Segunda parte de la Summa*, cit., pp. 664-665.

se pongan de relieve diferencias de régimen (porque ni uno ni otro admitirán ya causas de licitud), está en el argumento de que el Quinto Mandamiento del Decálogo no puede interpretarse negando la validez de las leyes justas, que son justas en Derecho positivo por inspiradas en el Derecho natural, y justas en el Derecho natural por inspiradas en el Derecho divino: leyes justas que son precisamente las que permiten la muerte de un tercero en defensa propia, o del «bannitus». Esta intervención del orden privado natural —la muerte causada en defensa propia, para evitar la propia muerte, con los requisitos de inmediatez y proporcionalidad— o del orden público —la eliminación del sujeto perturbador de la autoridad pública y del bien público, una razón represiva que también es una razón de ejemplaridad; la actuación del verdugo que está autorizado para ejecutar la muerte del condenado— para aceptar la condición de justicia de una muerte causada, siempre por causa grave, fundamenta un homicidio distinto, un homicidio justo, tan legitimado que el Quinto Mandamiento no puede ignorarlo ni negarlo, por lo que tan sólo cabe situar el objeto del precepto —el homicidio injusto— en un ámbito discriminado, diferente. El suicidio se asimila, en definitiva, al homicidio injusto, y no hay suicidio equiparable al homicidio justo, porque se trata de un acto que no sana su indignidad ni siquiera «por euitar el pecado, ni por defender la honestidad, ni por euitar los males de esta vida, ni por conseruar la Religion, o virtud, o virtud de otros (sino ay especial impulso diuino, como en Sanson), porque nadie es señor de su vida un acto tan indigno no admite motivo alguno que no fuera el impulso mismo de Dios[22].

Ahora bien, cuando el discurso parece estar claro, en ese análisis de la relación entre suicidio y homicidio, y entre licitud o ilicitud de ambos, Ledesma admite que, no obstante el criterio de que el suicidio nunca sea lícito, de ninguna de las maneras, quepa la consideración de razones en las que el hecho de provocarse la muerte a sí mismo, contra la obligación del ser humano de conservar la vida, pueda en cierto sentido ser causa de un juicio de licitud. La paradoja se resuelve al explicar que estas razones no deben implicar un modo directo de consumar la muerte, aunque pueda tratarse de situaciones que dan lugar a la muerte en última instancia, por cuanto aparece en estos supuestos el factor del riesgo y de la exposición al peligro. Por ejemplo, sería lícito perder la vida, aun pudiendo la persona defenderse,

---

22 Machado de Chaves, *Suma moral*, cit., pp. 141-143.

cuando se desenvuelve en el servicio a Cristo —lo que se afirma en estrecha relación con el martirio— o en la defensa de otra persona ligada por el parentesco o la amistad. En estas ocasiones, contra el derecho natural a la legítima defensa propia del homicidio necesario, puede ser lícito no defenderse del enemigo que amenaza con la muerte, si se alcanza ese otro fin. Se establece así una relación entre un homicidio legítimo cuya legitimidad podría decirse que se obvia o de la que no se dispone, y el suicidio indirecto: «y lo mismo es, que algunas vezes es licito no se defender del que le quiere matar, aunque se pueda defender. De suerte, que el no se defender, y el no conseruar la vida, quando ay obligación de hacerlo, es matarse. Pero quando no esta obligado, no es lo mismo que matarse. Porque el matarse positiuamente siempre es ilícito, hablando regularmente. Aduiertase, que algunas vezes puede caer debaxo de precepto el poner la vida a peligro. Para lo cual se han de aduertir algunas reglas morales, aunque siempre es necessaria la discrecion, y prudencia del discreto varon». La no comisión de un homicidio legítimo no implica necesariamente un suicidio, y por lo tanto las causas justas que permiten no consumar el homicidio legítimo pueden llegar a aceptar la licitud de un suicidio que podría decirse, así, se trata de un suicidio indirecto, o bien, con mayor exactitud, que no es propiamente un suicidio, de la misma forma que no matar legítimamente no significa matarse activamente. El hecho de que no haya entonces propiamente un suicidio es lo que permite cuadrar esta argumentación con la radical ilicitud del suicidio. En este sentido, Ledesma destaca tres criterios que han de estar presentes. El primero de ellos se refiere al desarrollo de alguna obra de naturaleza buena, e incluso indiferente, que pudiere aportar algún bien a la república, al bien común, ya sea temporal o espiritual, así como si dicha obra sirviera de gran ejemplo y utilidad para la comunidad; en esta tesitura sería legítimo que el hombre perseverase en dicha acción, aunque suponga su exposición al peligro evidente de muerte. El segundo criterio es idéntico, pero expresado de una manera inversa: el hombre está obligado a perseverar en toda obra buena y no ilícita, no debiendo desistir de ella, incluso ante el peligro y el riesgo de perder su propia vida, cuando la renuncia supondría una notable incomodidad y detrimento a la república, causando un grave daño general, como sucede cuando el desertor del ejército abandona ante la amenaza del enemigo; esto, en efecto, es tanto como decir que el hombre está obligado a continuar exponiéndose a un riesgo más que evidente, y que su acción en principio no sería ilícita, cuando beneficia a la república. No obstante, sostiene Ledesma, y éste sería el tercer criterio, no ha de entenderse nunca que el sujeto tenga obligación imperativa de perseverar en estas obras de buena naturaleza o que contribuyen al bien común —lo que viene a reforzar la excepcionalidad del razonamiento, tal y como resultaba excepcional la teoría del homicidio necesario por legítima defensa respecto de la teoría común del homicidio—; sólo por razón de oficio (como en el de corregidor y otros semejantes) o de algún pacto y concierto, puede afirmarse categóricamente la obligación de perseverar[23].

Muy avanzado el siglo XVIII, José Marcos Gutiérrez seguirá explicando la gravedad que cabe predicar del crimen de homicidio, el mal mayor que puede cometerse contra la vida, el mayor de los bienes recibidos por el hombre de la naturaleza. Conforme a la teoría clásica moderna, el homicidio voluntario sigue clasificándose en simple y cualificado; en otro ámbito técnico queda el homicidio puramente casual, por error o imprudencia, sin intención, propósito o ánimo maligno. Respecto del homicidio voluntario, en determinadas circunstancias se admite su licitud, como pudiera ser el caso de la muerte en la guerra por la defensa de la patria, o la imposición de la pena de muerte como castigo represivo del malhechor por la autoridad de la ley; también «ex potestate legis», pero con un perfil jurídico singular derivado de su amparo por el Derecho natural, se admite la licitud del homicidio necesario, en legítima defensa (con ejemplos tradicionales como el del ladrón diurno armado o el ladrón nocturno que invade el domicilio). Así las cosas, el suicidio se mantiene como un homicidio cualificado, por las razones conocidas injuriosas al Derecho divino y natural, reforzadas con la protección de la república, habida cuenta de que el suicida quita la vida, autoprivándose de ella, a un ciudadano miembro del Estado, ofendiendo además al resto que habrá de asumir sus obligaciones y servicios. Este es el argumento que más interesa a Gutiérrez, en una época de preocupación por la dimensión social del delito, al tiempo que percibe el carácter residual que el suicidio, tan condicionado por el sistema teológico, va asumiendo en una sociedad que intensifica los principios técnicos secularizados. Además, el jurista entiende que la parquedad y aun la ambigüedad terminológica con la que la legislación penal tradicional ha regulado el suicidio es un

---

23 LEDESMA, *Segunda parte de la Summa*, cit., pp. 664-665.

síntoma contradictorio entre la atrocidad del delito, por un lado, y por otro lado una cierta apreciación de irrelevancia, sustraída a los complejos problemas interpretativos y prácticos a los que puede dar lugar[24].

Aunque se flexibilizase de esta manera, con argumentos técnicos sutiles, la comprensión del suicidio en el siglo xvii, el respeto a su ilicitud esencial seguirá presente, y aun durante el siglo xviii. Cuando Daniele Concina, en su *Theología*, se pregunta si es lícito matarse a sí mismo, responderá en tono combativo que «solo los Hereges Circunceliones defendieron el suicidio». Y es que, evidentemente, la condena del suicidio en la doctrina católica continúa impertérrita, insistiendo en su naturaleza de acto indigno y repugnante, propio de seres malignos, horrendos e incrédulos, contrario a la caridad a la par que a la justicia. El suicida, como se ha dicho tantas veces, injuria y daña a la sociedad, a la comunidad de la cual forma parte, y se aleja de Dios al cuestionar que sólo Dios puede usurpar la vida, sólo Él es el dueño de los hombres; el suicida es una especie de ladrón, una especie de arrebatador de la autoridad de Dios y del regalo de Dios que es la vida. Ideas tradicionales y contundentes a las que se seguirá sumando la ilicitud de la automutilación de los miembros del cuerpo, salvo en supuestos de necesidad por motivos de salud, como es el caso de la escisión del miembro podrido para la salvaguarda de la pervivencia[25]. Parece claro que no es difícil asimilar esta última excepción a las excepciones que hemos comentado antes, ni mantener a su pesar la radical oposición católica al padecimiento autoinfligido.

Pero en la respuesta que se daba a sí mismo Concina hay una peculiaridad muy significativa, como es la asociación del suicidio y la herejía. Entendida esta idea con otra perspectiva, tiene mucho que ver con la conciencia, presente en toda la teología y el Derecho moderno, de que el tratamiento del suicidio obedece históricamente a la originalidad de la moral católica. En plena edad barroca, Gómez de Amescua entendía muy bien también que esta doctrina contundente contra el suicidio era con evidencia y singularidad una doctrina cristiana.

---

[24] José Marcos Gutiérrez, *Practica criminal de España*, Tomo III, Madrid, Imprenta de don Fermín Villalpando, 1828, pp. 63-65.

[25] Daniele Concina, *Theologia Christiana dogmatico-moral*, Tomo I, Madrid, Oficina de Antonio Fernandez, 1776, pp. 244-245.

En su disquisición histórica, Amescua relata cómo el suicidio no siempre fue considerado un acto ilícito, dependiendo de las circunstancias o causas que lo motivaran. Así los gentiles, en quienes por lo demás excluye una recta inteligencia, consideraron justo el suicidio que respondía a «miserias de la vida», «impaciencia del dolor», «locura de amor», «tedio vital», «vergüenza» o similares, así como también se consideraba lícito el suicidio que pretendía evitar el servicio militar o mantener la castidad. También los judíos consideraron lícito el suicidio cuando se trata con él de evitar la infidelidad o el desprecio de Dios. Pero como esta finalidad negativa en realidad está motivada por el riesgo que se deriva de las molestias temporales, Gómez de Amescua las considera falsas razones, y citando a San Agustín recuerda que por evitar los pecados u otros peligros no puede caerse en la condenación eterna que se deriva del suicidio, recordando a su vez que aquéllos que a sí mismos se matan perpetuarán en el infierno las miserias de la vida. Tampoco es lícito, explica el autor, el suicidio que busca la prevención del propio pecado, pues su acción, esto es, la muerte, derivaría en el peor de los males; ni lo es el suicidio por el hecho de haber cometido un pecado monstruoso: la muerte del suicida sólo conseguirá empeorar el pecado aborrecido. Porque cometer en el presente el más grave e injurioso de los pecados no evitará ya en el futuro ese mal que ha de ser la condena eterna del alma. Amescua entiende en efecto, a la luz de las reflexiones agustinas, que quien verdaderamente por desesperación se libera de la vida terrenal comete el mayor y atroz de los desastres, pues no hay pecado que en vida no disponga de una saludable penitencia, cuando provocándose la muerte empero jamás ha de conseguirse la abolición de la condena espiritual. Vuelve a presentarse aquí la figura del suicida traidor por excelencia, porque fue el remordimiento del pecado el que impulsó a ahorcarse a Judas Iscariote, culpable de la entrega a la muerte de Cristo; a pesar de cometer el mayor de los crímenes con su suicidio, no consiguió con ello apartarse de su responsabilidad, y nada hizo que no fuera sumar otra muerte más a su pecado, la suya propia, igualmente ilícita. En consecuencia, es de ineptos atentar contra uno mismo por causa de comportamiento pecaminoso, destruir la vida misma pudiendo sanar la culpa mediante la penitencia[26].

---

[26] Gómez de Amescua, *Tractatus*, cit., pp. 57-58.

De forma similar, en el siglo xviii, los juristas, sin poner en tela de juicio la maldad del acto del suicidio, y manteniendo el respeto a las claves esenciales del pensamiento teológico y jurídico moderno, mantendrán esa forma de entender el estudio del crimen de suicidio que presta una atención muy detenida a su tradición histórica, conscientes del servicio a la interpretación de su complejidad que podría conceder el tratamiento que le otorgaron las distintas culturas más o menos influyentes en el pensamiento cristiano. Luigi Cremani, por ejemplo, estudia el pensamiento griego, y explica que para sus antiguos filósofos, en particular Pitágoras y sus discípulos, la «autochiria» ya era considerada un acto completamente ilegal, entendiéndose como la muerte deliberada, dolosa, de la propia persona. Los estoicos consideraron sin embargo justo el suicidio cuando por determinadas causas la vida no compensaba: el padecimiento de la injuria, del cansancio, la vergüenza, el luto y la soledad, la tristeza o la impaciencia y el sufrimiento del dolor, constituían motivos suficientes para privarse de la vida sin infamia alguna. No obstante, recuerda, no sucedía lo mismo con los militares que eran sorprendidos intentando darse muerte, considerando su actitud cobarde como una gran deshonra, al anteponer la muerte directa al servicio de la patria, y mereciendo, por ello, la pena capital. Esta misma consecuencia se imponía a quienes se suicidaran por conciencia de crimen, condenados a la pena de confiscación de bienes, al considerar el juez que su acto posterior, esto es, el suicidio, constituía una prueba más que evidente del crimen anterior[27]. El peso del deber público en este régimen jurídico que diferencia tipos de suicidio es sin duda muy claro.

Los romanos, explicará José Marcos Gutiérrez, celebraban como un rasgo de filosofía y heroísmo el suicidio por el tedio de la vida, la muerte provocada por el sufrimiento ante una dolorosa pérdida o el padecimiento de algún acontecimiento desgraciado; ante tales supuestos, no se imponía pena alguna, pudiendo los sucesores directos del suicida heredar sus bienes. No obstante, si un delincuente merecedor del destierro o de la imposición de la pena capital, una vez detenido o procesado, se suicidaba, bien por conciencia de crimen, bien por el miedo a la pena, sus bienes serían confiscados. En este último caso, también la tentativa de suicidio por parte del acusado era castigada

---

[27] Luigi Cremani, *De iure criminali*, vol. II, Ticini, Apud haeredes Petri Galeatii, 1792, p. 287-291.

con la pena de muerte. Se ponía en valor, de esta manera, el respeto a la administración de justicia de la república, al considerar que el suicida se sustraía a ella, y al mismo tiempo trataba de consumar su propio castigo, creyéndose juez y parte de su delito. Y a esta explicación se añadía una razón moral, por temer que si a sí mismo, como culpable del crimen anterior, no era capaz de perdonarse, no sería capaz de perdonar a los demás, mereciendo quedar condenado a la infamia, privándosele de sepultura después de su muerte[28].

---

[28] GUTIÉRREZ, *Práctica*, cit., pp. 63-65. Felipe ROJAS, «Voluntaria Mors. Apuntes sobre el suicidio en la sociedad y la literatura romanas», en Felipe Castañeda (Coord.), *Relación sobre el suicidio & comentario a la cuestión 64 «sobre el homicidio» de la «Suma Teológica II(A)-II(AE)*, Bogotá, Universidad de los Andes, 2010, pp. 129-145, se aproxima al suicidio en la Antigua Roma en función de las reflexiones teológicas, morales y filosóficas de sus contemporáneos. Así, por ejemplo, sostiene que «en la antigüedad clásica no era prevalente la aprobación o condenación tajante del suicidio. Con frecuencia, el acto de quitarse la vida propia voluntariamente era admirado, e incluso podía considerarse la solución más apropiada y digna a ciertas circunstancias». No obstante, pese a la «admiración» o «dignidad» que el hecho en sí pudiera provocar, los juristas romanos trataron de determinar o distinguir entre suicidios cometidos «con ánimo de defraudar» y suicidios provocados «por causa justa», e incluso averiguar si tras la muerte deliberada estaba escondida la culpa —suponemos que por un crimen anterior— aunque legalmente no abogaran por un castigo «post mortem». El autor relaciona determinadas situaciones en las que el suicida resultaba merecedor de pena: «cuando un general era totalmente derrotado, o cuando una mujer había sido violada [...] el dolor insoportable, la enfermedad o la pérdida de alguien querido»; incluso se admiraba la lealtad que viudas, esclavos o soldados mostraban al suicidarse tras la muerte de sus superiores, o la práctica «institucionalización» del suicidio colectivo de los ancianos de Ceos, que optaban por privarse colectivamente de sus vidas antes de caer en la senilidad. La forma escogida para darse muerte a sí mismo resultaba casi igual de importante que los motivos (darse muerte con la espada o la ingesta de veneno, por ejemplo, eran muertes mucho más honrosas y nobles que la opción vil o grosera de la soga). Además, Rojas se ocupa en su trabajo del cambio experimentado por el tratamiento del suicidio debido a la influencia del neoplatonismo y del cristianismo Si nos remontamos, en sentido contrario, a la antigua Grecia, Margarita GARRIDO, «Consideraciones sobre el suicidio femenino en la Antigüedad», *Centro de Estudios Clásicos y Medievales. Cátedra I*, 126-132 (2003), pp. 126-132, nos ofrece algunas claves para su comprensión. Obviamente el suicidio en la Grecia clásica fue un fenómeno relacionado y dependiente de la configuración del mundo social, aunque también fue objeto de tratamiento especulativo por filósofos como Platón o Aristóteles, cuyas opiniones formaron parte del acervo de la teoría del suicidio en la Edad Moderna, aunque sus reflexiones fueran tergi-

Hablando también de la cultura romana, Samuel Boehmer mantiene la continuidad histórica con el pensamiento griego al explicar cómo la permisión del suicidio había de atribuirse sobre todo a la secta estoicista, cuando con la muerte se pretendía responder al cansancio de la vida, o a una enfermedad adversa; la confiscación de bienes, aplicada al suicidio motivado en la conciencia de un crimen, se debía no al propricidio en sí, sino a la sustracción a la responsabilidad por el crimen anteriormente cometido. Por otra parte, las leyes y costumbres germánicas regularon la transmisión de los bienes a los herederos y la cremación del cadáver del suicida. Respecto del Derecho canónico, explica Boehmer que fue con el concilio Bracarense del año 561 cuando se estableció la prohibición de dar sepultura eclesiástica y del rezo de oraciones a los suicidas[29]. La *Constitución Carolina*, en tiempos modernos, vino al cabo a disponer el embargo de los bie-

---

versadas, modificadas o en definitiva «adaptadas» a una sociedad regida y organizada a partir de la concepción de un orden divino. Como explica Garrido partiendo de *Fedón*, está claro que para Platón existen personas con un sentimiento de preferencia por la muerte, pero el filósofo subraya no obstante que no hay permiso para la privación de la propia vida que no venga avalado por una orden superior, de naturaleza divina, y defiende como pena para el quebrantamiento de esta exclusiva causa de licitud la sepultura de manera aislada, anónima y sin gloria; también quedarían exentos de esta pena quienes mueren por orden del Estado, aquéllos que se han visto abocados al suicidio por alguna desgracia, o los que han incurrido en la ignominia. Aristóteles explica que por ley no está permitido el daño infligido a uno mismo, y va más allá introduciendo la distinción entre la voluntariedad y la no voluntariedad del acto en sí; cuando la muerte es provocada de manera voluntaria, se cometerá una injusticia que, como tal, será contraria a la ley, pero si la muerte es efectuada de forma no voluntaria, porque por ejemplo del cuerpo se apodera el furor y la ira, el acto causado no atentará contra la ley, sino contra la recta razón de aquél que se suicida.

[29] *Concilios Visigóticos e Hispano-Romanos*, Barcelona-Madrid, edición preparada por José Vives, 1963, p. 74: Concilio I de Braga, canon XVI: «*De aquellos que se dan muerte a sí mismos. Que no se haga conmemoración en el ofertorio de aquellos que se dieron muerte a sí mismos violentamente, ni de los que a causa de sus crímenes han sido condenados*. / También se estableció que aquellos que se dan muerte violenta a sí mismos, sea con arma blanca, sea con veneno, sea precipitándose, sea ahorcándose o de cualquier otro modo, no se haga ninguna conmemoración en la ofrenda por ellos, ni sus cadáveres serán llevados al sepulcro con salmos, pues muchos lo han practicado así por ignorancia. Lo mismo se ordena acerca de aquellos que son castigados por sus crímenes».

nes de aquellos malhechores que por conciencia de crimen —crimen castigado con pena de muerte— se suicidaban, excluyendo a los consanguíneos de la herencia; por el contrario, si el suicidio fue motivado por otro factor como el morbo, la insania o la melancolía, dicha pena no se aplicaba[30]. «Hodie», explica el autor, el suicidio no es lícito de ninguna de las maneras, y si se produce por conciencia de crimen u otras causas probadas que demuestren su culpabilidad en un crimen anterior, el suicida es privado de recibir sepultura honesta y al mismo tiempo ha de aplicarse la pena merecida por el crimen antecedente; no sucede lo mismo con la tentativa de suicidio, cuya condena queda bajo la arbitrariedad del juez, aunque hayan caído en desuso —dando así noticia de viejas costumbres— el ahorcamiento del cadáver, o su paso por la espada. En realidad, este recorrido histórico podría hacerse más complejo atendiendo a regímenes punitivos localizados: la quema del cadáver (por ejemplo en el episcopado Herbipolitano) entre otras manipulaciones (lanzamiento por la ventana o a un pozo, enterramiento en un hoyo «sub limine domus»...), o el embargo total o parcial de los bienes (en la corte Tirolense y en otras regiones)[31].

Ahora bien, cuando la doctrina católica acepta una tipología, que además tiene consecuencias jurídicas importantes por su plasmación en los *iura propria* europeos, diferenciadora entre un suicidio por conciencia del crimen o miedo de la pena, y un suicidio por tedio vital, esta discriminación jurídica se encuentra basada, como ha podido

---

[30] Josef Kohler & Willy Scheel (eds.), *Die Carolina und Ihre Vorgängerinnen. Text, Erläuterung, Geschichte. Die Peinliche Gerichtsordnung káiser Karls V. Constitutio criminalis carolina*, Darmstadt, Scientia Verlag Aalen, 1968, p. 70, art. 135: «*Straff eygener tödtung.* / Jtem wan ymandt beclagt vnnd jnn Recht erfordert oder pracht wurdt vonn sachen wegen, so er, der vberwunden, sein leib vnnd gut verwurckt het, vnnd auss forcht sollicher verschulldter straff sich selbs erdöt, Dess erben sollen jnn disem fall seines guts nit vehig oder empfengklich, sonnder sollich erb vnnd guter der obrigkeit, der die peinliche straff, puss vnd felle zusteen, heimgefallen sein; Wo sic haber ein persone ausserhalb obgemellter offenparen vrsachenn, auch in fellen, da er sein leib allein verwirckt, oder sunst auss kranckheiten des leips, Melancoly, geprechlicheit jrer synne oder annderer dergleichen blodigkeiten selbs ertödte, derselbenn erben sollenn desshalb ann jrer erbschafft nit verhindert werden, Vnd darwider kein allter geprauch, gewonheytt oder satzung statt haben, sonnder hiemit Revociert, cassiert vnd abgethan sein vnnd jnn dissen vnd anndern dergleichenn fellen vnser keyserlichen geschribenen Rechtenn gehallten werden».

[31] Boehmer, *Elementa*, cit., pp. 403-407.

comprobarse, en una tradición que obedecía a una moral precristiana. De modo que, simultáneamente, la moral cristiana ha asegurado con fuerza su juicio moral de ilicitud sobre el suicidio, y ha aceptado una tipología heredada que va más allá de un planteamiento de excepciones a la ilicitud, porque si éstas en último término venían a poner en tela de juicio la existencia misma del concepto (entre el suicidio indirecto o la exclusión de la existencia propiamente de suicidio), la tipología que clasifica según la conciencia del crimen y el tedio vital lo matiza sin cuestionarlo, confirma su penalidad pero también abre un camino técnico para la distinción de regímenes jurídicos y para el reconocimiento más o menos implícito de distintas formas de gravedad.

Durante toda la Edad Moderna está presente esa valoración de dos grandes tipos y causas de suicidio, por conciencia del crimen o miedo de la pena y por tedio vital. Pero, ya que nos ocupamos en este momento de la relación entre homicidio y suicidio, puede ser apropiado contemplar finalmente su consideración, en el siglo xviii, en un doctor que relaciona la tipología del suicidio con la determinación del crimen homicida. Cuando Domingo Ursaya plantea la relación entre homicidio y suicidio, concreta el suicidio en dos subtipos que conforman el tipo opuesto al definido por la causa del tedio vital. El suicidio que se comete relacionado con la perpetración de un delito anterior es el suicidio por conciencia del crimen, caracterizado por el hecho de que no se haya producido aún la apertura del juicio plenario que da lugar a la litispendencia. Este suicidio se transfigura en causado por el miedo a la pena, cuando el reo ha sido acusado, con la petición de pena correspondiente, o bien va a ser sometido a tormento, o ha confesado o se encuentra en prisión preventiva antes del pronunciamiento de la sentencia definitiva de condena. El suicidio estaría entonces sustituyendo a la pena (presumiblemente capital) que lleva aparejada el delito anterior, frustrando el funcionamiento de la administración de justicia, con mayor razón al operar como presunción de reconocimiento por el reo de su responsabilidad en el crimen anterior al suicidio. Es este tipo criminal de suicidio, cuya gravedad se reafirma —al mismo tiempo que resulta separado el suicidio por tedio vital, que remite a problemas de capacidad criminal— el que Ursaya identifica como crimen homicida, con el delito mismo de homicidio, y en el que se entiende consta con claridad la voluntariedad, premeditación y deliberación en el acto[32].

---

[32] Ursaya, *Institutiones*, cit., pp. 19-43.

b) La tentativa de suicidio

El conato o tentativa de suicidio es un problema técnico analizado por la comunidad de los doctores, un problema ciertamente importante porque, frente a la singular situación de responsabilidad criminal que se produce en un acto de suicidio en el que, cuando se consuma, el sujeto activo se extingue al perder la vida, se refiere a un responsable directo e individual del crimen a quien todavía puede exigirse personalmente la obligación criminal. Esto es todavía más relevante si se tiene en cuenta que la doctrina jurídica no sólo afirma la ilicitud y máxima gravedad del suicidio cuando se trata de un crimen perfecto, sino también, como resulta propio de los crímenes atroces, cuando el crimen queda en fase de tentativa. Esta consideración de igualdad del régimen penal del conato con el del delito perfecto era coherentemente la que resultaba propia de todos los homicidios cualificados. Otro asunto es la valoración de si el conato consiste en actos próximos o remotos, y si se decide aconsejar la aplicación de la pena ordinaria o de una pena extraordinaria en unos u otros; en principio, la doctrina es proclive a defender la pena ordinaria para el conato consistente en actos próximos cuando se trata de homicidio cualificado, mientras que la pena extraordinaria se impone en el homicidio no cualificado con actos próximos así como en el conato de homicidio cualificado consistente en actos remotos; la irresponsabilidad penal rige en el homicidio no cualificado con actos remotos[33].

---

[33] Sobre la «intención sin acto», esto es, la teoría de la tentativa según el Derecho canónico y el Derecho civil antiguo y altomedieval, *vid.* Alexander MURRAY, *Suicide in the Middle Ages*, cit., vol. II., pp. 397-451. El canon IV del XVI Concilio de Toledo celebrado en 693 ya regulaba la tentativa o conato de suicidio; reza así: «IV. De los desesperados. Sin duda alguna debe promulgarse una norma de los obispos, a fin de que poden con las austerísimas tijeras de la penitencia, los vicios inusitados, y corten por todos los medios con nuevas y rígidas normas, la úlcera que habiendo aparecido de repente en los miembros unidos, los corrompe y contagia. Porque se ha introducido la grave costumbre de la desesperación de algunos hombres, que cuando son castigados con cualquier pena por alguna negligencia, o encarcelados para satisfacer con la penitencia, y purgar así su crimen, de tal modo les ataca la tentación de la desesperación, que prefieren ahorcarse o quitarse la vida con arma blanca u otros medios mortíferos, y si no es por algún cambio de circunstancias, el diablo ejecuta en ellos su propósito. Por lo tanto, deseando poner término a estos pésimos consejos y aplicar un conveniente remedio a tal enfermedad, decreta la sacratísima reunión

Pero esta no es una regla invariable, ni preeminente en la práctica. Marco Antonio Sabelli explica que un suicidio sin efecto seguro, por ejemplo porque ha sido impedido por un tercero, no deja de ser para el Derecho digno merecedor de la pena de muerte, esto es, de la pena ordinaria del homicidio, pero sucede que la costumbre, en el suicidio intentado, ha venido a ser la de imponer una pena según el arbitrio judicial[34]. Además, en líneas generales, la literatura jurídica tiene en consideración, de acuerdo con el variado régimen de la tipología del suicidio por conciencia del crimen o tedio vital, si el intento frustrado de suicidio se produjo en la cárcel, y añade a esto la función que cumple en la determinación de la pena el crimen que se hubiera cometido previamente, y el grado de avance procesal de la inquisición. Domingo Antúnez, nos dice Sabelli, opina que aquél que por conciencia de crimen se dispone al suicidio habrá de ser castigado, aunque no lo perfeccione, con la pena de confiscación de bienes, pero marca un límite para este régimen, porque exige la confesión del reo o que hubiera sido condenado a la pena ordinaria; de esta manera, tiene en cuenta el criterio procesal de determinación del tipo de suicidio por miedo de la pena. En realidad, hay en el criterio de Antúnez una restricción en el régimen penal, porque no respalda la generalidad con la que la teórica opinión común de los doctores declaraba que el suicida, muerto o sorprendido en el conato, había de sufrir la imposición de la pena ordinaria así como la confiscación de bienes, sin admitirse la sustitución por una pena extraordinaria mitigada[35]. Antúnez está condicionando la aplicación de este criterio, precisamente al hacer que inter-

---

de nuestra asamblea, que aquel que cayere en tales trampas, si por casualidad escapare a la muerte, será alejado por todos los medios de la comunidad de los católicos, y del Cuerpo y Sangre de Cristo durante dos meses, porque conviene que por las penas de la penitencia se vuelva a la primitiva esperanza y salvación, el que intentó entregar su alma al diablo por medio de la desesperación», en *Concilios visigóticos e hispano-romanos*, cit., p. 501. Sobre el tratamiento del conato de suicidio en el XVI Concilio de Toledo, *ibid.* pp. 184-188. *Vid.* sobre la doctrina y práctica del conato o la tentativa en determinados delitos, Pedro Ortego Gil, «Puesto en ejecución. Notas históricas sobre conato y tentativa», *Initium. Revista catalana d'Història del Dret*, 19 (2014), pp. 421-523; en particular sobre el homicidio, *vid.* Álvarez Cora, «La doctrina del homicidio», cit., pp. 331-336.

[34] Marco Antonio Sabelli, *Summa diversorum tractatumm*, Tomo II, Venetiis, Apud Paulum Balleonium, 1697, p. 287.

[35] *Ibid.*, p. 287.

vengan las claves del suicidio causado por conciencia de crimen. En todo caso, no deja de ser un tema controvertido, como puede verse en Próspero Farinacio, que revisa las opiniones expuestas por la doctrina jurídica sobre la responsabilidad de quien se vulnera o hiere con ánimo de matarse y, antes de conseguirlo, es detenido o impedido en su intento, pero de su lectura puede deducirse que los partidarios de la imposición de la pena ordinaria y de la confiscación de bienes, anulando por supuesto las disposiciones testamentarias, suelen situarse preferentemente en el supuesto específico de suicidio en conato por conciencia del crimen o miedo de la pena[36].

Otros doctores, sin embargo, defienden con más claridad la pena arbitraria mitigada, quedando el castigo a resultas de la voluntad del juez. Se entiende así que el suicidio sólo puede merecer la pena ordinaria de muerte y la pena de confiscación de bienes cuando ha sido consumado o perfeccionado. Quizá parecería que, con esta opinión, el suicidio se descualifica como homicidio, pero hay otra forma de verlo: el suicidio es un pecado mortal y crimen tan atroz, incluso frente al homicidio, que no cumplirá con estos calificativos tan rigurosos si, de hecho, no ha llegado a producirse, y por lo tanto habrá que reducir la responsabilidad penal. Hay que recordar que la dureza del régimen jurídico del suicidio procedía de una valoración del acto —apartamiento de Dios— sin aceptar que pudiera mejorarse cualquier juicio negativo en función de especulaciones psicológicas; si esto es así, la misma fuerza del hecho, del acto, de la que depende la contundencia del juicio moral, debe implicar que su falta, como hecho incompleto, tendrá que reducir aquella firmeza. Farinacio destaca la opinión de Antonio Gómez al sostener que es justo y razonable que el conato de suicidio quede al arbitrio del juez, y trae a colación sus ejemplos, dos casos atestiguados: uno de ellos castigado con la pena de destierro y el otro con la pena de azotes. Debe tenerse en cuenta que el *ius regium* castellano no concretaba una pena ordinaria a la que acompañase la prescrita confiscación de bienes, y ese vacío había de colmarlo la costumbre, traducida en el arbitrio judicial, lo que no impedía que el estilo de la administración de justicia pudiera regularizar determinadas soluciones jurídicas, penas extraordinarias pero también la pena capital, por ejemplo en el ámbito del ejército[37]. No obstante, explica Fari-

---

[36] Farinacio, *Praxis*, cit., pp. 323-328.
[37] *Ibid*., pp. 317-322.

nacio que en la milicia, a aquél que es sorprendido atentando contra sí mismo, aunque su afecto no sea seguido de la muerte, se le impone una pena que puede resultar variable, dependiendo de las motivaciones, pero que no suele ser la pena capital en el caso de que la conducta respondiera al tedio vital, el dolor, la enfermedad u otras causas similares; esto no quiere decir que el militar quede libre de la infamia, obligándosele a abandonar el ejército, pues resulta evidente que un militar enfurecido consigo mismo ofende a sus obligaciones más que en las mismas circunstancias cualquier civil, lo que hace poco recomendable mantenerlo en las filas[38]. También Sabelli, tras recoger la opinión común de los doctores favorable a la extensión de la pena ordinaria al conato de suicidio, incluso cuando se debe a factores de enajenación mental, recuerda un caso florentino, de mediados del siglo xvii, en el que el tribunal impuso a un sujeto, capturado flagrantemente cuando intentaba ahorcarse, una condena de servicio con los pies atados durante un trienio en una fábrica, añadiendo la pena subsidiaria, por si se incumpliere la anterior, de cinco años de servicio de galeras[39].

Gómez de Amescua dedica un capítulo en su tratado al estudio de la pena que ha de imponerse a aquél que se vulnera o lesiona a sí mismo, en el amago de darse muerte, dejando ver en líneas generales la dificultad de la averiguación de una solución constante teniendo en cuenta la laguna legal sobre la pena ordinaria que ha de acompañar a la confiscación de bienes. Amescua entiende además que el problema tiende a ser tratado con cierta confusión por los juristas, y que necesita, para evitar equivocaciones, la aclaración de ciertas pautas[40]. La primera de ellas, explica, es que todo aquél que a sí mismo se hiere o se lesiona, ya en este punto debe ser castigado y, a falta de ley propia, deberá encontrarse en el Derecho común la determinación y establecimiento de la pena; con este criterio, la condena que ha de aplicarse al autor, si se acude a Bártolo y a otros comentaristas, será la misma que habría que imponer si la herida la hubiera causado otro sujeto. La equiparación entre suicidio y homicidio se traslada así a una equiparación entre autolesión y herida: tal y como el homicidio modela punitivamente el suicidio, que lo cualifica, la herida ha de modelar puni-

---

[38] *Ibid.*, p. 319-320.

[39] Sabelli, *Summa diversorum*, cit., p. 287.

[40] Gómez de Amescua, *Tractatus*, cit., pp. 177-185.

tivamente la autolesión, que la cualifica. Y esta equiparación puede entenderse mejor, en términos técnicos, como una aplicación del criterio de la analogía: la autolesión se penaliza por analogía con la herida o lesión provocada por tercero. Hay que apreciar, con todo, que este razonamiento por analogía, recurriendo al Derecho común, parece a propósito del conato, como decíamos anteriormente en relación con el suicidio en su sintonía con el homicidio, que descualifica la autolesión, que por proceder de uno mismo debería aparejar una pena más grave que la lesión que causa un tercero, por las mismas razones jurídicas y teológicas, ya comentadas largamente, que cualifican el suicidio respecto del homicidio. Y sin embargo, no parece ser así, porque no hay una pena cualificada en la autolesión, lo que puede estar justificado, desde luego, si el conato de suicidio viene a ser castigado en la práctica, a pesar de la opinión favorable a la equiparación al delito perfecto por su naturaleza de crimen cualificado, con una pena extraordinaria. Puede ser o no difícil probar la diferencia práctica entre autolesión y suicidio intentado —cabe imaginar por supuesto un suicidio frustrado sin rastro de lesión, así como una autolesión grave que no buscara el suicidio, pero también un suicidio que al frustrarse queda en una lesión grave, o una lesión grave que fue el paso necesario a un suicidio que después se frustró— pero, suponiendo que sea así, hay coherencia en que si el conato de suicidio sólo merece en la práctica judicial pena extraordinaria, no pueda sobrepasar este mismo tipo de pena la responsabilidad por una herida, ni siquiera autoinfligida.

También es coherente entonces con esta orientación favorable a la aminoración de la pena que aquél que intenta suicidarse una vez acusado de un delito por el que será previsiblemente sentenciado a la pena de muerte, sea castigado, aunque quede su acción en un mero conato, y lo sea concretamente en virtud de un crimen de herida o vulneración, por mucho que conste con seguridad que es confeso del crimen anterior al conato de suicidio por el cual fue acusado. Sin embargo, a aquél que, cansado de la vida o impaciente por el dolor, intenta suicidarse, no le ha de ser aplicada pena alguna por la tentativa, al entenderse que las lesiones, si las hubiere, derivan de un estado físico y mental que plantea una situación semejante a la incapacidad[41].

---

41 *Ibid.*, pp. 184-185.

Lo que deriva de la mitigación de la pena en la tentativa de suicidio, y de la limitación de la pena ordinaria al conato de suicidio por conciencia del crimen o miedo de la pena, es que hay una exigencia causal, y desde luego de actos próximos y no remotos, para que la pena se aplique, y todo ello a pesar de la calidad de crimen cualificado. Por lo tanto, cuando pueda diferenciarse entre tentativa de suicidio y autolesión, la tendencia del régimen mitigador habría de marcar una línea proclive a la exención de penalidad de las heridas autoinfligidas. Pero Gómez de Amescua subraya ciertas limitaciones a esta interpretación. Por ejemplo, en el caso de los militares llega a preverse la pena capital para el suicidio, pero no es así cuando la causa resulta ser el tedio vital o la impaciencia del dolor, que también reduce la responsabilidad en la autolesión (en la amputación del miembro viril se prefiere una pena leve y mitigada); y en cuanto a la pena de confiscación de bienes, aunque haya opiniones favorables y contrarias, en líneas generales se procura aplicar sin rigidez. Amescua parte de la imposición de un régimen punitivo en el conato de suicidio por razón de la gravedad del crimen del suicidio, que rechaza la impunidad e impide ver la tentativa como un acto superfluo e insignificante, pues en definitiva responde a la misma intencionalidad que caracterizaría al suicidio consumado; es a la vista de la frustración cuando no puede sancionarse el acto que no ha llegado a producirse igual que el acto si se hubiera producido, aunque la pena extraordinaria propuesta pueda tener la gravedad que tiene, por ejemplo, la pena de galeras.

Las condenas más frecuentes que imponen los jueces arbitrariamente, entre otras penas patrimoniales y corporales, son las galeras y el destierro. A su vez, dichas penas pueden ser conmutadas; si el reo no dispone de recursos para pagar la sanción que el juez le ha impuesto por su tentativa, la pena pecuniaria puede ser conmutada por una pena corporal, al igual que si no fuera capaz de soportar durante el tiempo estipulado una pena de galeras, podría conmutarse por otra de similar dureza. Ahora bien, como el conato de suicidio y su castigo pueden estar estrechamente ligados a la comisión de un crimen anterior, el rigor de la pena dependerá en gran medida, además del ánimo doloso y del momento procesal en el que el reo se encontrase, de las cualidades de aquel delito. Lo que, paradójicamente, puede resultar en detrimento de la penalidad del suicidio mismo. Porque cuando el suicidio ha sido «afanosamente buscado», pero malogrado, por el reo confeso de un delito anterior grave, se impone la pena ordinaria condigna a este delito que ya ha sido juzgado y condenado, como si el conato de suicidio pudiera ser castigado sólo complementariamente, por razón de la protección de la administración de justicia que intentó frustrar. Si a esto se añade la restricción de la confiscación de bienes, se produce la sensación de que no hay tanto punibilidad del conato de suicidio, o mejor una tendencia a que sea subsumida en la culpabilidad del malhechor por el delito probado o sentenciado a la espera de la ejecución de la pena. Con mayor razón entonces, cuando se trata de conato de suicidio por tedio vital o impaciencia del dolor, aumenta la duda en la doctrina sobre la defensa bien de un castigo efectivo, como mantiene Pedro de Navarra, bien de la exención de responsabilidad penal, como prefieren Jacobo Boulenc o Tiberio Deciano, entre otros[42].

Por eso Luis de Molina se centra, como singularidad del régimen punitivo del suicidio, en la pena de confiscación de bienes, cuando se ocupa de la pena en el supuesto de tentativa de suicidio acaecida tras la detención judicial debida a la comisión de un crimen anterior, o a la acusación ya formulada en litispendencia que podría dar lugar a la imposición de la pena capital o de deportación. Si el reo ha sido sorprendido flagrantemente en la comisión del delito o bien ha confesado una vez abierto el procedimiento contra él por dicho delito, la pena que merece el conato de suicidio es la confiscación de bienes; si no hubo detención flagrante, o no ha sido probado plenamente el crimen anterior, la pena que merecerá el conato de suicidio no será la confiscación, sino otra pena de naturaleza arbitraria o extraordinaria.[43]. En caso de autoagresión explicada por otras razones (tedio vital y similares), sin causa abierta por un delito anterior, el sujeto no es afectado por la pena de confiscación; y lo que queda por discutir es si se aplica una pena extraordinaria —manteniendo así el régimen del conato de suicidio por conciencia del crimen o miedo de la pena— o no, y aunque la negativa sería la respuesta más lógica por la interpretación restrictiva a la que se orienta la doctrina, Molina subraya no obstante la opinión de autores seguidores de Bártolo, o de Antonio Gómez, que defienden la imposición de pena arbitraria por razón del bien común, pues pesa sobre los motivos que hayan empujado al sujeto a la agresión contra su propia persona (impaciencia, dolor, cansancio de la vida) la injuria a Dios, la naturaleza y la república que caracteriza al

---

42 Gómez de Amescua, *Tractatus*, cit., pp. 177-185.

43 Molina, *De iustitia*, cit., tomo IV, cs. 588-592.

delito. Asimismo, en la circunstancia de previo delito, el juez, según su libre albedrío, podrá castigar el conato de suicidio con penas arbitrarias tales como el destierro temporal o la flagelación, entre otras, pero si el conato se produce tras la litiscontestación y por un delito cuya pena no lleva aparejada la muerte pero sí la confiscación o la deportación, se impone la aplicación de la pena ordinaria por aquel delito anterior, lo que en cierto sentido hace irrelevante e impune la obligación criminal propia del conato[44].

Benedicto Carpzov resume la cuestión concretando su opinión favorable a la imposición de pena judicial arbitraria en el conato de suicidio —es decir, el suicidio frustrado en el acto del suicida, o bien impedido por un tercero— por conciencia del crimen o miedo de la pena. Cuando se trata de un suicidio provocado por cansancio de la vida, furor u otra impaciencia, no se merece pena. Esta doctrina, que parece asentarse, se diría que está señalando la naturaleza de acto próximo de la conciencia del crimen y el miedo a la pena, y de acto remoto de las razones sentimentales, y a su vez la presencia del dolo en el primer supuesto, y su ausencia o limitación en el segundo. Ahora bien, Carpzov explica con claridad que la penalidad del conato de suicidio, que rige entonces tan sólo por conciencia del crimen o miedo de la pena, se debe a una doble razón: el conato reafirma el anterior crimen, y además provoca otro atentado, esta vez contra sí mismo, singularizado por su atrocidad, lo que se agudiza en mayor medida si el crimen que previamente se cometió llevaba aparejada la pena de muerte y la confiscación de bienes; por el contrario, se muestra proclive a la impunidad si la tentativa responde a estimulaciones no derivadas de crimen anterior alguno[45].

La generalización de la pena extraordinaria para el conato de propricidio está asentada ya en el siglo xviii, cuando también se consolida el criterio objetivo que se concentra en la situación jurídica procesal del delincuente, es decir, en la conexión que tiene su conato de suicidio con el funcionamiento de la administración de justicia, con la apertura previa de un proceso por un crimen anterior, lo que reduce globalmente los efectos de la potencial responsabilidad criminal por el acto del suicidio. Rudolph Engau es partidario de la imposición del

[44] *Ibid.*, cs. 589-590.

[45] Carpzov, *Practicae Novae Imperialis*, cit., pp. 12-14

destierro, o de una pena de prisión, pero tanto en el supuesto de melancolía suicida como en el de conciencia del crimen. Es interesante, por otra parte, la atención de Engau al concurso de delitos: manteniéndose en penas extraordinarias, como la fustigación o el destierro, aboga así por el castigo de las mujeres embarazadas que violentamente se autoagreden en un intento de suicidio que también lo es de aborto, o tal vez de aborto que puede derivar en suicidio; la consideración del grado de desarrollo del feto remite al aborto como delito principal, e incluye en la determinación de la pena. Engau mantiene sin embargo la excepcional imposición de la pena capital en el caso de los militares cuyo suicidio se caracterice por la presencia de dolo malo[46].

Asimismo, cuando la tentativa de suicidio se debe a una detención, procesamiento o condena que ha de dar lugar a la aplicación de la pena de muerte natural y civil, para Ayllón Laynez el conato no merece pena por cuanto, al no consumarse el suicidio, no hay interrupción en el procedimiento para la aplicación de la sentencia condenatoria, ni obstáculo a la consiguiente ejecución y confiscación de bienes del reo. Como la pena por el delito previamente cometido no se ha frustrado, al quedar el suicidio en tentativa, esta tentativa no resulta relevante penalmente. En segundo lugar, si el conato se produce por un delito anterior que no lleva aparejada la pena de muerte y confiscación, o bien por causa de tedio vital, ambas vías confluyen y se reducen a la imposición de una pena extraordinaria mitigada, a decisión del juez[47].

Esta forma de valorar penalmente el conato de suicidio conduce, en definitiva, a una menor relevancia penal del conato de suicidio, frente a otro crimen concurrente, pero también a una especie de separación radical, un tanto contradictoria, entre el suicidio y su conato. Por eso José Marcos Gutiérrez, a finales del siglo XVIII, defiende la impunidad del crimen de suicidio, y sin embargo entiende que el conato ha de ser enjuiciado y castigado. La razón está en que, si el suicidio se perfecciona, carece de lógica la condena de un cadáver, o su ejecución de cualquier manera, y todavía con mayor razón, y contradicción del principio de responsabilidad penal individual, la condena

---

46 ENGAU, *Elementa*, cit., pp. 251-257.

47 Juan AYLLÓN LAYNEZ, *Ilustrationes sive additiones eruditissimae ad varias resolutiones Antoni Gomezzi*, Venetiis, ex Typographia Balleoniana, 1735, pp. 226-227.

que afecta de alguna manera a la familia, que ya de por sí ha de cargar con la infamia derivada del hecho, del que ya no cabe otra justicia que la divina. Quien intentó suicidarse y no lo consiguió está vivo, y todavía puede ser responsable penal de su acto, que entonces recobra (o, mejor dicho, no pierde) su relevancia criminal[48]. Cuando es complementaria de la responsabilidad por otro crimen anterior, la pena extraordinaria será suficiente; cuando la causa del conato no ha sido sustraerse a la responsabilidad criminal, sino otras causas psicológicas, lo será también.

c) Actos y situaciones afines al suicidio

Como hemos explicado, la doctrina teológico-jurídica de los siglos XVI y XVII conecta perfectamente las instituciones criminales del homicidio y del suicidio, entendiendo además éste como una especie cualificada del primero. La razón legitimadora de esta unidad de criterio en la preservación de la vida terrenal y ultraterrena como don de Dios es evidente, y así es común a homicidio y suicidio la argumentación de Domingo de Soto cuando resalta que cualquier homicidio, tanto del que a sí mismo se da muerte, como del que se la causa al prójimo, contribuye a la ruina espiritual, habida cuenta de que el hombre no tiene derecho a matar, a privar de la vida, por iniciativa propia. Por supuesto, homicidio y suicidio (y el suicidio como especie de homicidio) están comprendidos en la represión del Derecho divino-positivo, a través del precepto del Quinto Mandamiento que reza «No matarás». Suicidio y homicidio son crímenes contrarios a la idea propia de una muerte noble sólo pendiente de la voluntad de Dios[49].

Ahora bien, aunque las motivaciones circunstanciales o psicológicas que pueden desencadenar el suicidio participan de una desesperación que no justifica de ninguna manera el pecado mortal que el suicidio supone en cuanto alejamiento de Dios, cierta es la existencia de situaciones quizá más peculiares (cuyas circunstancias o afectos subjetivos pueden ser relevantes) que permitan dudar acerca de la voluntariedad del acto suicida, lo que puede entenderse como un plantea-

---

[48] Gutiérrez, *Práctica*, cit., pp. 63-65.

[49] Soto, *De iustitia & iure*, cit., p. 365.

miento en relación con el suicidio de todos aquellos aspectos que matizan la «capacitas» y la «qualitas doli» en el crimen del homicidio del que resulta ser especie. En este sentido, la literatura jurídica moderna cuestiona algunos escenarios, determinadas situaciones próximas a la muerte y similares al suicidio (o al menos a la tesitura en la que el suicidio puede tener lugar) respecto de los cuales puede afirmarse la licitud o ilicitud.

— *Autolesión*

Una de estas situaciones afines al suicidio y abiertamente discutida consiste en la amputación de los miembros del cuerpo. En general, una castración, o la amputación deliberada de alguna de las partes del cuerpo, a modo de autolesión sin motivo alguno que explique el acto, es considerada un pecado mortal que, como explica Farinacio, debe ser castigado con la pena de muerte más la confiscación de los bienes, puesto que afecta a miembros que forman parte de la especie humana, lo que hace de quien se daña un enemigo de la naturaleza; no obstante, el Derecho canónico impone una penitencia arbitraria, entendiéndose que atendiendo a las circunstancias que han impulsado al sujeto a la comisión de un acto de tal magnitud. La contundencia de esta solución también se reduce a propósito de la responsabilidad de quienes pueden servir de instrumentos de tales actos; por ejemplo, los médicos que intervienen quirúrgicamente. Aunque se parte de la responsabilidad de los cirujanos, inmediatamente se acepta que su intervención está permitida cuando resulte necesaria para el bien del resto del cuerpo, es decir, cuando la cura o sanación médica no sea posible sin la escisión. Se evita así perturbar la reputación de un colectivo profesional que tiene como principal propósito la cura de los enfermos[50].

A pesar de las excepciones, la afinidad de la automutilación con el suicidio será constante. Ginés Luis de la Madre de Dios, en pleno siglo XVIII, calificará como «suicidas» a los que a sí mismos se cortan un miembro del cuerpo. Quienes cometen tales actos colaboran en la destrucción de su propio cuerpo en la medida en que todo miembro tiene

---

[50] Farinacio, *Praxis*, cit., pp. 317-322.

la función de contribuir a que el cuerpo humano, en su totalidad, mantenga una actividad íntegra. De la misma manera que todo hombre está ordenado hacia un fin cumpliendo una función en la comunidad, o todo del que forma parte, cada parte del cuerpo cumple una función en el cuerpo del hombre: al perjuicio del suicidio a la república le resulta equivalente el perjuicio de la automutilación del ciudadano que es su miembro. Sólo si se trata de un miembro podrido, con posibilidad de corromper la totalidad del cuerpo, «es de la voluntad de aquél, del cual es miembro, poder prescindir del miembro podrido para preservar la salud de todo el cuerpo»; aunque se sigue notando en esta excepción la contundencia de la regla general, pues no hay solución única en este criterio, sino alternativa, al quedar en manos del afectado someterse a la amputación de la parte gangrenada, o bien exponerse al peligro de padecer una infección integral de consecuencia mortal[51].

Pero también será constante el planteamiento de las excepciones, de los límites de la ilicitud. Antonino Diana por ejemplo entiende que sería lícita la mutilación de un miembro propio cuando para salvaguardar la totalidad del cuerpo humano fuere requerido prescindir de alguna de sus partes, fundamentalmente en relación con una situación de enfermedad y otras causas naturales que puedan poner en riesgo la seguridad del cuerpo entero, como el cáncer cuando se extiende, el veneno por la picadura de la víbora que pone en peligro de muerte si no se procura la mutilación de la parte afectada, pero también por otras violencias, causas extrínsecas, como el tirano que amenaza con matar a su víctima salvo que ésta se disponga a cortarse las manos. A los hombres les está permitido sesgar sus miembros por mandato médico a raíz de los graves dolores padecidos que, efectivamente, supongan una «gran tortura»; la razón, indica, es que nadie está obligado a soportar la cruz del dolor para la conservación de la vida si no es que ésta resulta necesaria para el bien común[52]. Es decir, Diana parte de la base de la necesidad y utilidad de los individuos que conforman la república de suerte que, en consecuencia, en el momento en que el gran dolor sentido impida el buen servicio al Estado, poniendo en riesgo el bien común, el miembro herido, siempre bajo prescripción médica, podrá escindirse. En relación con este argumento, Alonso

---

[51] Madre de Dios, *Praelectiones*, cit., pp. 407-411.

[52] Antonino Diana, *Resolutionum moralium*, Pars V, Matriti, ex typographia Mariae de Quiñones, 1640, pp. 188-189.

Vega va más allá, cuando sostiene que por la sanidad del cuerpo el propio individuo, sin la participación de profesionales, puede escindir alguno de sus miembros, «porque derecho tiene el todo para conseruarse»[53]. Como una propuesta intermedia, Baltasar Gómez de Amescua entiende que puede prescindirse del trabajo de los sanitarios si el sujeto afectado desea amputarse a sí mismo, siempre que actúe bajo consejo médico[54].

Gómez de Amescua relaciona la bondad divina con una razón de integridad corporal, entendiendo que si Dios moldeó y concedió al hombre, bondadosamente, su cuerpo en la totalidad de sus partes, la amputación de alguna de ellas sería un gesto antinatural, una injuria hacia la naturaleza que por Dios fue establecida: la bondad, gracia y misericordia divina relucen y son la razón de la integridad del cuerpo humano. Amescua distingue entonces los miembros corporales externos que Dios concede para efectuar las tareas temporales, de los miembros internos, es decir, los órganos internos del cuerpo, entendiendo que hay mayor gravedad e ilicitud en la escisión de éstos que en la amputación de aquéllos. En líneas generales, defiende la ilicitud de la amputación deliberada de los miembros corporales, distinguiendo —precisamente porque no hay entonces deliberación, ni puede haber pecado ni injuria— toda pérdida de un miembro de manera fortuita o causal, como por ejemplo a raíz de un accidente laboral, o por causa natural de nacimiento. La percepción del problema en Gómez de Amescua coincide con la opinión común, y aunque afirme con rotundidad que la mutilación deliberada, la autolesión, es un gravísimo pecado mortal, también hace mención de los casos en los que el acto sería considerado legítimo. Así sucede cuando la integridad del cuerpo, esto es, la salud y conservación de la vida corporal, depende de la amputación de algún miembro, por ejemplo, la parte podrida que el médico, cuya participación es necesaria, aparta; también la mordedura del áspid hace recomendable la amputación para evitar la propagación del veneno por todo el cuerpo[55].

Ahora bien, ¿y si la amputación ilícita no fuera voluntaria, sino inducida por un tercero? La culpa entonces derivaría del consenti-

---

53 Vega, *Suma*, cit., pp. 1196-1198.

54 Gómez de Amescua, *Tractatus*, cit., p. 83.

55 *Ibid.*, pp. 75-76.

miento para someterse a una operación ilícita, y se extendería a la muerte (suicidio) o a la mutilación que pudiera provocar. Lo mismo sucede cuando un sujeto interviene en una riña cuya consecuencia fuera la pérdida de la vida o una amputación; sólo sería lícita la intervención, según Gómez de Amescua, «dummodo ex ipso duello homicidium vel membrorum deminutio non fuerit subsequuta». Incluso si se tratara de una operación lícita, el sujeto no quedaría libre de culpa si es sometido a la intervención quirúrgica a sabiendas de que por su naturaleza corporal, o por una previa lesión, es seguro que muera: esta circunstancia y conocimiento convertiría, desde el punto de vista de quien consiente, el acto lícito en ilícito[56].

Alonso Vega va más allá al preguntarse si la república, el padre o el prelado pueden conminar al hijo a dejarse mutilar un miembro necesario para la salud, y atribuye esa potestad, «por razón de la obediencia», solamente al prelado, que es además quien puede prescribir los medicamentos que el súbdito está obligado a dejarse administrar[57]. Al igual que, según Gómez de Amescua, pecaría de una conducta más que irregular el juez que por su delito condena al reo a la extirpación de una parte de su cuerpo[58]. Vega plantea entonces si la obediencia que se debe al prelado puede llegar a significar que el sujeto consienta la amputación de un miembro del cuerpo cuando es necesario para su salud pero la amputación le causará un «grandísimo dolor», y si el hecho de negarse a padecer este dolor implicará que el enfermo sea considerado, si al no intervenir se produce la muerte, como homicida de sí mismo. La respuesta es que en ningún caso el prelado puede mandarlo ni el súbdito, en semejante situación, está obligado a obedecer; por supuesto tampoco será reo de suicidio si muriera a consecuencia del dolor, a pesar de tener la posibilidad de salvaguardar la vida amputando el miembro afectado; y la razón reside en que, de acuerdo con Soto, «ninguno está obligado a conseruar su vida con tan acerbo dolor»[59]. De la misma manera lo explicará Antonio San José, al advertir que la escisión debiera ser posible sin generar gravísimos dolores en el sujeto, aceptado sólo un dolor soportable y tolerable por

[56] *Ibid.*, pp. 169-170.

[57] VEGA, *Suma*, cit., pp. 1220.

[58] GÓMEZ DE AMESCUA, *Tractatus*, cit., p. 170.

[59] VEGA, *Suma*, cit., pp. 1220-1221.

el afectado, siempre efectivamente con el fin de conservar y mantener la vida «quia non est tanto dolore digna salus»[60].

Como vemos, hay continuidad en el tratamiento de la mutilación en la literatura jurídica de los siglos XVI, XVII y XVIII. La mutilación seguirá siendo un pecado mortal intrínsecamente relacionado con el suicidio, con la misma ilicitud, aunque siempre alegando los supuestos en los que la amputación es lícita, dependientes, como dice Fulgencio Cuniliati, de las «necesidades para el servicio a la vida»: como hemos repetido, la necesidad de conservar la mayor parte de la totalidad del cuerpo, la salvación de la vida, escindiendo aquello insalubre, afectado, dolorido y podrido que impide a la persona desenvolverse con normalidad, y servir como de costumbre a su comunidad política. Siguiendo la doctrina clásica de Santo Tomás es lícito, sostiene el autor, y de común opinión, mutilar uno o varios miembros para la salvaguardia de la salud corporal, pero no hay licitud de otro modo[61]. Regresando a Antonio San José, la mutilación debería ser tipificada como un delito de homicidio o suicidio parcial, o bien un hecho íntimamente ligado al homicidio y suicidio, puesto que los preceptos prohíben tajantemente la amputación de los miembros; y así como el hombre no es dueño de su vida, obviamente tampoco lo es de las partes que conforman su cuerpo, sino su guardián y protector, de la misma manera que no puede dañar, porque es un grave pecado salvo justa y urgente causa, ni a la vida corporal ni a los miembros corporales sanos de su prójimo. Sólo es legítimo mutilar los miembros podridos o corrompidos para llevar a cabo la cura de la totalidad del cuerpo[62].

José Marcos Gutiérrez también analiza el delito «que priva al hombre de algún miembro, a saber, de la mutilación que es la cortadura o separacion de alguna parte de su cuerpo», recordando que no existe ley alguna en el *ius proprium* castellano que regule la automutilación de miembros corporales, aunque la ley 13 del título 8 de la séptima *Partida* expresamente prohíba la castración de otro hombre, sea libre o siervo, bajo la misma pena de muerte que rige en el homicidio, pena que se extiende al médico o cirujano que hubiera procedido a la muti-

60 San José, *Compendium salmanticense*, cit., pp. 358-362.
61 Cuniliati, *Universae theologiae moralis*, cit., pp. 335-338.
62 San José, *Compendium salmanticense*, cit., pp. 358-362.

lación, salvo que el propósito de éste hubiera sido la curación o prevención de alguna enfermedad. Y aunque la ley 25 del título 6 de la primera *Partida* excluye recibir en el orden sacerdotal a aquellos clérigos que carecen de alguno de los miembros mayores (por su utilidad o «apostura»: brazo, pierna, pie, mano, ojo, nariz, oreja, labio, dedo de la mano), no extiende sin embargo a la exclusión del orden por la mutilación de los miembros «encubiertos», cuando se pierden por violencia de tercero, caso fortuito o intervención aconsejada de médico por temor a una futura enfermedad. Contra esta regla se excluye de nuevo el orden sacerdotal, en fin, cuando se trató concretamente de una autolesión, que es la única referencia legal que cabe encontrar a la automutilación. Por último, sólo la mutilación de un miembro menor (diente, dedo del pie) no impide la ordenación, salvo si causa «feadumbre» o embargo para tomar la hostia. Así, la equiparación con el homicidio que sirve de punto de partida en la primera de las leyes citadas es suficiente, para Gutiérrez, en orden a someter a dicho régimen punitivo la automutilación (la castración, u otra forma) cuando se distingue por la pretensión o finalidad de darse la muerte; se produce entonces una identificación entre la automutilación y el conato de suicidio, que debe castigarse cual el comportamiento delictivo del homicida que sanciona la ley[63].

Si se tiene en consideración cuanto hemos dicho a propósito de la tentativa de suicidio, se entenderá que la aplicación del régimen punitivo del homicidio, en caso de mutilación, parezca exagerado en la práctica. De hecho, así puede comprobarse en un ejemplo concreto de mutilaciones a recién nacidos que parece se propagó extensamente por la Corona de Castilla, como forma de tratamiento drástico —frente a cualquier otro tipo de cura con vendajes o cirugía— de las partes corporales quebradas durante el parto, por «descuido o ignorancia de las comadres o parteras», de la que hicieron gala ciertos «curanderos bearneses» sin conocimiento médico alguno. Ante esta situación, por circular de 24 de enero de 1783 el Consejo de Castilla ordenó que todo corregidor «recibiese en su distrito justificacion sobre tal abuso, asi respecto a los dichos bearneses, como a otros cualesquiera que sin ser profesores de cirujía ni estar examinados por proto-cirujanos, osasen castrar los niños prestestando hallarse aprobados; y que constando de la certeza publicase bando prohibiendo el abuso». A pesar de la gravedad que se concede

[63] Gutiérrez, *Practica*, cit., pp. 63-65.

a los hechos y de la indefensión máxima de la víctima, lo significativo, además de un control de la actividad médica para evitar falsedades y usurpaciones profesionales, reside en una pena que no es, desde luego, la capital, sino la prisión y destino a las armas por ocho años, cuando se cometiera el delito por primera vez, guardándose silencio sobre la pena aplicable en caso de reiteración o reincidencia[64].

Antonio Diana analiza algunas de las «causas extrínsecas» que pudieren obligar al sujeto a escindir lícitamente alguno de sus miembros, aun cuando se encuentre sano. Son dos los ejemplos que expone defendiendo la legitimidad de aquél que, estando atado de pies o de manos, ante amenaza de muerte se ve obligado a la amputación de un miembro para poder huir, o bien de aquél que, encontrándose violentamente coaccionado, opta por desprenderse de un ojo ante la probabilidad de que, al no hacerlo, le extraigan los dos. Pero ciertamente la legitimidad de estas amputaciones extraordinarias no es defendida por la comunidad de los doctores. Para Diana, la razón general que aboga por la defensa de estos actos está en que el hombre, como guía y gobernador de sus miembros, ha de luchar por mantener su razón y su salud, y todavía con mayor radicalismo ante la inminente amenaza de su pérdida[65]. Alonso Vega sigue una línea parecida a la sostenida por Diana en relación con las causas extrínsecas de mutilación, comentando a Domingo de Soto y Manuel Rodríguez. Así plantea: «uno tiene una mano, o un pie atado con una cadena a una pared, de suerte que no se puede soltar, sino es cortándose la mano, o pie: ve que se quema la pared, o el muro, o que se quema la casa, o que vienen los enemigos sobre el, y que por no poder irse, se ha de morir»; y consecuentemente la pregunta es si cabe lícitamente la mutilación de la mano o del pie atados para poderse liberar, o si se impone moralmente, por el contrario, la quietud. Se responde que la mutilación es permitida y lícita ante supuestos de extremo peligro: no sólo ante la amenaza de muerte por parte de un tercero, sino también ante estas otras situaciones de riesgo que no necesariamente implican a otro sujeto, como el incendio de la casa y otras similares. Hay licitud y «no solamente por la necesidad corporal del todo es licito esto, mas aun por la necesidad que sucede en un caso fortuito», de la misma forma (y no hay mutilación) que sería lícito arrojarse por una ventana aceptando

[64] *Ibid.*

[65] Diana, *Resolutionum*, cit., pp. 188-189.

la posibilidad de que el acto que evita el peligro cause la muerte. Ahora bien, como ocurría con el suicidio, estas razones de licitud no significan que se ignore la regla general según la cual quien se automutila, como quien se quita la vida, peca mortalmente. Otra de las situaciones extremas que Vega trae a colación sería el caso extraordinario en el que el individuo, amenazado de muerte por el tirano, accede a cortarse él mismo la mano si, de no consentir en hacerlo, se le amenaza con la pérdida de la vida. En este ejemplo pueden apreciarse los matices derivados de la relación entre mutilación y automutilación, porque Domingo Soto aprecia ilicitud, dado que lo legítimo hubiera sido que el sujeto extendiese la mano al tirano para su escisión; Navarra y Rodríguez abogan por la licitud de las dos salidas, con una cierta ambigüedad a juicio de Vega[66]. También Gómez de Amescua expone argumentos similares sirviéndose de ejemplos, en los que al fin se produce la muerte del sujeto, como el de aquél que encerrado en una torre muere tras saltar un muro muy alto mientras huía, o el de la mujer que se precipita al río con la intención de proteger su castidad aunque no sepa nadar. En estas situaciones, aunque deriven en la muerte, no hay pecado, pues lo que prevalece, contra el ánimo negativo de la autolesión, es la esperanza de vivir y proteger la vida. De hecho, el mismo autor cuestiona la dureza de las opiniones de algunos juristas al respecto, pues en su opinión estos sujetos que realmente se enfrentan al peligro y que tientan a la suerte sometiéndose a circunstancias extremas ante la crudeza de la situación, no obedecen a una deliberación resultado de detenerse y consultarse a sí mismos en busca de una solución más adecuada y alejada de una inminente muerte, y sin excepción optan precisamente por lo que en ese momento consideran un mal menor o evitar el mayor de los males, por mucho que a la postre el desenlace sea violento y desastroso. Y es que, explica Gómez de Amescua, de la misma manera que se permite escindir un miembro por causa de una enfermedad, también se debe permitir ante la amenaza contra la vida de una fuerza exterior, pues somos la especie privilegiada que por naturaleza lucha por la supervivencia, de donde se deriva la injusticia de una crítica de las actuaciones del ser humano ante tesituras tan difíciles en las que resulta clara la búsqueda no de la muerte, sino de su huida[67].

---

[66] Vega, *Suma*, cit., pp. 1196-1198.

[67] Gómez de Amescua, *Tractatus*, cit., pp. 83-84.

Antonio San José argumenta al respecto que es lícita la mutilación de un miembro si el peligro es inminente por causas naturales: si el individuo tiene las manos o los pies atados a un palo y le ataca una fiera, es su deber tratar de evitarlo, como también si una víbora le mordió la mano, siempre y cuando no haya otro remedio para la salvación de sí mismo. También ante el peligro por la amenaza de muerte del tirano, sería lícita la mutilación de la lengua o de las manos con el fin de salvar la vida, pues el hombre es el guardián y protector de su cuerpo, y para su salvación y conservación integral merecería la pena someterse a la vicisitud de la mutilación. Al igual que es legítimo, ante el peligro de ser consumido por las llamas de un incendio, precipitarse desde una altura, aunque el sujeto se fracture los pies, o ante la posibilidad de la muerte. La duda, para el autor, tiene que ver sin embargo, en otro orden de cosas, con la licitud de que la república extirpe los miembros de sus ciudadanos; si la república no puede matar a un inocente (como si el tirano amenazara con la muerte de todos sus súbditos) no podrá, por razón de un peligro, cortar un miembro sano del que no se deriva nada nocivo, porque la república sólo ostenta la administración política respecto de los ciudadanos, que poseen —cada uno como hombre integral, y no las partes por sí mismas— diversos derechos, entre ellos la administración natural de sus miembros[68].

Ahora bien, en cuanto a esta administración natural de los miembros del cuerpo, un problema, que veíamos apuntado en las *Partidas* a propósito de la capacidad para recibir el sacramento del orden sacerdotal, reside en si el hombre puede provocar la deformidad, viciar el cuerpo, templo del Espíritu Santo, mediante la automutilación. Evidentemente, esta situación obliga a diferenciar entre los miembros ocultos y los externos. Y sin embargo, el criterio moral es general, o por decirlo de otra manera, esta deformidad viciosa impide la licitud de la mutilación incluso del órgano menor, y así, si el sujeto se amputa cualquier miembro, la doctrina defiende su culpabilidad, aun si se tratase de una escisión módica y moderada, como podría ser la extracción por sí mismo de uno de tantos dientes, pues no dejaría de tratarse de un hecho naturalmente anómalo. Si se entiende bien, no parece haber en este criterio sino un planteamiento principal y abstracto de la materia, que parte, como en el suicidio, de la ilicitud, y que después habría que matizar con las situaciones y argumentos que hemos co-

---

68 San José, *Compendium salmanticense*, cit, pp. 358-363.

mentado antes. Precisamente por tratarse de una regla moral general de ilicitud, añaden los doctores en esta cuestión la habitual consideración del automutilado como homicida, presuponiendo su malicia. Su administración maliciosa del cuerpo es sin duda contraria al dominio que sólo Dios tiene sobre el cuerpo del hombre, y que se extiende a los miembros corporales, de modo que tan ilícito es privarse de la vida en su totalidad como disponer de estas partes con su desprendimiento. Hay una contradicción del poder de Dios que, como en el suicidio, sólo cuando existan razones que excluyan esta finalidad, y operen por el contrario a su favor, podrán ser contempladas aparentemente como excepciones[69].

Esta especie de mensurabilidad del cuerpo de cara a la gravedad del acto está en relación, desde el punto de vista de la ilicitud, con la autolesión consistente en el golpe o herida leve, como la que causa aquél que a sí mismo en un momento determinado se abofetea o se golpea, o se tira de la barba y el pelo, actos a veces relacionados con escenarios especiales, como el dolor por el luto. Tales comportamientos, indica Gómez de Amescua, han de ser valorados según el grado de ira y de impaciencia que llevaron al individuo a su comisión; ahora bien, en principio, según la opinión común de los doctores, aunque herirse o matarse a sí mismo esté prohibido, el que uno mismo se abofetee no es considerado un hecho ilícito, y lo mismo sucede con los golpes leves, sin que exista ninguna ley, civil ni canónica, que los castigue, ni que legitime una acción de tercero por hechos similares[70]. Además, la comunidad eclesiástica no aprecia estos actos como pecado mortal; podría decirse que la única pena que consta es la que el sujeto mismo, por su conducta, por su agresión, se aplica, a saber, las deformaciones resultantes en su rostro, por ejemplo[71]. Gómez de Amescua plantea la posibilidad de acusar al autor por un delito de injurias, como sucedería si fueran causadas a terceros: los golpes y puñetazos, como los tirones de cabello y barba constituían típicas injurias reales; pero doctores como Bártolo y Boulenc niegan que esto sea admisible, pues consideran que uno mismo no se injuria hacia sí dañándose mínimamente mediante pequeños golpes y tirones, porque no hay intención de deshonra en ellos. Por otra parte, la propia disci-

[69] Gómez de Amescua, *Tractatus*, cit., pp. 170-171.

[70] *Ibid.*, pp. 83-84.

[71] *Ibid*, pp. 84-85.

plina eclesiástica puede permitir estas leves autoagresiones; es conocida la costumbre de fustigarse, e incluso puede haber sido aconsejada como penitencia, a modo de ese tipo particular de abstinencias que constituyen una especie de honor a mayor gloria de Dios. Lo más importante, en todo caso, es que, como se ha dicho antes, el Derecho pena al que injuria solamente cuando dicha ofensa daña gravemente la honra de la persona, y no es este el caso, explica Gómez de Amescua, cuando se trata de una leve ofensa y lesión, trivial e indiferente, que el consenso jurídico común no ha considerado de naturaleza delictiva[72]. Cuestión distinta sería que esta autoinjuria leve se trasladara, inicialmente sin intención deshonrosa, a la acción de un tercero, frente a la cual el sujeto pasivo, al ser abofeteado o golpeado, en una especie de arrepentimiento, sintiera una deshonra advenida. Ahora, quien padece la injuria leve, porque la había admitido sin deshonra en una especie de pacto tácito previo, como si él mismo se la aplicase o como si objetivamente fuera una corrección merecida, muestra su mala gana de padecimiento. Pero tampoco entonces la injuria tendrá relevancia delictiva, justamente porque forma parte de ese pacto sobre los buenos modales al que responde el derecho de corrección que tiene, por ejemplo, un padre sobre un hijo, y que implica el consentimiento de este sujeto a la patria potestad. Con todo, se sobrentiende que si no prevalece desde el inicio o si este tipo de comportamientos es contrario al pacto sobre los buenos modales, el padre o superior puede castigar este tipo de comportamientos si verdaderamente se siente la disposición de abofetearse. Y si se quiere llevar todavía más allá la situación, a partir de esta autolesión leve trasladada a tercero, fundada en un consentimiento, ¿qué se podrá decir de la situación de un cadáver, sometido a manipulación? Dice Gómez de Amescua que hay licitud en el hecho de que los médicos, tras un fallecimiento, diseccionen el cadáver, así como en la extracción de ciertas vísceras, como el corazón, para conservarlas y examinarlas, porque en ese interés médico reside una causa justa y honesta; no está permitida, por el contrario, la exposición morbosa del cadáver (si por consenso de sus enemigos, se trataría efectivamente de una injuria), ni tampoco se permite que sea efectuada la vana voluntad de legar el corazón a los amigos del difunto[73].

---

[72] *Ibid,*, pp. 96-97.
[73] *Ibid*, pp. 98-99.

— *Intención ocasional de suicidio*

Otra situación afín al suicidio expuesta por Baltasar Gómez de Amescua consiste en el deseo «leve» de muerte, es decir, el deseo de muerte hacia uno mismo limitado a cierta ocasión esporádica. En líneas generales la doctrina opina que no hay por qué castigar esta ocasional pretensión; para explicarlo, Amescua trae a colación la opinión de Bártolo, que ya había excluido, por parvedad de la materia, la naturaleza criminal de esta intención. Hay alguna opinión contraria, no obstante, como la de Gandino, que mantiene el carácter injurioso del acto y la necesidad de su penalización[74]. En el criterio general puede verse una relación de la situación planteada con los irrelevantes actos remotos en el conato de suicidio.

— *Autotortura*

Gómez de Amescua continúa reflexionando acerca de hipótesis relacionadas con situaciones próximas y afines al suicidio, como sería el supuesto en el que el individuo se tortura a sí mismo. Obviamente, a estas alturas del análisis de la doctrina parece evidente que nadie puede ser a la par lícitamente sujeto pasivo y activo del tormento, porque tampoco nadie puede ser obligado a aplicar el tormento sobre sí mismo, pues forma parte de las competencias de la administración de justicia. La potestad de dar tormento reside en el Gobierno del Imperio, y por ello nadie debe tolerar en privado la tortura, y aunque la doctrina no se haya manifestado plenamente con asiduidad sobre este aspecto, se deduce, como de toda detención o acto de fuerza privado, que el que pretenda dar tormento por autoridad propia no oficial debe ser penado, porque incurre en delito sujeto a la jurisdicción pública. El autor plantea determinadas circunstancias específicas en las que la tortura extrajudicial no está permitida o en las que se cuestiona su aplicación; por ejemplo, el esclavo que por hurto es infamado no puede ser torturado por su dueño, aunque en este caso no parece estar en cuestión la disposición sobre el cuerpo tanto como la arrogación de la potestad jurisdiccional. Añade Amescua otras situaciones que implican tormento, prohibidas por los cánones sagrados, como las supues-

---

[74] *Ibid.*, p. 97.

tas torturas purificadoras, similares a las ordalías de época medieval, como el sostenimiento de un hierro candente, o introducir la mano en agua helada o hirviendo[75]. En estos casos, por mucho que exista una orden judicial, existe una participación activa del reo en los actos de ejecución procesal. Sea asimilable a la naturaleza de una prueba o de una pena, lo cierto es que el reo hace efectivo el daño sobre sí mismo, lo que en realidad vuelve a plantear la problemática de la participación del reo en la ejecución de la pena, de la que hablamos en páginas anteriores.

En fin, ¿sería lícito el comportamiento del inquirido e interrogado que por derecho dispone del privilegio de no ser torturado —como sería el caso del noble— que renuncie a este privilegio porque prefiere, por la razón que fuere, someterse a tormento? Amescua cita la opinión de Decio, en el sentido de que dicha renuncia carecería de validez jurídica, como también defiende Otalora en su tratado sobre el estatuto de la nobleza: la condición jurídica, el estatus de noble, no es renunciable, de manera que el noble no puede renunciar a los derechos que configuran tal condición, y así no puede renunciar al privilegio de no recibir tormento, como tampoco al de liberarse del encarcelamiento preventivo durante el desarrollo del procedimiento judicial[76]. El respeto de la condición jurídica privilegiada no es exclusivamente de naturaleza privada, y pesa sobre la administración pública de justicia, porque constituye una de las bases estructurales de la propia sociedad.

— Abuso del ayuno y la abstinencia

Siguiendo con las situaciones afines, cabe destacar otra de las estudiadas por Antonino Diana, que plantea la licitud de abreviar la propia vida por la abstinencia o el ayuno, esto es, en rigor, por su abuso, habida cuenta de que la virtud de toda actividad, incluida aquélla que tiene una proyección espiritual, se encuentra en el ejercicio del arbitrio de la prudencia. Parece lógico que si el hombre, no siendo dueño de su vida, la afectara al extremar la abstinencia o el ayuno,

75 *Ibid.*, pp. 119-121.
76 *Ibid.*, pp. 121-122.

pecaría gravemente, del mismo modo que ocurriría si en vez de en la limitación de una función o necesidad vital, incurriera en el exceso, pecado capital. La medida prudencial debe regir al ser humano a la hora de entender qué puede consumir o no, administrándose a sí mismo, cuando el ayuno y la abstinencia se practican para alcanzar la gloria. Como explica Diana, no es sano ni virtuoso que el cuerpo humano, como obsequio de Dios, sea inmoderadamente afligido con la excusa de Su satisfacción; ya es sabido que la autolesión conduce al pecado mortal, máxime si implica acortar la vida útil. Invirtiendo el planteamiento, y haciendo suyo un argumento de Victoria, no debe convertirse a su vez la ilicitud de autoinfligir un daño mediante la abstinencia en una obligación positiva de observar la conducta contraria para reportar un beneficio, y así es lícito abstenerse del vino aunque el médico aconseje beberlo en la creencia de que alarga la vida, al igual que se permite al paciente cuya salud es ya irrecuperable, prescindir o no comprar los fármacos requeridos para su enfermedad, de la misma manera que tampoco está obligado a cambiar su lugar de residencia aun cuando otras regiones ofrecieran unas condiciones más óptimas para su salud[77].

En realidad, esta última cuestión tiene un fondo complejo si se relaciona más estrechamente con el suicidio. En este sentido Diana se pregunta: si el hombre al que sólo le queda un día de vida se suicida y peca mortalmente, ¿por qué no habría de pecar mortalmente aquél que por extrema penitencia se acortase diez años cuando es más tiempo de vida el que pierde? La respuesta está en que la malicia de la injuria no se encuentra en el segundo de los supuestos, algo que sí ocurre en el primero. Por consiguiente, la clave reside en la intención, y también en el modo de llevar a cabo la muerte, activa o pasiva, y no en el número potencial de días o años que puedan ser restados a una vida humana. Un suicidio, por mucho que tan sólo suprima un día de vida, es un acto violento e impaciente que mueve al sujeto a desprenderse vilmente de su propia vida. Y aquél que estando próximo a la muerte se arranca días mediante la abstinencia no es sin embargo un asesino de sí mismo, sino más bien un administrador y gobernador (si se quiere, restrictivo) de su tiempo, cuya razón tiene que ver, también, con el hecho de que, en el caso de un afán contrario, por mucho que intentara prolongar la vida, nunca lograría la plenitud y robustez pro-

---

77 Diana, *Resolutionum*, cit., pp. 189-190.

pia de la adolescencia y la juventud. A este argumento podría añadirse otro: sólo Dios conoce el tiempo que queda por vivir, lo que desde luego aumenta la responsabilidad en la dejadez hacia la muerte, pero también impide que al decaído se le pueda imputar con seguridad un tiempo de vida restante, en su situación de extrema gravedad. Por lo demás, Dios tiene en cuenta la debilidad o la menor intención de supervivencia en aquél que, ya al borde de la muerte, renuncia a buscar remedios que sólo le procurarían la suma de unos pocos días más de vida. Ahora bien, pese a este argumento, como la cuestión es sutil y pecado no seguir la inclinación natural a la vida, sostiene Diana que se requiere no poner en práctica esta omisión del esfuerzo sin contar con el prudente consejo de confesores y superiores[78]. En esta línea también advierte Juan Machado de Chaves que las penitencias excesivas contra la salud mueven al individuo a cometer pecado mortal, y aconseja llevarlas a cabo con moderación y fin honesto para que prevalezca la gran virtud de la penitencia, en el mejor servicio a Dios[79].

Estos planteamientos están condicionados para Diana, además, por las obligaciones religiosas. Y así se pregunta si la abstinencia de comer carne, en los cartujos, puede considerarse un peligro de muerte. Según las reglas y costumbres de esta orden religiosa, la prohibición del consumo de carne está en vigor incluso ante el peligro de muerte, y la legitimidad de esta regla reside en el bien público y espiritual de la religión. Pero, en definitiva, los criterios prudenciales antes comentados vienen a reaparecer, y así y pese a la restricción derivada del voto, no habría pecado si un cartujo, enfermo o ignorante, rompiera con la abstinencia, aunque por lo general su actitud sea la de mantenerla, por voluntad y no por fuerza, incluso ante extremas situaciones de debilidad[80].

Baltasar Gómez de Amescua dedica un capítulo en su tratado sobre el suicidio a averiguar cuándo la abstinencia y el ayuno, conforme al grado de acortamiento de la vida, se convertiría en pecado[81]. Cuatro son los casos que considera. El primero de ellos, pecaminoso, cuando se cumple la abstinencia por la mera intención de no querer comer, o

---

78 *Ibid.*

79 Machado de Chaves, *Suma moral*, cit., pp. 141-142.

80 Diana, *Resolutionum*, cit., pp. 188-189.

81 Gómez de Amescua, *Tractatus*, cit., pp. 274-283.

por considerar de necesidad menor la comida. El segundo, cuando sin piedad, y con abstinencias y ayunos exagerados o excesivos, la vida se abrevia considerablemente, lo que constituye un pecado mortal aunque no exista la intención de morir, como respalda la opinión de Diego de Covarrubias y Pedro de Navarra. No es considerado pecado el tercer caso, si la abstinencia es indiscreta pero responde al bien y la mejora de la religión. Y el cuarto caso plantea si por el bien de la religión y con un fin virtuoso, el sujeto hace penitencia extremadamente y con importuna o abusiva abstinencia, con el efecto seguido de la disminución de la vida; entonces hay opiniones que oscilan entre la común que lo considera pecado mortal, la que lo considera pecado venial por causa de una recta y firme intención sobre todo si rige una obligación regular o reglamentaria, y aun la inexistencia de pecado puesto que la vida entonces, según Simancas, se reduce sólo en virtud de la penitencia, como manera extraordinaria lícita, según Juan de Lignano, de afligir el cuerpo[82].

Gómez de Amescua trae a colación las palabras de Jerónimo de Laurentis, «Non mediocriter errant, qui bono magno praferuunt mediocre bonum. Nonne rationabilis homo dignitate amittit, qui ieunium charitati, aut vigilius praefert sensus integritati, ut propter abstinentiam immoderatam, psalmorum, vel officiorum decantationnem, aut amentia, aut tristitia notam incurrat [...] Audiant itaque, qui ea, quae necessaria sunt corpori subtraebunt, illud, quod per Prophetan Dominus loquitur, Ego Dominus odio habens rapinam holocaustorum; de raepina vero holocaustum offert, qui sive ciborum nimia egestate, vel somni penuria corpus immoderate affligit»; y un fragmento de la *Carta a los Romanos* (cap. 12), «Exhibeatis corpora vestra hostiam viventem, sanctam, Deo placentem [...] rationabile obsequium vestrum»; para defender que el ayuno del cuerpo es un trabajo de virtud que, efectuado con debida discreción y con refrenada concupiscencia, agrada a Dios. Y añade unas palabras de Pedro Lombardo: «ministrate in fide vestra virtutem, in virtute autem scientiam, in scientia autem abstinentiam»; que encuentran en la fe el fundamento último, a través de la virtud y el conocimiento, de la abstinencia. No obstante, como se mantiene el criterio de la moderación, si la abstinencia es nociva para la salud, el ayuno cederá ante el voto religioso; así los cartujos nunca comen carne, pero si el médico, atendiendo a

---

[82] *Ibid.*, pp. 274-277.

la complexión corporal del religioso y a su estado, considera que puede morir o caer en una grave enfermedad si no lo hace, puede comerla, razonamiento que no impide traer a propósito el juicio médico de Arnaldo de Vilanova, que entiende los hombres pueden vivir sin la carne y los enfermos curar[83].

Por supuesto, la idea objetiva de la mesura no significa que se abandone la consideración de la intencionalidad. En determinadas situaciones es claro que existe una voluntad de querer acortar la vida, una intencionalidad que, como dice Martín de Azpilcueta, no sólo puede ser dolosa, sino también culposa, y en cualquiera de los dos sentidos, responsable: «por abstinencias indiscretas, aun sin intención de abreuiarla, pero aduirtiendo que la abreuiaria, peco». En efecto, el pecado no nace sólo de la intención dolosa de anticipar la muerte propia, sino también de exponerse negligentemente a riesgos de los que cabe entender con toda lógica que puedan derivar en la precipitación de la muerte. Como este juicio implica la puesta en valor no sólo del dolo en el propósito del pecador, sino de lo que jurídicamente se consideraría toda la gama de la «qualitas doli», incluyendo la obligación culposa, finalmente el teólogo se ve en la necesidad de graduar la responsabilidad. Si la clave reside en el pensamiento, la voluntad o la predisposición por dar fin a la vida, ese mismo pensamiento, esa misma intención puede subordinar la vida propia que se sacrifica a ideas o razones superiores que maticen el propósito criminal. Por eso Azpilcueta piensa que cuando el suicida no es consciente de que comete pecado mortal, pero entiende que su sacrificio lo merece precisamente el pecado cometido y cree hacer bien, si el pecado no desaparece al menos puede mitigarse su calificación, hacia el pecado venial, e incluso el pecado venial puede ser relativo cuando el acto realizado, como la abstinencia, alcanza una gravedad que no depende del control de su autor, porque los condicionamientos físicos, o la falta de advertencia sobre su mesura, no le resultan imputables[84]. Es la conciencia del resultado de sus actos (el vínculo entre el dolo y el *actus occisionis*,

---

[83] *Ibid.*, p. 276.

[84] Martín de Azpilcueta, *Manual de confesores y penitentes que clara y brevemente contiene la universal y particular decisión de quasi todas las dudas que en las confessiones suelen ocurrir de los pecados, absoluciones, restituciones, censuras, & irregularidades*, Salamanca, casa de Andrea de Portonariis, 1557, pp. 153-154.

como en el homicidio) la que puede fundar la responsabilidad del sujeto.

Asimismo, Antonio San José se cuestiona hasta qué punto sería lícito abreviar la vida por ayuno, abstinencia, vigilia, penitencia u otro empeño, y afirma que la simple intención de dañar la propia vida es cosa de por sí ilegítima. No obstante, hay ciertos grados de intencionalidad, entre la levedad y la mayor gravedad, de mínima a extrema, recordando siempre que actuar positivamente con la intención de abreviar la vida está en contra del Quinto Mandamiento, convirtiéndose el ser humano en un infiel e imprudente administrador de la vida al aplicar una excesiva disciplina en su propio cuerpo. La prudencia, sin embargo, exclama San José, ¡es propia de muy pocos! Con todo, es lícita una abstinencia digamos «mediana», como ayunos u otras penitencias o maceraciones indirectas de la carne que en cierto sentido abrevian la vida pero que contribuyen a que prepondere el alma y el bien espiritual, aunque suponga una pérdida temporal. Por ejemplo, siguiendo una línea muy similar a la de Diana, sería legítima la abstención de beber vino por motivos de virtud, cuando por afirmación del médico la ingesta moderada de este licor alargaría la vida hasta diez años; tampoco sería imprudente afligirse con una penitencia, aunque hasta doce años se perdieran de vida. Lo que San José trata de regular es la penitencia de toda voluntad, activa, ya que la abstinencia, vigilia, ayuno u otros sacrificios religiosos no sólo se deben observar y llevar a cabo, sino que no se pueden omitir por temor a acortar la vida, pues la religión, explica, no quiere «hermanos vivientes» de día, sino hermanos «bien vivientes» también espiritualmente. Por lo tanto no deben ser omitidas las abstinencias y ayunos de toda forma que la Iglesia ordena: ni por temor, infundado en parte por el diablo, ni por amor propio, ni bajo pretexto del médico ignorante que recomienda a sus pacientes no abstenerse de la carne o ayunar; y es que este tipo de situaciones hacen errar al hombre, desviándose además de los preceptos de la Iglesia, lo que constituye grave pecado, al igual que comete gran injuria aquél que pierde su salud comiendo demasiado o entrometiéndose y cayendo en vicios y peleas. Por ello, sentencia que en absoluto es pecado la abstención de la carne y el ayuno que temporalmente estipula la Iglesia[85].

---

[85] San José, *Compendium salmanticense*, cit., pp. 358-362.

La referencia de San José al error como un impulso a la equivocada inobservancia de los preceptos de la Iglesia, implica la valoración de un vicio de la voluntad como causa de incapacidad que limita la responsabilidad, que se encuentra también en Marco Antonio Sabelli cuando se ocupa de la ignorancia invencible presente en la exposición de la propia vida a diversos peligros con la intención de ejemplaridad o motivos como el honor, o la defensa de los amigos, que pueden presentarse como conductas activas, pero también como la no evitación del riesgo cuando se pudo evitar, y todo ello tanto referido a la situación más intensa del suicidio, cuanto a las formas afines que venimos estudiando, de la mutilación y ahora de las vigilias y abstinencias que puedan abreviar la vida[86]. Son las mismas situaciones en las que Azpilcueta aceptaba la gradación de la responsabilidad según la intención del sujeto en el acto que lo afecta, ante los matices complejos a que pueden dar lugar hábitos o formas de curación que protegen o ponen en peligro la propia vida, y donde apuntan factores objetivos que sirven de referencia, como la existencia de una previa prescripción médica (que para San José no se libraba de ser causa de error). En cuanto al singular deseo de no haber nacido, como motivación de la abstinencia extrema, la automutilación o el suicidio, parece una doble posición antinatural del sujeto contra la voluntad de Dios, en la que la perturbación mental sería escasa atenuante o defensa, por su injuria no sólo en la usurpación del final de la vida, sino también contra su principio u origen[87].

— *Abuso de la caridad y martirio*

Otras son las hipótesis analizadas por la doctrina e íntimamente ligadas a situaciones extremas o de máximo riesgo que no sólo afectan a la vida de la propia persona, sino que igualmente afectan al prójimo e incluso a una concreta colectividad. Una de ellas consiste en la dispensa de alimentos por parte de aquél que se encuentra en una situación de extrema necesidad. Pedro de Aragón dice que es lícito dar pan a otro con riesgo manifiesto de la propia vida, porque en este gesto no existe un acto intencionado de causar la muerte propia, aunque se

86 Sabelli, *Summa diversorum tractatuum*, cit., p. 287.

87 Azpilcueta, *Manual de confesores*, cit., pp. 153-154.

asuma el posible padecimiento de la muerte en gloria de la virtud[88]. De modo que el dolo, el propósito doloso o la intención criminal homicida sigue siendo relevante en el suicidio, porque si el acto manifiesta una intención dirigida a la observancia de una conducta virtuosa, el hecho de que un resultado accidental concatenado sea la propia muerte no obsta a la licitud originaria del comportamiento. El dolo respecto del *actus occisionis* no existe, y de ahí la legitimidad del acto que al fin da causa a la muerte, porque incluso en el homicidio *causam dans* el propósito doloso ha de constatarse como presente.

Gómez de Amescua trae a la luz un ejemplo similar, más dificultoso o problemático, como el extraordinario supuesto en el que ante la extrema necesidad, y contando únicamente con una pieza de pan, el sujeto accede a darlo a quien se encuentra a punto de perecer. Amescua se pregunta por la utilidad de esta dádiva cuando la muerte es inminente, porque cabe poner en duda que contribuya a salvar o prolongar la vida del tercero, y en este sentido concentra la eventual causa justa y la responsabilidad en el donante. No existe una solución concluyente, dice Amescua. Pero Jacobo de Simancas, como relata Amescua, entiende que el acto está permitido, aunque interpreta la situación no tanto en relación con la supuesta supervivencia del prójimo, como en referencia al bien de la virtud que se antepone aun a riesgo de la propia vida, y en este sentido recuerda las palabras de Santo Tomás: «Nisi forte talis casus immineret, ubi subtrahendo sibi, daret alicui magna persona, per quam Ecclesia, vel respublica sustentaretur, quia pro talis persona liberatione, se ipsum & suos laudabiliter periculo mortis exponeret, cum bonum commune sit proprio praferendum»[89].

De la misma forma pueden analizarse otros casos que apunta Jacobo de Simancas, como la visita a las personas enfermas de peste, la muerte en la guerra justa o el acto legítimo de defensa frente a un ataque que conduce finalmente a la muerte. En estos supuestos el propósito no es criminalmente doloso, y cuando lo pueda ser —como en la guerra justa o en la defensa propia— existen causas justificadoras del homicidio *ex potestate legis* que pueden incluir perfectamente el supuesto suicidio directo o indirecto, siempre que estos criterios obje-

---

88 Aragón, *De iustitia et iure*, cit., p. 358.

89 Gómez de Amescua, *Tractatus*, cit., p. 277.

tivos sean previos y fundamentadores de la conducta y no circunstancias buscadas de antemano para dar ocasión a un propósito estrictamente suicida. Desde este punto de vista podría entenderse que la licitud de las acciones aquí consideradas tiene que ver con el hecho de que en ellas la muerte no sea una finalidad objetiva principal, sino un peligro o riesgo relacionado con un acto lícito o aun virtuoso; y además esta calificación de licitud o virtud del acto, donde el dolo no existe, funciona como una causa justa (el servicio al rey o el servicio a la comunidad, por lo tanto una finalidad inversa a la injuria derivada del suicidio) que impide la interpretación del comportamiento como una prosecución voluntaria de la muerte[90]. Así, Diana recuerda que, en efecto, no está permitido el suicidio directo pero ante justas causas sí es lícito actuar de una forma determinada de la que ciertamente se colija la muerte segura; y ello, asevera, puede explicarse con muchos casos, por ejemplo, cuando el militar por el bien y la seguridad de su colectivo desiste en defenderse ante el peligro inminente aunque prácticamente se vea abocado a una muerte irremediable; tampoco el reo encarcelado que espera su condena de muerte está obligado a huir de prisión, pese a la existencia de alguna posibilidad, así como muchos mártires se mostraron dispuestos al padecimiento de penas injustas, y de hecho aun el malhechor puede con celo de justicia y ejemplo público mostrarse valiente y dispuesto a recibir su castigo; cabe que el condenado a morir de hambre se abstenga a escondidas de comer; es lícito exponerse armado ante una peligrosa situación si la finalidad es salvar la vida del príncipe o de los propios amigos; y lo es también servir a los enfermos infectados de peste a sabiendas de la posibilidad de contagio, entre otras situaciones similares. Pero una vez más la doctrina preserva la ilicitud de los supuestos que entiende equivalentes al suicidio voluntario, como es la situación de aquél que pudiendo escapar del peligro de muerte, por el contrario no lo hace. Y es que, como recuerda Diana, el suicidio es el límite, que de ningún modo está permitido, como no lo está su inducción, ni el auxilio siquiera a los que justamente son condenados a muerte[91] .

Nos hemos referido en el párrafo anterior a la figura del mártir, que Diana trae a colación subrayando su comportamiento omisivo (otra cosa es que algún obstáculo dificulte su encarcelamiento) frente

---

[90] SIMANCAS, *De catholicis institutionibus*, cit., f. 79 r.

[91] DIANA, *Resolutionum*, cit., pp. 187-188.

a la fuga de la cárcel, motivado por el bien de la fe y la religión. La regla general consiste en entender que nadie debe dar a otro ocasión de martirio; consiguientemente, el que actúa de forma ilícita es el que provoca la vía martirial, y no el que la padece; por su parte, el padecimiento o la no-huida del mártir queda justificada por los Evangelios (*Mateo*, 5:11-12), pues «Beati estis cum maledixerint vobis, et persecuti vos fuerint, et dixerint omne malum adversum vos mentientes, propter me: gaudete, et exsultate, quoniam merces vestra copiosa est in caelis. Sic enim persecuti sunt prophetas, qui fuerunt ante vos». En consecuencia, si un mártir no huye pudiendo huir, no se entiende que se incline a la muerte directa —como sucedería en otros supuestos semejantes en los que el protagonista no es considerado un mártir— sino que cumple con una pública confesión de la fe católica, que constituye su deber. El mártir no pude ser acusado de buscar su muerte o, en otras palabras, no puede ser comparado con un suicida, puesto que, a diferencia de éste, ha sido injustamente condenado por quien provocó su vía martirial, y lo castigó ilegítimamente con la muerte. El mártir, a pesar de la injusticia que se comete sobre él, tan sólo aguarda la imposición de su pena, pena que a su vez soporta con absoluta dignidad, dando ejemplo y testimonio de fe[92], muy al contrario que el suicida, impaciente y desesperado, con una muerte cobarde e indigna que demuestra un profundo odio y desinterés hacia Dios. Esta distinta finalidad sustantiva del martirio, que responde también a un espíritu de comunión y no de alejamiento con Dios, explica que, como dice Gómez de Amescua, el mártir pueda negarse a que el tirano le cure las heridas, por la gloria de Dios, al igual que cabe su cooperación (subiendo al cadalso, ajustando la soga al cuello, ofreciendo la garganta al degüello) en el rito de ejecución de la pena. Esta convalidación o sanación del acto martirial, aparentemente próximo al suicidio pero en rigor contrario en su esencia, intención y finalidad, permite comprender aun el exceso, como en el ejemplo de San Eusebio de Samósata, que ofreció sus dos manos cuando el emperador Constancio II quiso amputarle la derecha[93].

La finalidad lícita del acto que puede convalidar el peligro en el que se pone la propia vida implica una aminoración o desaparición del dolo en cuanto al fin de la muerte considerado propio de aquel

---

92 *Ibid.*

93 Gómez de Amescua, *Tractatus*, cit., pp. 78-79.

peligro, y se distancia del suicidio. Jurídicamente, puede desarrollarse en términos más técnicos. Así, Pedro de Aragón pone en relación todas estas situaciones con una de las maneras de suicidio. Si hay una manera directa de suicidio, «propriis manibus», como un acto que sigue al pensamiento doloso que consiste en la expresión de la voluntad de matarse, la segunda manera es la forma indirecta o «per accidens», cuando el hombre, obligado a conservar y proteger su propia vida, opta por no hacerlo. Pues bien, es esta manera accidental del suicidio la que tiene el peligro de confundirse con situaciones afines pero que acaso no pueden ser consideradas cabalmente como un suicidio. Y existe este peligro porque lo que está en tela de juicio es hasta qué punto incurre en riesgo de muerte no sólo quien se sitúa «causam dans», sino también quien por falta de diligencia, de manera culposa, termina por quedar sometido a ese trance. Aragón significativamente entiende la comisión indirecta como accidental, relacionando la dación de causa con la obligación criminal culposa o con la obligación casual por acto ilícito. La ambigüedad puede acentuarse porque se pone en cuestión, por una parte, en relación con la culpa, hasta qué punto llega la diligencia exigible en un sujeto como para entender que puso o no en riesgo su vida de una forma no casual; si se entra en el examen del caso fortuito, se valora, como en el homicidio, la eventual ilicitud del acto en el que aquél acaeció. Las situaciones afines al suicidio se mueven así en un ámbito de preterintencionalidad[94], dependientes de la licitud o ilicitud del acto en el que la culpa y el caso se manifiestan, licitud o ilicitud de la que depende la exención o asunción de la obligación criminal[95].

Esta explicación técnico-jurídica subyace en planteamientos más generales sobre la moralidad de los actos, que también dan lugar a una precisión de conceptos técnicos, como en la exposición de Gómez de Amescua. Es necesario, dice, aquello sin lo cual no puede haber vida, y en este sentido es necesaria la defensa de las autoridades públicas, pero no existe obligación de poner en riesgo la propia vida por el rey, la república o la salud espiritual común cuando la muerte es cierta e inminente. Así pues, habría que distinguir entre la licitud del acto y la obligación: la voluntad individual puede asumir el peligro o riesgo

---

[94] *Vid.* sobre este problema técnico, Álvarez Cora, «La doctrina del homicidio», cit., pp. 265-266, 269-273.

[95] Aragón, *De iustitia et iure*, cit., p. 358.

por el bien de la virtud, en defensa por ejemplo del rey o del papa si la muerte los acecha, pero en realidad no existe obligación si se deriva con certeza la propia muerte. Y no es necesario plantear el problema en relación con las personas públicas. Otro ejemplo de Amescua consiste en la tenencia de una sola tabla ante una extrema situación de naufragio en el mar: ¿debería el individuo cedérsela al prójimo? Contesta que no existe al respecto una conclusión congruente. Esto es tanto como decir que puede asumir el riesgo, pero que no hay obligación. Pedro de Navarra entiende que la finalidad es buena y que el acto (lícito) no debe considerarse un suicidio; pero no existe una razón definitiva: cuando se da causa a la muerte porque el sujeto no ha utilizado la mitad de la tabla para salvar su vida interviene una negligencia que invita a la reprobación. Gómez de Amescua concluye que hay que atender al lugar, el tiempo o cualidades de la persona, entre otras circunstancias: las habituales *qualitates delicti*, en términos criminales, que permiten deducir la intencionalidad en la gama de la *qualitas doli*. La dificultad de la interpretación es muy alta. Aunque ciertamente supone una negligencia dar el pan de la propia supervivencia al moribundo, o ceder la tabla en alta mar a quien se ve a punto de ahogarse en el abismo, pues debería prevalecer la salvación de la propia vida, por otra parte cuando se da el pan o se deja la tabla, aunque el peligro de muerte sea inmediato, lo es para ambos, para quien da y quien recibe, y en verdad se puede entender que el acto responde a que interiormente se alberga una mínima esperanza por la salvación de la vida del prójimo, de ahí el afán por protegerle dándole o cediéndole aquello de lo que se dispone, esperando auxiliarle del peligro, convencimiento en el que reside la justicia y la virtud del acto; por eso cuando la persona es pública, y el bien común, puede llegarse a considerarse la exposición de la propia vida, a sabiendas, para su salvación, no sólo un acto lícito, sino aun de obligado cumplimiento[96].

Juan Machado de Chaves se ocupa de estas mismas situaciones afines al suicidio en las que el sujeto, ante circunstancias extremas y movido por el amor al prójimo, pone en riesgo su vida: la tabla en el naufragio, o el último alimento, como ejemplos clásicos. Para el autor, «esto no es matarse, sino ceder de su derecho»[97] —a conservar la vida—; una opinión poco refinada, que deja sin explicar cómo puede

---

[96] Gómez de Amescua, *Tractatus*, cit., p. 42.

[97] Machado de Chaves, *Suma moral*, cit., pp. 141-142.

renunciarse a un derecho que el hombre no tiene al carecer de dominio sobre su propia vida. Más preciso es Daniele Concina cuando admite estas conductas de salvación del prójimo sólo si se encuentran motivadas en la virtud, y con un carácter de excepcionalidad, a lo que puede sumarse una mayor razón si se añade una causa justa como la mayor utilidad para la república (por su fortaleza, función o valentía, por ejemplo) de la persona a la que se pone a salvo[98]. Antonio San José, que insiste también en la virtud de la conducta como razón convalidadora de la posible ilicitud del acto, relaciona estas situaciones con aquéllas a las que se enfrentan los mártires: el mártir, a sabiendas del peligro que corre, se dispone al riesgo de muerte a manos del enemigo infiel por la causa de la defensa de la única y verdadera fe, venciendo así la obligación de conservación de la vida que pesa sobre todo ser humano como un don precioso y extraordinario, de origen divino pero a su vez reglado por la justa moral de la patria, y el estatus y las facultades de la persona. Así, ante una amenaza que tiene una causa natural, como si el sujeto se encuentra acorralado por las bestias, un incendio o el desbordamiento de un río, se impone la obligación de huir y poner todos los medios ordinarios posibles para la conservación de la vida, pues exponerse al peligro de muerte ante tales situaciones naturales no implica ninguna causa virtuosa. Por el contrario, hacer frente y usar la fuerza contra el enemigo invasor, aunque implique la muerte, manifiesta una causa virtuosa que legitima el acto[99].

— *Muerte por desidia*

Puede suceder, sin embargo, que la omisión de actos requeridos para la salvación de la propia vida no tenga que ver con el ejercicio de una acción virtuosa que procure la salvación de un tercero, y que por lo tanto sólo se plantee la responsabilidad respecto de la preservación o no de la propia vida.

Gómez de Amescua se pregunta concretamente si comete pecado mortal el condenado que se dispone a perecer, que se deja morir, ne-

---

[98] Concina, *Theologia*, cit., p. 244.

[99] San José, *Compendium salmanticense*, cit., pp. 358-362.

gándose a recibir alimentos. La situación, en principio, parece muy próxima al suicidio por miedo de la pena, aunque es precisamente la omisión, frente a la acción directa o indirecta característica del suicidio, la que puede poner en tela de juicio la conexión de la acción pasiva con aquél. Distingue Gómez de Amescua dos situaciones. La primera de ellas, cuando el sujeto se niega a recibir alimento al considerar que ha sido injustamente condenado; en este caso, la doctrina jurídica considera que su negativa a recibir alimento en realidad no responde a un fin justo; además, con la actitud mostrada, a modo de reivindicación y protesta por la injusticia padecida, desde luego no se da buen ejemplo a la república. El segundo de los casos, más controvertido para la literatura jurídica, sería el de aquél que es justamente condenado, y se niega a comer. La doctrina de Santo Tomás enseña que hay suicidio si no se ingiere comida, por lo que bajo ningún concepto debería permitírsele tal conducta a un reo; la comunidad de los doctores, sin embargo, está dividida, de suerte que una interpretación excluye que formalmente pueda hablarse de un suicidio, antes bien acaso de una reducción de la vida, vida que por otro lado no tiene por qué prolongarse si es recortada por la condena justa, mientras otra interpretación sostiene que la sentencia no prohíbe comer al reo, de suerte que la condena no puede considerarse contraria ni siquiera matizadora de la obligación que pesa sobre el reo de proteger su vida. Además, Gómez de Amescua recuerda que los actos negativos, como lo es no comer, están prohibidos: por ejemplo, no fugarse de la cárcel, pudiendo hacerlo; en consecuencia, no pueden traducirse en actos positivos de suicidio, y si es así se hace viable respetar la negativa del reo a comer alimentos. Por supuesto, esto no significa que no pueda, en buena lógica, mantenerse una opinión contraria basada en el hecho de que la no fuga de la cárcel implica una sumisión a la muerte futura, equiparable a la que significa el abandono de la vida mediante el ayuno extremo. Y entre uno y otro criterio, pueden encontrarse también situaciones especiales como la lícita negativa a comer «idolotitos» (carnes de animales sacrificados en actos de culto, como las porcinas), excluyendo el suicidio incluso hasta el extremo de entender que, ante la imposición del tirano, la negativa a comer el alimento prohibido debe mantenerse de forma combativa: entonces es evidente que está volviendo a funcionar la causa virtuosa legitimadora que veíamos cómo resultaba clave en el auxilio a terceros, pues se trata ahora de defender la religión prefiriendo aun el resultado derivado de la muerte a contribuir a favor del pecado de la idolatría[100].

Cuando Próspero Farinacio se ocupa del problema de la negativa a comer o beber del sujeto que muere por efecto de esta omisión, constata la frecuencia del caso en prisioneros que, o bien por desesperación en general o bien por conciencia de crimen o miedo de la pena en particular, deciden privarse de la vida no de una forma directa e inmediata, sino indirecta o mediata, quizá en un esfuerzo por llamar la atención de las autoridades, quizá por falta de atrevimiento. Y en este sentido, ante la ausencia de un acto directo como podría ser el suicidio con un arma cortante o por sus propias manos, hay una duda que no evita taxativamente la inculpación por homicidio, si se tiene en cuenta precisamente que también un homicidio puede ser causado por omisión. Cabe pensar que la razón que lleva a equiparar la abstinencia voluntaria de alimento con el homicidio —y en consecuencia la equiparación de la pena— se fundamenta en la deliberación del acto en sí, en el propósito doloso, que da lugar al abandono de la ingesta de alimento con una clara intención, como es darse la muerte. En este orden matizable de ideas, Farinacio distingue tres supuestos. El primero de ellos, cuando el reo se abstiene por conciencia de un crimen previamente cometido, del que ha sido acusado y aun probado. El segundo, cuando se sobreponen otras razones que no obedecen a la conciencia del crimen, sino que muy al contrario niegan la culpabilidad, cuando el reo se considera injustamente prisionero o juzgado por un crimen que no cometió, y se comporta a modo de queja, para llamar la atención de las autoridades, e implícitamente suscitarles la duda sobre su inocencia o cuestionar su decisión. Y el tercero de los casos, cuando la insania, el furor o la locura se apoderan del sujeto. El primero de los supuestos, sostiene el autor, debe ser castigado con la pena capital, resaltando su fin ejemplarizante, quedando, pues, a la misma altura que un suicidio directo también en prisión y en definitiva equiparado con un homicidio evidentemente doloso, deliberado. En el segundo, cuando son otros los motivos que conducen a la abstinencia y no la conciencia de crimen, aboga Farinacio por la imposición de una pena extraordinaria mitigada, decidida por el arbitrio judicial. Ya por último, en el tercero de los supuestos y ante los factores psíquicos que se apoderan involuntariamente de la mente del sujeto, tales como

---

100 Gómez de Amescua, *Tractatus*, cit., pp. 278-280.

la demencia o la locura que provocan la enajenación mental, defiende la no imposición de pena alguna[101].

Gómez de Amescua equipara la muerte propia programada a largo plazo con cualquier otro tipo de suicidio: el hecho de que se lleve a cabo cualquier acción cuyo fin sea conseguir la propia muerte, de una forma directa o indirecta, y con un transcurso mayor o menor de tiempo, para alcanzar el objetivo con rapidez o lentitud, no influye en la evidente intencionalidad que respecto del crimen queda constatada, de manera que la deliberación da lugar a la ilicitud, y el comportamiento pasivo —de espera de la muerte— se juzga tan delictivo como la exposición arbitraria ante situaciones violentas o arriesgadas con el mismo fin de procurar el encuentro con la muerte.

Para concluir su reflexión, Gómez de Amescua advierte de que la obligación de tomar alimentos para conservar la vida no se extiende a aquéllos que puedan considerarse selectos y delicados, sino que se reduce suficientemente a los alimentos comunes y de producción natural; no hay una obligación que incluya exigencias extraordinarias en el sujeto, de la misma forma que Pedro de Aragón excusaba al enfermo con riesgo de muerte de trasladarse a una provincia más saludable, para preservar un tiempo de vida. De la misma manera no parece, conforme a la doctrina jurídica, que un sujeto, por ejemplo, tenga por qué estar obligado a la adquisición de medicinas caras, onerosas para sus posibilidades económicas, cuando está enfermo, Ahora bien, estas situaciones siempre han de ser valoradas atendiendo a la necesidad de la medicación en orden a la salvación de la vida o, dicho de otra forma, considerando en qué medida el agravamiento de la enfermedad depende del suministro de fármacos. Por supuesto, lo que sí está excluido es que el sujeto se preste a recibir o tomar sin causa un alimento nocivo, que precipite la enfermedad o la muerte: esta conducta es con evidencia pecaminosa y responsable, como lo sería la renuncia a recibir los alimentos contemplados en el testamento[102].

La comparación con la ingesta voluntaria de alimentos o fármacos nocivos, provocadores de la interrupción aun de la vida breve, respecto de la cual no hay vacilación en considerarla pecado mortal, explica, en función del factor de la intencionalidad, que los supuestos anterior-

---

[101] Farinacio, *Praxis*, cit., pp. 317-322.

[102] Gómez de Amescua, *Tractatus*, cit., pp. 274-283.

mente comentados, por mucho que deriven en muerte, no se consideren ni siquiera suicidios culposos o ilícitamente accidentales. En efecto, es la intención, una vez más, la que puede caracterizar con su dolo el acto criminal del suicidio, y sólo la intención. Cuando la intención del sujeto no es la muerte, no hay suicidio: la no adopción de medidas certeras para la prolongación de la vida, así como todavía la falta general de intención, o la desidia en cuanto a la prolongación de la vida, no es lo que genera la responsabilidad del suicida; lo que genera esta responsabilidad criminal es el concreto propósito de acelerar o no impedir la muerte. Esto no quita, por supuesto, que si la prescripción médica (o aun extraordinariamente la revelación divina, factor también presente en la teoría del homicidio) resulta ser la motivación de este acto que causa la muerte, la valoración de la *qualitas doli* tenga que matizarse[103]. Y esto es precisamente lo que hace Gómez de Amescua cuando en su obra amplía, analiza y contrasta determinadas situaciones afines, cada una con sus particularidades, valorando, efectivamente, la intencionalidad o la ignorancia manifiestas en ciertos comportamientos humanos. De hecho, el autor dedica un capítulo a examinar hasta qué punto el enfermo obra erradamente, por ejemplo al no tomar las medicinas recetadas por el doctor, o comiendo algo que puede ser nocivo. Parece que hay una opinión general favorable a la consideración de que respecto del médico, entendido como perito en su arte, no hay obligación de respeto como la que existiría en relación con el consejo del prelado; el sujeto yerra dolosamente cuando perjudica su salud deliberadamente, pero no cuando decide desobedecer al médico, y en consecuencia no peca por esta razón. Por otra parte, sería un pecado venial proceder arbitrariamente a la toma de algún producto levemente nocivo para el cuerpo, si el enfermo lo hace por una esporádica aflicción, como el estado febril. Desde luego, el que doliente o sano come o bebe cualquier sustancia con intención de perjudicar a sí mismo su salud, peca mortalmente; asimismo, el que come o bebe alguna sustancia mortal o notablemente nociva, a sabiendas o debiéndolo saber, aunque sea por intemperancia o apetito, máxime si el médico se lo prohibió, añadiéndose que si dicha sustancia no se cree letal, sino menos perjudicial, el individuo pecará venialmente, siempre salvo propósito doloso, que reactiva el pecado mortal. Así, si el enfermo no quiere curarse y rechaza la ayuda humana sometiéndo-

---

103 Aragón, *De iustitia et iure*, cit., p. 361.

se exclusivamente a la divina providencia, peca mortalmente; aunque resulta interesante que se presuma que las condiciones psíquicas del enfermo no son las adecuadas (una cierta insania o demencia) cuando se niega a obedecer al médico y no toma las medicinas requeridas para su cura, una presunción que no rige por defecto y que ha de ser probada, para excluir que su estado sea debido a otros motivos, entre ellos los efectos secundarios de los fármacos (náuseas, por ejemplo), la tristeza o la amargura, variables y graves dificultades, el temor al daño de otras partes corporales, o en definitiva cualquier otra causa que diste mucho de la asimilación con la enfermedad mental. Subyace siempre, como puede verse, el criterio de la moderación de juicio; por eso se critica como injusta la ley griega de Zaleuco de Locros que se limitaba a permitir al enfermo beber vino inmoderadamente salvo prohibición médica[104].

Desde luego, los casos imaginables son innumerables. Antonio San José se ocupará del caso concreto de la curación de la mujer honesta después del parto. El pudor y la vergüenza no es contemplado como una razón que impida de alguna manera la cura (a estos efectos queda prevista la intervención de comadronas, como expertas en este arte médico concreto), pero tampoco puede exigirse la admisión de la cura cuando los dolores son extremos y gravísimos, aunque a su vez no hay que negar la licitud, aunque el dolor sea extremo, de la manifestación de la fuerza y el afán por sobrevivir. Tampoco está obligado cualquier sujeto a consumir alimentos cuando el dolor y la angustia es máximo, porque no pretende entonces privarse de la vida, sino en todo caso no prolongarla. Una vez más, si la virtud como finalidad ratifica la falta de intención contra la vida, puede llegar a admitirse la legitimidad de dejarse morir por la castidad o la virginidad[105].

— *Suicidio impropio o con causa lícita*

La sutileza de todas estas argumentaciones en un campo de afinidad al suicidio permite ahora plantear, una vez examinadas situaciones de pasividad en cuanto a la protección de la propia vida que re-

[104] Gómez de Amescua, *Tractatus*, cit., pp. 284-288.

[105] San José, *Compendium salmanticense*, cit., pp. 358-362.

dundan o no en la salvación de un tercero, si en esta misma posibilidad de finalidades lícitas cabe situar la comisión —no la omisión— de actos que remiten al riesgo de la propia muerte.

Francisco Guijarro percibe perfectamente que el riesgo de la propia muerte se relaciona con el suicidio, y que si esta relación es cuestionable tiene que deberse también a que puede entenderse el suicidio en su tipología de suicidio directo o suicidio indirecto, tan central en los autores del siglo XVIII. Como siempre en el momento en el que la calificación de un acto como suicidio es viable, se señala, con la autoridad de San Agustín, la ilicitud del suicidio en cuanto acto contrario al Derecho divino, natural y positivo: un acto, pecado mortal, contra Dios, a quien pertenece el dominio sobre la vida y la muerte, contra la caridad y contra la república. Ahora bien, en determinadas circunstancias, como por un sobrenatural impulso del Espíritu Santo, el acto de arriesgar la vida, que por su impulso parece asimilarse al suicidio directo, puede ser lícito, como en el caso de Sansón, o el de las vírgenes que ante el peligro de perder su pureza se precipitaron a las llamas[106]. Se trata sin duda de situaciones extraordinarias. También Antonio San José se pregunta si por disposición o mandato de Dios estaría permitido el suicidio directo, porque si Dios es el dueño de todas las vidas, tendría coherencia la licitud del acto humano, cuando obedece a Su inspiración o mandato cierto y verídico, como en el citado caso de Sansón, que además no sólo se arrojó a la muerte, sino que la causó a los filisteos con la destrucción del templo, o el de Santa Apolonia, cuando se lanzó a la hoguera para salvaguardar su castidad[107]. Hay aquí una razón sobrenatural, también admitida en la doctrina sobre el homicidio como causa de exclusión de la responsabilidad, y que, como en el homicidio mismo queda recluida en su excepcionalidad, como si rigiera una legitimación por potestad de la ley, esta vez no humana sino directamente divina[108].

Con todo, no hay que confundir estas situaciones de razón sobrenatural, como justificadoras de un suicidio directo, con otras en las que la finalidad perseguida es justa, porque se correría el riesgo de

[106] Francisco GUIJARRO, *Bueno uso sobre teología moral según la doctrina y espíritu de la Iglesia*, Valencia, Oficina de D. Benito Monfort, 1793., pp. 359-361.

[107] SAN JOSÉ, *Compendium salmanticense*, cit., pp. 358-362.

[108] *Vid.* ÁLVAREZ CORA, «La doctrina del homicidio», cit., pp. 259-260.

contradecir toda la teoría católica del suicidio. Así, no es lícito prender fuego a la propia nave para evitar que el enemigo se haga más fuerte y poderoso, pues, efectivamente, la voluntariedad, esto es, la intención de darse muerte antes que ser vencido o caer en manos hostiles, convertiría este acto en un suicidio directo, intrínsecamente malo, pecaminoso y criminal, que se sobrepone a cualquier finalidad hipotéticamente bondadosa. Pero lo cierto es que puede haber una finalidad bondadosa, al servicio de la cual está la intención evidente de causar la propia muerte.

La opinión de San José es similar al preguntarse si se podría permitir el incendio de la nave por los militares o marineros en campaña de guerra cuando se prevé caer en manos del enemigo, y la propia muerte. Regularmente, explica, no está permitido, puesto que se trata de un acto con influencia positiva en la propia muerte, pero acepta que puede haber casos lícitos extraordinarios justificados por la protección del bien común[109]. Sabelli explica al respecto que hay diversidad de opiniones, porque pueden darse supuestos un tanto ambiguos o quizá susceptibles de lecturas diferentes; por ejemplo, en el reiterado caso de los militares navegantes que, ante la proximidad del navío enemigo, totalmente decidido al ataque, deciden por consenso abrir fuego y precipitarse al mar antes de ser capturador por sus hostiles opositores. Merece la pena referirse a este mismo ejemplo, en diversos autores, porque si se atiende al detalle se nota que el relato difiere en alguna perspectiva; de hecho, hay autores que simplemente consideran que los marinos se precipitan hacia su propia muerte, mientras que otros sostienen que, muy al contrario, lo que intentan es huir de ella[110].

Lo interesante es notar la diferencia de estos supuestos con otros suicidios directos en los que no hay causa, razón o finalidad lícita que intervenga. No se pueden confundir con el supuesto del reo condenado a muerte que ingiere un veneno o se arrojara por sí solo a la hoguera. Se recordará que el juez dicta la condena de muerte, pero no puede condenar al malhechor a suicidarse, porque no es el verdadero señor de la vida; ni el reo arrogarse ese dominio, que sólo es de Dios. Gómez de Amescua recuerda la inmoralidad, desde el punto de vista

---

109 San José, *Compendium salmanticense*, cit., pp. 358-362.

110 Sabelli, *Summa diversorum*, cit., p. 288.

cristiano, de la opción que concedían los antiguos al reo de ingerir un veneno para ejecutar su muerte, y también trae a colación alguna forma raramente vista de ejecución de la pena capital, como el corte de las venas, para exigir, contra la autoejecución, la intervención de un verdugo experto; en cuanto a la colaboración del reo con la justicia, mediante actos de participación o cooperación necesarios para la efectiva ejecución de la pena, ya fue comentada en su momento[111].

También son diferentes los supuestos planteados en este apartado, de la negativa a recibir remedios extraordinarios para la curación de una enfermedad grave. Ahora bien, hay una mayor proximidad respecto del suicidio directo, y así lo entiende Guijarro, cuando los remedios que el enfermo se niega a recibir son remedios ordinarios y habituales. Y esta atención a la diligencia o pauta común como vara de medir el grado de desidia o negligencia permite entonces, como siempre, los matices aportados por una diversidad de supuestos. Así sucedería en el caso de la doncella o de la mujer honesta que por pudor o vergüenza no quiere mostrar al médico algún miembro corporal gravemente dañado, «etiam in secretioribus»; porque la vergüenza, el pudor u otra motivación similar es incomparablemente menos importante que la conservación de la vida y el mantenimiento de la salud, sin perjuicio de la toma de medidas (cubrir el rostro u otros medios prudentes) que contribuyan a paliar la repugnancia y el rubor que siente la fémina[112] .

En los casos que ahora interesan hay una proyección hacia la muerte que se quiere justificar con una causa justa o un fin lícito. Guijarro habla por ejemplo de la obediencia al superior, que puede mandar a sus inferiores exponerse a la muerte, como sucede con los soldados en guerra, lo que al fin y al cabo es una situación análoga a la que, por mandato divino, aceptan los santos y las vírgenes sagradas cuando se exponen a la tiranía. Es más, cualquiera puede, e incluso por virtud debe, consolar y asistir al prójimo que se expone al peligro. No obstante, no queda excusado del suicidio aquél que por costumbres viciosas se aproxima a la muerte o se contagia de una grave enfermedad. Así, no quedarían excusados del pecado los llamados volatines, que se enfrentan por vanidad e interés a las fieras, arriesgándose a ser destro-

---

111 Gómez de Amescua, *Tractatus*, cit., pp. 77-78.

112 Guijarro, *Bueno uso de la teología moral*, cit., pp. 360-361.

zados o devorados, ni los que sin freno malgastan su vida en borracheras, comilonas y otras liviandades, así como los que practican desmesuradas penitencias, abstinencias y mortificaciones, sin espíritu de obediencia y discreción, sin atender a su vida y su salud[113]. Lo dice también Ginés Luis de la Madre de Dios: «los suicidios también son las borracheras con licores en exceso y por deseo, que la vida disminuyen y la muerte acelera [...] pues muchos se destruyeron por el vino [...] y todos en continuo pecado vivieron»[114]. Y lo mismo sucede con los que por celo excesivo, en vigilias excesivas, penitencias, abstinencias o ayunos imprudentes, si no aceleran la muerte sí que disminuyen o perjudican su salud. La ilicitud deriva no de una prohibición absoluta, sino de la falta de atención a la mesura, y de la debilidad que produce la concupiscencia[115].

---

113 *Ibid.*, pp. 359-361.

114 Madre de Dios, *Praelectiones*, cit., p. 410.

115 Es interesante destacar una breve y sutil tesis sobre el suicidio en Londres, de finales del siglo xviii, consecuencia del aumento del número de suicidios en dicha ciudad: Caleb Fleming, *A Dissertation upon the Unnatural Crime of Self-murder: occasioned by the Many Late Instances of Suicide in this City, & c.*, Londres, printed for Edward and Charles Dilly, 1773. Fleming explica el efecto de vicios como la lujuria, la impiedad, el libertinaje, la extravagancia, el juego o la economía de la revolución industrial en la cada vez más frecuente desesperación que impulsa al ciudadano hacia el suicidio. Manteniéndose la consideración del suicidio como un acto contrario a las leyes naturales —la conservación y el afán por sobrevivir y superarse del ser humano— sin embargo el alarmante crédito público, los deplorables empleos en la manufactura, los altos precios de los alimentos de primera necesidad, la emigración hacia las zonas urbanas industriales, etc., genera una falta de control del hombre sobre su propia vida. Fleming mantiene el criterio moral clásico de que no existe motivo alguno, a pesar de las dificultades, que justifique la elección del ser humano por el suicidio, el mayor antinatural, impiadoso e inhumano crimen que existe, y así hace un llamamiento a evitarlo dirigido a todos aquellos que creen en Dios: Dios es la razón más poderosa, y la vida es una comunicación divina, por lo que hay que mostrar un incesante cuidado por preservarla. El trabajo constante, las situaciones desesperadas o los fuertes dolores que nos acechan día a día deben recordarnos el preciado valor de la vida, y es de obligado cumplimiento el velar por su conservación. Finalmente, el autor hace una relación enumerada de conclusiones: La primera de ellas, que el número en aumento de suicidios en Londres y en otras partes del país es una innegable prueba de que las costumbres morales se han depravado. La segunda es que si la vida es el único estado probatorio del hombre, y sólo el ser humano es el candidato para alcanzar un mundo espiritual de recompensas, la vida terrenal

De la Madre de Dios desarrolla esta idea de la licitud de la exposición de la vida al riesgo de la muerte basada en una causa justa, amparándola en la defensa de la virtud de la fortaleza, a la que se mostraba ciertamente contraria el suicidio. Por poner ejemplos de dimensión pública y privada, se puede asumir un peligro de muerte con el fin de evitar la destrucción del invasor del país, y la mujer embarazada enferma puede optar por no tomar medicamentos que pueda contribuir a ensuciar el líquido amniótico y a perjudicar al feto. Pero si el fundamento en la virtud de la fortaleza parece excluir la posibilidad del suicidio, como crimen contrario a esta virtud, sin embargo también da lugar a ciertas complicaciones, porque como virtud la fortaleza parecería exigir una actitud positiva, que no es exactamente lo que se pretende en estas situaciones en las que siempre rige una cierta razón de excepcionalidad. Se plantea así si la fortaleza es un deber de no huir ante el riesgo de padecer la muerte si se cuenta con una finalidad virtuosa (sería un caso similar al martirio), pero a su vez se entiende que cuando se trata de una persona necesaria para la república, porque su servicio es necesario para la salud y la paz pública, está exenta de ese deber de exponerse al peligro. En este sentido, le está permitido al médico visitar al enfermo de peste, por motivo de caridad, o a los eclesiásticos o religiosos administrar los sacramentos en tiempos de peligro de infecciones o enfermedades, por cuanto el servicio significa además fortaleza en la virtud del propio oficio, pero

debería considerarse entonces el bien más preciado de todos. En tercer lugar, todo hombre que satisface cualquier apetito o pasión, o con tendencia manifiesta a dañar su propia salud, o acortar su vida, es un verdadero criminal de sí mismo. En la cuarta de sus conclusiones realiza una crítica negativa a la práctica ya en desuso —o no— del duelo, vicio que refleja una desgraciada comprensión de la humanidad: el duelo constituye una grave violación de la ley, ley que el individuo, mediante una práctica ilegítima, pisotea y adapta a su parecer, sometiéndose al principio instintivo y contrario a las leyes fundamentales y civiles que rigen la sociedad. En quinto lugar, explica, el amor que sentimos hacia la vida nunca nos debe conducir hacia el sacrificio de nuestra inocencia y nuestra virtud; así, es natural observar que son los hipócritas o mentirosos los más cobardes, porque el engaño muestra la pusilanimidad o el espíritu desdeñable del hombre. Y como colofón y razón principal, advierte el autor de que la verdadera filosofía consiste en una constante reverencia hacia el poder de Dios, y en consecuencia el hombre debe apartar de su mente todo lo que resulte antinatural y depravado, como es el caso del suicidio.

no hasta el punto de arriesgar la vida, porque ese servicio ha de continuarse[116].

Ahora bien, ¿estaría permitido —es virtud de fortaleza— dejarse morder por una víbora, o consumir su veneno, con el único objeto de poner a prueba la resistencia humana? La respuesta entonces es negativa, porque el hombre en esta tesitura se expone directamente a un peligro que es evidente de muerte, al que no se enfrenta por necesidad, de modo que no puede considerarse que exista en rigor fortaleza como virtud, ni entra en juego otra finalidad virtuosa, ni propia ni orientada a tercera persona por la que exponerse al peligro para intentar salvar su vida; se trataría, antes bien, de un acto voluntario que pone en riesgo absurdamente la propia vida y cuya justificación, según Antonio San José, sea la virilidad o la resistencia física, es falsa o improcedente: una asunción del riesgo tan injustificada como la que experimentan los brutos, y no los seres racionales. Por eso los juegos relacionados con esta actitud temeraria son muy peligrosos e ilícitos, y de hecho las magistraturas civiles deben prohibirlos[117]. Alonso Vega viene a decir lo mismo para responder al caso de la mordedura de animal venenoso, pero acepta la excepción del hombre que tuviere experiencia, habilidad o inmunidad y sepa a ciencia cierta que no corre peligro su vida[118]: el estudio y experimentación médica de las sustancias, en busca de antídotos, por ejemplo, se antoja como una causa justa que da sentido a la viabilidad de esta excepción.

La idea de que el riesgo de muerte ha de asumirse no sólo negativamente, como una excepción por causa lícita, sino además positivamente, de manera virtuosa, es sutil y ambigua en la práctica, y así lo refleja Próspero Farinacio cuando excluye la licitud en la acción de ponerse voluntariamente en manos del enemigo, al mismo tiempo que contempla la responsabilidad de quien puede huir de una agresión o muerte atroz y no lo hace. Puede ser que la huida conduzca a la sumisión, pero también es verdad que la segunda razón puede ser complementaria de la primera, si se entiende que la salida que ha de idear el sujeto para evitar la muerte ha de ser asimismo aquélla que le sustrai-

---

116 Madre de Dios, *Praelectiones*, cit., pp. 407-411.

117 San José, *Compendium salmanticense*, cit., pp. 358-362.

118 Vega, *Suma*, cit., pp. 1196-1198.

ga a la que puede derivarse de ser apresado por el enemigo[119]. Pedro de Aragón contempla el caso del dueño de la casa que es asaltada por un ladrón, y no lo agrede o no trata de defender su propia vida. De nuevo es clara aquí la relación del homicidio con el suicidio; es sabido que la muerte del ladrón es un caso típico de homicidio «ex potestate legis» y «necessarium», en defensa propia. Cabe plantearse hasta qué punto el hecho de que la ley autorice la muerte del prójimo que hipotéticamente atentará contra nuestra vida puede traducirse en considerar nuestra inactividad como una sumisión pasiva a la muerte, próxima al suicidio. Esta cuestión plantea un contraste entre obligaciones (respecto de la vida ajena y la vida propia) y en ella hay que tener en cuenta que el homicidio autorizado por la ley no implica una obligación de matar, como los teólogos y juristas advierten continuamente[120]. Pero si esta falta de obligación de matar para proteger la propia vida puede ser más clara cuando se fundamenta en la no comisión de un homicidio, en no privar de la vida al prójimo y menos por razón de la defensa de los bienes, que son el objeto perseguido por el ladrón, acaso no lo esté tanto si se valora que las motivaciones de esa paralización pueden depender de muchas circunstancias, instrumentales (como el hecho de carecer o no poder utilizar determinadas armas), físicas (la menor fortaleza corporal) o mentales (el miedo o la cobardía), que debilitan el contraste entre protecciones de la vida propia y ajena, y también pueden servir evidentemente para atender una vez más a la intencionalidad del sujeto que no resiste, que es sólo pasivo, aunque sea difícil presumir que su pasividad sea accidental o indirecta respecto de la muerte propia cuando del acontecimiento que se le impone no tuvo previa noticia, y el delito sobrevenido lo condicionó sin su voluntad.

De aquí deriva otro problema. ¿Qué peligros se permite sean asumidos por el hombre por la salvaguarda de los bienes temporales? Gómez de Amescua sostiene que no es lícito perder la propia vida por la protección de los bienes temporales, reiterándose en que la vida es lo más precioso y valioso de lo que temporalmente disponemos y, consiguientemente, sería contrario a la recta razón anteponer por algo de menor valor el mayor de nuestros bienes. No obstante, en determinadas situaciones está permitido poner en peligro la propia vida por el

---

119 FARINACIO, *Praxis*, cit., pp. 317-322.

120 ARAGÓN, *De iustitia et iure*, cit., p. 361.

amparo de nuestro caudal, ya que, en efecto, existen bienes ordinarios que traen la felicidad y ayudan a la preservación de la vida; esta afirmación es ratificada cuando el Derecho permite matar a un tercero en defensa propia para proteger nuestros bienes. En relación con esta última afirmación, Domingo de Soto marca ciertos límites, pues si es parva la cantidad de bienes a proteger, la recta razón nos dice que no es conveniente exponerse al peligro, condición que a su vez defiende Amescua. En este sentido, Pedro de Navarra reafirma que cuando los bienes sean superfluos o naturales, el que ciertamente siente la necesidad de someterse al peligro por aquellos bienes temporales y se expone a la muerte, debe ser comúnmente repudiado. Pero como los límites confirman la autorización, se llega incluso a la sentencia común de que exponer la vida al peligro por salvaguardar un patrimonio abundante y conforme al estatus está permitido, siempre que se actúe con la debida prudencia, moderación y discreción. A este propósito, de nuevo encontramos la sutileza de la armonía entre argumentos que a primera vista podrían contradecirse, típica del razonamiento en torno al suicidio. Así por el honor, se dice, no es lícito combatir, cuando se trata de una exposición a la muerte; aunque la persona es dueña de su honor, no lo es de su propia vida, y no es lícito dar o exponer a la violencia de la muerte aquello de lo que no se es dueño. Ahora bien, cosa distinta es el mantenimiento y la conservación del honor, que sí constituye prácticamente una obligación, de tal manera que, efectivamente, son diversas las situaciones que cabe imaginar en las que no pueda cumplirse si el sujeto no se expone gravemente a un peligro incluso de muerte. En definitiva, entiende Gómez de Amescua que estará permitido morir en defensa y protección del honor, porque por otra parte entonces no está en cuestión sólo el honor que hacia nosotros mismos nos debemos, sino también el que constituye un elemento fundamental de la sociedad estamental. El Derecho divino permite exponer la vida al peligro por el honor familiar: «bonus pastor animam suam dat pro ouibus suis»[121]. Y ciertamente también está permitido el homicidio en defensa propia del honor, excluido el ánimo de venganza y guardada la debida inmediatez y proporcionalidad[122]. Si es así, y por los amigos y familiares, por la república o por el rey, está

[121] Gómez de Amescua, *Tractatus*, cit., p. 269.

[122] Sobre la legítima defensa en el homicidio, *vid.* Álvarez Cora, «La doctrina del homicidio», cit., pp. 320-327, y José María García Marín, «La legítima

permitido poner la vida en riesgo, y también consta que por defender los bienes temporales podemos afrontar el peligro de muerte, el honor ha de formar parte del conjunto de bienes protegidos. Y en esa protección hay un riesgo lícito, con una razón de excepcionalidad, lo que explica que, si la administración de justicia interviene y somete al agresor, cese la naturaleza de la acción como medio de conservación y defensa de la propia vida, porque será entonces la justicia pública la que se arrogue el procesamiento y la vindicación de la ofensa; por lo demás, la prohibición del duelo[123] en el Derecho divino, canónico y civil responde a la circunstancia de que no plantea una situación de necesidad, pues la voluntad no es reactiva sino deliberada y premeditada en relación con la celebración del acto y la asunción de sus consecuencias[124].

— *Cuasiafinidad y suicidio indirecto*

El problema de las situaciones afines al suicidio es que, por ser éste un acto de fundamentación psicológica, enraizado en el fuero interno, las interpretaciones y conjeturas son muy difíciles. La aceptación por un «desesperado» de un tratamiento específico que abrevie la vida o la haga cesar, con el fin de mejorar la calidad de la salud ante sufrimientos insoportables, ¿implica un propósito doloso, pero a modo de eutanasia? ¿En qué medida puede valorarse la revelación divina, a los efectos de la exclusión del dolo, si ya es complicado valorarla en el homicidio, cuando se trata de precisar la voluntad o intencionalidad delictiva del suicida, tan retraído en su fuero interno en la maquina-

---

defensa en el Derecho castellano de los siglos XVI a XVIII», *Anuario de Historia del Derecho Español*, 57 (1987), pp. 759-770.

[123] Sobre la función del duelo sustitutiva del suicidio *vid.* MINOIS, *History of Suicide*, op. cit., pp. 153-154. En definitiva, el duelo está relacionado o es vinculado a una especie o tipo de suicidio que en la práctica el código aristocrático ofrecía como un sustituto efectivo del hecho de privarse a sí mismo de la vida (si no es salvado el honor). De hecho, teólogos y moralistas incluían la crítica hacia esta práctica en sus anatemas contra el suicidio. El Concilio de Trento prohibió los duelos, como resultó constante también en el Derecho civil: el duelo, como el suicidio, era considerado teóricamente una solución decepcionante y orgullosa, un error, un defecto de los hombres y un rechazo al reconocimiento de la responsabilidad.

[124] GÓMEZ DE AMESCUA, *Tractatus*, cit., pp. 266-271.

ción criminal, si la doctrina teológica de la época supo ver —por ejemplo en el crimen de herejía, un delito de pensamiento y por eso de naturaleza esencialmente clandestina (como sucede en el nacimiento de la intención criminal del suicida)— la fácil confusión entre la revelación divina y la voz engañosa del demonio? ¿Y si las medicinas que parecen poder empobrecer la energía del enfermo, debilitarlo aún más, sobre todo si se encuentra ya en peligro de muerte, finalmente hubieran sido regeneradoras de la vida? ¿Dónde queda la responsabilidad de quien la abrevió pudiéndola preservar o prolongar?

Todavía sería posible exponer nuevas situaciones o situaciones semejantes con otros perfiles. Gómez de Amescua trata la licitud de la negativa a la curación de las heridas superfluas, que no traen consigo peligro de muerte alguno (de modo que nos alejaríamos definitivamente de la afinidad con el suicidio), con mayor razón si se evita por causa del ejercicio espiritual. Entiende lícita también la negativa a la curación de un dolor agudo, cuando el medio propuesto por el médico es tan agresivo o complejo que implica una solución provocadora de otros daños (por ejemplo, la amputación de una pierna para resolver un doloroso problema de varices). La curación, como dice Gómez de Amescua, puede transformarse en una condigna tortura. Y aun podría entenderse que la excluye el paciente porque, de aceptarla, se encontraría próximo a la autotortura o a la autolesión. Pero, a su vez, si el tratamiento médico es duro pero efectivo, en orden a la salvación de la vida, y el enfermo se niega a recibirlo, se admite que pueda ser obligado por sus parientes, liberado el médico de la responsabilidad por su muerte (además de que pueda exigirle las impensas debidas por los gastos del tratamiento, como por otra parte el paciente tiene acción contra la eventual negligencia médica) igual que si se le demuestra desconfianza o la más o menos encubierta preferencia por otro profesional[125]. La intervención de terceros vuelve a atraer la relación entre suicidio y homicidio: la intervención médica, como en el supuesto de las heridas letales, presenta problemas relativos a la responsabilidad penal por dolo o culpa, tanto de la víctima como del cirujano, a la vista del proceso de curación o empeoramiento. En cuanto a la participación de los parientes, como acabamos de decir puede ser un factor en defensa de la supervivencia de quien parece dejarse morir, pero a su vez sugiere la intervención de cómplices o auxiliadores que, activa

---

125 *Ibid.*, pp. 287-289.

o pasivamente, puedan participar en la intención próxima al suicidio. En este caso, la dureza del régimen jurídico del suicidio, como crimen atroz y pecado mortal, tiene la característica de que, desde el punto de vista del examen del dolo en la acción de cómplices, mandantes o consejeros, se convierte institucionalmente en un supuesto de homicidio, y el suicida en su víctima, pues en el suicidio, por naturaleza, sólo hay un autor principal, y su régimen vuelve a su raíz homicida en estas otras formas de participación en el delito.

Para terminar, destaquemos el resumen de «situaciones afines» al suicidio que desarrolla Fulgencio Cuniliati y que, como otros autores del siglo XVIII, se catalogan bajo la denominación de suicidio indirecto, reuniendo los numerosos ejemplos o situaciones especiales que por otro lado ya han sido expuestas ampliamente, viniendo a demostrar cómo, en definitiva, y de modo concluyente, existe una continuidad doctrinal moderna (aunque se muestre y reivindique una mayor benevolencia de cara a la imposición de las penas, tanto espirituales como civiles, como veremos más adelante). No obstante, hay si se quiere una peculiaridad destacable en la exposición sin argumentos alambicados, de una forma más concisa, de estas situaciones próximas a la muerte en las que se interroga sobre una razón de licitud; precisamente la catalogación como suicidio indirecto pretende resolver las ambigüedades teóricas derivadas de los condicionamientos argumentativos, positivos y negativos, característicos de la doctrina altomoderna. Así se incluye en el tipo de suicidio indirecto el martirio, la predicación del Evangelio a los infieles a sabiendas del peligro al que el religioso queda expuesto, el inconmovible afrontamiento de la peste, esto es, la proximidad y la piedad hacia el enfermo infeccioso, o la disponibilidad ante la necesidad extrema y de ayuda al prójimo, como un acto caritativo. A estas situaciones de aliento religioso puede equipararse el caso de quien realiza un trabajo con alto riesgo de muerte y efectivamente sufre un accidente o una enfermedad mortal. Se sigue contemplando la situación del enfermo a quien se recomiendan remedios extraordinarios e inaccesibles para su cura, por ejemplo por razón de su coste, o porque le obligarían (ejemplo clásico) a trasladar su domicilio a otra región, con el gasto económico y el coste emocional que puede suponer además el traslado consigo de toda su familia; o el tratamiento de los órganos sexuales, que puede afectar a una vocación preservadora de la honestidad, si no de la virginidad. Cuando se reacciona ante un peligro no provocado, que incluso puede alcanzar una dimensión más general, como un incendio, se entiende lícita la exposición al riesgo, y también formas que son de huida al tiempo que de sumisión a una muerte más que segura, como la precipitación desde la altura del edificio en llamas o el arrojarse al mar. De acuerdo con una mentalidad de análisis objetivo además de moral, se entiende que pesan razones en el acto que tienen que ver con el instinto natural. Y por supuesto que esto no significa que la ambigüedad de muchas otras situaciones desaparezca. De nuevo podría plantearse aquí el incendio, sobre todo si instantáneo, de la propia nave, que causa la muerte, para no caer en manos del enemigo. Cuniliati no deja de reconocer que hay diversas opiniones al respecto, sobre su licitud o su pecado. Y vuelve entonces a las reglas tradicionales, que indican en primer lugar la excepcionalidad de tales actos, que por regla general corren riesgo de ilicitud, y que no están legitimadas por la costumbre, máxime cuando implican una muerte directa; en segundo lugar, admite su eventual licitud por la comodidad y el bienestar social de la comunidad política, y en este sentido acepta por ejemplo el riesgo asumido por el militar que recibe la orden de un superior que le arroja a la muerte[126]. Pero una vez más, en este caso, podrían comenzar los matices, y así Antonio San José considera que el súbdito no está obligado a la obediencia cuando se trata de participar en un acto heroico de enormes dificultades, con mayor motivo si se trata de un súbdito carente de méritos destacables, débil y vulnerable ante el peligro, lo que significa también que en el caso contrario, si destaca el súbdito por su valentía y fortaleza reconocidas, y se trata de actuar por la utilidad o bien de la comunidad, cabría la exposición al riesgo[127]. Ciertamente, el sentido de la interpretación prudencial de las causas se ha reactivado, ante la complejidad de las circunstancias y de la intencionalidad en el comportamiento del sujeto; no hay cambio sustancial en la valoración de estas situaciones afines al suicidio.

---

126 Cuniliati, *Universae theologia moralis*, cit., pp. 335-338.

127 San José, *Compendium salmanticense*, cit., pp. 358-362.

CAPÍTULO III.
LA PENITENCIA DEL SUICIDA

El suicida ha de cumplir penitencia por el pecado mortal cometido porque, como dice Jacobo de Bello Visu y en definitiva la totalidad de juristas y teólogos de los siglos XVI y XVII, la comunidad de la Iglesia detesta y maldice a quienes se suicidan, habida cuenta de que su desesperación les lleva a la destrucción no sólo de su cuerpo, sino también de su alma. Por eso una pena espiritual característica del suicidio es la expulsión de la comunidad religiosa, de la Iglesia[1].

Por lo general, si el suicida queda excluido de la comunidad religiosa, asimismo le ha de ser denegada la sepultura eclesiástica, de manera que un suicida no es enterrado en sagrado. Recuerda Alfonso de Acevedo que es costumbre en España, por ejemplo, arrojar el cadáver a un río[2]. Y la misma razón que subyace en esta privación de sepultura cristiana —la imposibilidad de salvar de la condenación eterna— se extiende a la exclusión de las plegarias y sufragios por el alma del suicida, que ha de perder cualquier esperanza —ésta es la verdadera desesperación, como desesperanza, por haberse dejado vencer por la tentación del demonio contra el don de vida de Dios— de salva-

---

1 Iacobus de BELLO VISU, *Avrea practica criminalis Iacobi de Bello Visu, vetustissimi cum practici, tum iuris interpretis, ex recognitione*, Colonia, a pud Maternum Cholinum, 1580, p. 591.

2 Alfonso de AZEVEDO, *Commentarii juris civilis in Hispaniae regias constitutiones. Tomus quintus octavum librum novae recopilationis complectens*, Lugduni, apud fratres Deville, 1737, p. 446.

ción[3]. Damhouder explica que no debe el suicida que se mata por desesperación mantener la esperanza en cuanto a recibir el perdón de Dios, como si las motivaciones de su acto pudieran vencer el alejamiento de Dios que decidió al fin cuando se privó de la vida, porque el suicida, con su muerte, no sólo mata su cuerpo, sino también su alma, con ese desprecio del don de Dios y con esa usurpación a Dios del poder de dar la vida y decidir la muerte. Al matar también su alma, la esperanza del perdón es absurda, inútil, infundada. Y si la esperanza en la salvación eterna es imposible por la muerte del alma que habría de haber aspirado a unirse con Dios, las costumbres de los ritos, lutos y llantos por el alma del suicida son también absurdos, y si se toleran ha de ser mínimamente y más por la piedad de quien los emite que por el alma misma del suicida. Además, la publicidad de esas muestras de duelo debe evitarse, porque pueden ofrecer una idea confusa de las consecuencias espirituales del acto del suicidio, tal y como el propio suicida decíamos antes que tiene a menudo una idea confusa de los efectos de su pecado. Se trata en definitiva de alguien que ha desafiado a Dios y a la comunidad eclesiástica, y por eso debe evitarse cualquier señal de condescendencia[4].

Esta es la razón por la que el Derecho canónico niega en principio la sepultura eclesiástica al suicida así como cualquier tipo de conmemoración en su recuerdo. El suicida no es entregado a la Iglesia para el sepelio, al igual que tampoco accede a la sepultura eclesiástica cualquier otro impenitente que muere en pecado mortal. Es más, sostiene Baltasar Gómez de Amescua que aunque el Derecho civil distinga dos tipos de suicidios, uno por conciencia de crimen o miedo de la pena,

[3] Desde muy temprano, los concilios eclesiásticos determinaron que los homicidas debían quedar excluidos de la comunidad eclesiástica, denegándoles la sepultura eclesiástica si previamente no hubiesen manifestado remordimiento de su crimen. Evidentemente, el único «homicida» que no podía mostrar de ninguna manera arrepentimiento por su crimen era el suicida, y así se convirtió en el único criminal al que se denegó el enterramiento sacro de acuerdo con el Concilio de Orleans de 533. Tampoco se celebrarían misas en honor de aquéllos que «habían seguido el ejemplo de Judas». El destino de los suicidas, consiguientemente, quedaba claro: les esperaba la condena eterna. Por ende, de acuerdo con lo estipulado por el Derecho canónico desde el siglo VI, el suicidio acabaría siendo considerado, durante las Edades Media y Moderna, un doble homicidio: una muerte física (del cuerpo), y espiritual (del alma), como explica Vandekerckhove, *On punishment*, cit., pp. 16-22.

[4] Damhouder, *Praxis Rerum*, cit., pp. 310-314.

y otro por tedio vital y causas similares, a los ojos de la Iglesia el acto pecaminoso, de una forma u otra, no merece distinción, pues en realidad no deja de ser siempre una afrenta gravemente injuriosa y ofensiva hacia Dios[5]. Esta es la razón de que ningún suicida pueda ser enterrado en el cementerio, en la iglesia o en cualquier otro lugar sacro, existiendo antes bien la obligación cristiana de precipitar el cadáver al río o al estercolero, por ejemplo. Y si se descubriera que por error un suicida recibió sepultura eclesiástica, se deberá exhumar el cadáver para arrojarlo del camposanto. Arrojarlo, por cierto, cuanto más lejos mejor: tan lejos que, como anotan el Abad Panormitano o Juan Andrés, sea imposible desde donde descansen los restos escuchar el canto de las voces de los clérigos cuando cantan de forma moderada y con voz sumisa. El cadáver del suicida debe ser enterrado en un lugar recóndito y lejano, y no podrá ser acompañado por los clérigos ni tampoco se podrán cantar salmos u oraciones en su honor[6].

Estas restricciones marcadas por el Derecho canónico[7], explica Gómez de Amescua, no constituyen un régimen singular aplicable exclusivamente a los suicidas, sino que también van dirigidas a todo aquél que muere cometiendo un acto ilícito, como quien pierde la vida en un duelo. No obstante, es cierto que el suicida extrema la respuesta penitencial, porque en el caso del duelo son atendidas, antes de proceder a la exclusión de la comunidad católica, circunstancias que la gravedad del suicidio no contempla, y que tienen que ver con la proximidad entre el acto y la comisión de un homicidio, lo que permite valorar las causas de la lid, la mortalidad de las heridas, el proceso de

---

5 En realidad, como sostiene VANDEKERCKHOVE, *On punishment*, cit., pp. 20-21, la degradación ya manifiesta del acto del suicidio no produciría sus consecuencias más trágicas hasta que la legislación secular no incorporase las estipulaciones canónicas. La influencia negativa impulsada por San Agustín se extendió hacia el Derecho civil, hasta que la normativa canónica fue asumida, si bien progresivamente, por el Derecho secular. De esta forma, existe una especie de colaboración en la criminalización entre Iglesia y Estado, donde cánones y leyes seculares se complementan o armonizan: lo que es ilegal para el Derecho canónico (por ejemplo, la imposición de penas corporales) el Derecho secular lo regulariza, lo que para la Iglesia es pecado el Estado lo convierte en delito.

6 GÓMEZ DE AMESCUA, *Tractatus*, cit., p. 188.

7 El tratamiento del suicidio según el Derecho canónico durante la Antigüedad y la Alta Edad Media, en su teoría y práctica, desde los más tempranos concilios, es estudiada por MURRAY, *Suicide in the Middle Ages*, cit., vol. II., pp. 181-188,245-286.

atención médica y curación, etc., a los efectos de graduar la responsabilidad[8]. En el caso de quien se provoca deliberadamente la muerte a sí mismo tan sólo se requiere, como subraya Antonio San José, una inquisición sobre la forma en la que el sujeto se privó de la vida, sobre todo con la finalidad de constatar que fue el propio individuo el autor de su muerte, esto es, que se trató de un suicidio como tal y no de un homicidio. Por eso, cuando no alcanza a probarse, al investigar las circunstancias del delito, que se cometió un suicidio en vez de un homicidio, la Iglesia puede optar por dar sepultura eclesiástica, aunque celebrando un sepelio más recóndito, e íntimo y moderado[9].

En este sentido, Gómez de Amescua repasa de una forma analítica en qué tipo de situaciones la Iglesia decide o cuestiona la sepultura en sagrado del propricida, barajando el efecto de las causas de incapacidad criminal y de las circunstancias o cualidades delictivas en su fuerza probatoria o indiciaria. En primer lugar, la Iglesia niega la sepultura eclesiástica cuando el acto nefando es claro y manifiesto; en este sentido, pone en duda el suicidio por mucho que el cuerpo aparezca ahorcado —fuera de prisión— ante la ausencia de indicios que palmariamente demuestren que, en efecto, se ha tratado de un acto plenamente deliberado, o bien que impliquen la participación de un tercero en contra de la voluntad de la víctima, permitiéndose entonces la sepultura eclesiástica. En segundo lugar, el Derecho canónico cuestiona el estado psíquico del sujeto que se suicida, entendiendo que si hay constancia o indicios que conjeturan su locura, esta causa de incapacidad ha de implicar la calificación de todas sus acciones como involuntarias, incluyendo pues el acto suicida, cuando la excitación y el furor se adueñan de la mente del sujeto. En tercer lugar, reciben sepultura eclesiástica aquéllos que «durmiendo se suicidan»[10], ya que es difícil averiguar entonces si la muerte fue premeditada, o bien una fortuita defunción acontecida durante el sueño, u otras las causas desconocidas que hayan motivado el fallecimiento; en cualquier caso, al amparo de la autoridad de Diego de Covarrubias, no hay una causa cierta y, por lo tanto, no se incurre en culpabilidad, porque la prohibición de la sepultura eclesiástica en cualquier caso requiere certeza, y en este sentido conviene primero hacer constar fehacientemente la

---

8 Gómez de Amescua, *Tractatus*, cit., pp. 186-189.

9 San José, *Compendium salmanticense*, cit., pp. 358-362.

10 Gómez de Amescua, *Tractatus*, cit., p. 190.

existencia de pecado mortal, antes de que la Iglesia tome una decisión tan radical contra la vida espiritual del sujeto[11]. En cuarto lugar, son enterrados en sagrado aquéllos que se suicidan en estado de embriaguez; la Iglesia, siguiendo la teoría jurídica general, tiende a identificar al borracho con el loco[12], pero también a respetar las precisiones

---

[11] *Ibid.*, pp. 190-191.

[12] Es oportuno destacar aquí el ya clásico trabajo de Raoul VAN DER MADE, «L'influence de l'ivresse sur la culpabilite (XVI e XVII siècles)», *Revue d'Histoire du Droit*, 20, 1 (1952), pp. 64-88, en el que se analiza si el alcohol y el estado de embriaguez, responsables de muchos de los crímenes sucedidos en la Edad Moderna, jurídicamente podrían ser considerados como un factor atenuante que suavizara la pena a imponer al culpable, o por el contrario hacer aún más miserable al criminal recayendo sobre él todo el peso de la ley. Para su valoración, Van der Made realiza una incursión jurídico-comparativa en el Derecho canónico y civil de los siglos XVI y XVII, destacando las teorías y opiniones de los jurisperitos más importantes de la época. La Iglesia suele considerar la embriaguez como una circunstancia atenuante a tener en cuenta de cara a la imposición de la pena, pues paraliza la voluntad y la razón misma de la persona. No obstante, de otra parte, otra corriente legislativa niega cualquier indulgencia al criminal sosteniendo que ha de imponérsele la pena ordinaria que marca la legislación; en este sentido, esta última corriente no cree que el alcohol constituya un factor mitigador y, es más, entiende que incluso podría hasta ser visto como un plus que vendría a agravar aún más la pena, cuando el sujeto voluntariamente ha optado por ingerirlo. Así, explica el autor que esta dualidad de opiniones se observa particularmente durante el periodo altomoderno extendiendo sus reflexiones al caso concreto del suicidio. En general, considerando las explicaciones que los criminalistas ofrecen al respecto, el problema de la ingesta alcohólica no reside como tal en si debiera ser un condicionante que agrave o atenúe la condena del culpable, sino que depende de las circunstancias y condicionantes que han dado pie tanto a la toma cuanto a la comisión del delito. Por ejemplo, habría que tener en cuenta la asiduidad en la toma, pues no es lo mismo que un sujeto esté acostumbrado a la toma masiva (y, por consiguiente, sea conocedor de las consecuencias que de ello pueden derivarse, ya que entiende perfectamente que sus capacidades se merman), del que no suele beber alcohol por costumbre o rara vez consume, suponiéndose en este caso que el individuo es desconocedor de las nefastas consecuencias que ello puede ocasionar. Otros condicionantes que contribuirían a agravar o mitigar la pena serían la constitución corporal de la persona, esto es, el peso, la fuerza o robustez o la debilidad y flaqueza corporales que implicarían una mejor o peor tolerancia, las condiciones climáticas (no afecta igual el alcohol en un ambiente caluroso que en uno frío), la persuasión, si el individuo bebió estando en ayunas, etc. Van Der Made entiende que si, ante todo, se buscaba en cada delito la determinación de la intencionalidad y el ánimo doloso de cara a su comisión, como es propio de la teoría y práctica jurídica

o matizaciones habituales en cuanto al uso del alcohol como medio instrumental deliberado del homicidio: si la ingesta de alcohol fue excesiva, se sobreentiende que el sujeto, «exiliado» de mente, padeció una causa de incapacidad que excluye la deliberación del suicidio, mientras que una toma etílica leve, una embriaguez menor, implica que la decisión del suicidio no ha sido perturbada, y la voluntariedad del hecho delictivo inexcusable; pero, por otra parte, la cuestión se complica si se entiende que la embriaguez ha sido una condición necesaria deliberadamente buscada en orden a la ejecución de la propia muerte, y entonces es la premeditación del acto, su voluntariedad localizada antes de la ingesta, la circunstancia que no excusa de la comisión de pecado mortal; en fin, también ha de ser tenida en cuenta la asiduidad en la toma de alcohol, pues cuando la borrachera se convierte en un hecho constante su influencia incapacitadora es menor[13]. En quinto lugar, el Derecho canónico valora el caso fortuito, cuando por accidente muere un hombre que huye o se golpea o sufre una caída[14]: en este caso, aunque no quede expresado con contundencia, se deduce que no existe suicidio, pues a pesar de los motivos que hayan empujado al individuo a la huida (supongan o no pecado mortal) la cuestión reside en la inexistencia de voluntariedad en relación con la muerte, efectivamente accidental y casual. En sexto lugar, cuando alguien huye de un tercero, con toda rapidez, y prácticamente sin pensarlo salta desde un puente, por ejemplo con la esperanza de salvarse nadando, o el que huye de la cárcel y trepa un muro con la idea de saltarlo, si muere en el intento no ha buscado la muerte (antes al contrario, lucha por la vida) y se excluye la voluntariedad, sin perjuicio no obstante del examen de las circunstancias delictivas, como las condiciones de su intención y las dificultades del acto mismo de salvación frustrada, además de la causa justa de la huida. Y en séptimo lugar, la

de la época, la embriaguez no excusaría a su autor, obviamente, en todo caso, aunque pudiera ser considerada eventualmente como un factor atenuante; no faltan, ciertamente, juristas que hacen valer la atenuación de la pena —y aun la exención— al considerar la embriaguez como causa de incapacidad de dolo. Si se puede distinguir entre quien el autor denomina «hombre borracho», del «borracho de un día», para demostrar que los embriagados continuos son plenamente conocedores de las consecuencias que derivan de la ingesta del alcohol, prevalece entonces una voluntariedad criminal a partir del factor de la asiduidad y la frecuencia de esa ingesta deliberada.

13 Gómez de Amescua, *Tractatus*, cit., pp. 190-191.

14 *Ibid.*, p. 189.

persona que ha cumplido con el sacramento de la extrema unción, y habiendo solicitado a sus familiares o amigos auxilio para morir se arrepiente posteriormente, y con signos manifiestos, no se vería privada de la sepultura eclesiástica; su apartamiento del «suicidio asistido» (penitencia y arrepentimiento) lo liberan del pecado[15].

Emanuel Concepción, al igual que hacen otros juristas y teólogos, analiza cuáles son los aspectos en los que indaga el Derecho canónico antes de denegar la sepultura eclesiástica al supuesto suicida. En definitiva inquiere sobre cualidades o factores del delito estrechamente ligados a la voluntariedad del acto, pues lo que aparentemente podría parecer un suicidio, en realidad puede ser un homicidio *causam dans* o involuntario provocado por un tercero. Así, ante la duda, si aparece el cuerpo ahorcado —entendiéndose, como apuntábamos antes, que no ha sido en prisión— o ahogado en un pozo, el sepelio en principio se ha de realizar en lugar sagrado, pues la deliberación propia que pueda haber llevado al sujeto a la comisión del suicidio es incierta, y a pesar de los indicios nadie puede presumir que se trate ni siquiera de un delito. En la práctica, de la que se hace eco la doctrina, resulta sin duda muy difícil discriminar entre las situaciones de suicidio y el mero hallazgo de un cadáver por muerte accidental sin testigos. Tampoco se priva de sepultura eclesiástica al que anteriormente pudo haber mostrado signos de penitencia, aunque es necesaria la prueba testifical que justifique y haga creíble la contrición. Si no existe esta duda o vacilación razonada en el juicio de las circunstancias, aunque esté permitida la oración por los suicidas en privado, la Iglesia nunca tolerará una penitencia pública ni levantará su excomunión[16]. Son similares las explicaciones que ofrece Luis de Molina, al afirmar que no puede presumirse un suicidio cuando se descubre un cuerpo ahogado en un pozo o en otro lugar, y por tanto no se puede denegar la sepultura eclesiástica; en tales casos, no se puede presumir la comisión de crimen alguno, salvo que existan indicios suficientes para probarlo, entre los cuales uno de los más importantes puede ser un conato anterior de suicidio[17]. En esta misma línea, Sabelli argumenta que el Derecho canónico estipula que el suicida debe carecer de sepultura eclesiástica y conmemoración alguna en su nombre, aunque siempre

---

[15] *Ibid.*, pp. 191-192.

[16] Concepción, *Suma de los nueve tiempos*, cit., pp. 540-542.

[17] Molina, *De iustitia*, cit., tomo IV, c. 592.

pueda la Iglesia valorar las cualidades del hecho y los signos o indicios que se descubran en él y que influyan en la consideración de la voluntariedad del acto y en la existencia o no de arrepentimiento; por lo demás, la sepultura sagrada en caso de duda sobre la criminalidad de la conducta no implica ciertamente una sustitución del juicio divino (de la condena eterna) sobre la veracidad de los hechos[18].

Próspero Farinacio confirma: «qui sibi ipsis voluntarie aut per ferrum, auto per venenum, aut per pracipitium, aut per suspendium, vel quolibet modo violentam inferunt mortem, nulla prorsus pro illis in oblatione, commemoratio fiat, neque cum Psalmis ad sepulturam eorum cadauera deducantur», remitiendo a un canon que ordenó la exhumación de un cadáver que había recibido sepultura eclesiástica al ignorar el canónigo que se trataba de un suicida que murió ahorcado. Es claro entonces que esta exhumación del cadáver para su destierro del camposanto alcanza al suicidio cuya causa es el tedio vital o la impaciencia del dolor, una irrelevancia de la motivación psicológica que no se contradice con la exclusión por incapacidad de aquél que se suicidó por furor o locura, durante el sueño o embriagado[19]. Antonio Concioli opina de manera similar: el suicida debe carecer de sepultura eclesiástica aun cuando su acto se debiera al cansancio vital, pero la medida no afecta a quien provocó su muerte guiado por el furor y la locura; asimismo, para con los casos inciertos de hallazgo de cadáver habrá que investigar si realmente se trató o no de un suicidio para denegar o consentir la sepultura eclesiástica[20].

Así pues, hay factores que atenúan o eximen de la responsabilidad del pecado que apareja la penitencia. Algunos de ellos pueden relacionarse con la capacidad de dolo, que debe presuponerse en quien comete un pecado o delito, y por ejemplo la demencia puede ser una razón de carencia de intelecto o discreción de juicio suficiente como para que el acto del suicidio se considere involuntario. Pero, como sucede siempre con los factores de incapacidad de dolo, es posible que existan también factores próximos a las razones de incapacidad, pero menos contundentes en cuanto a la exclusión de la voluntariedad o

---

18 Sabelli, *Summa diversorum tractatumm*, cit., p. 287.

19 Farinacio, *Praxis*, cit., p. 318.

20 Antonino Concioli, *Resolutiones criminales theorico-practicae*, Ludugni, Sumptib. Pedri Borde, Joannis, & Petri Arnaud, 1681, p. 359.

intencionalidad pecaminosa, como puede ser la melancolía, la debilidad, respecto de las cuales acaso pueda plantearse sólo una atenuación de la obligación derivada del pecado, o sencillamente su irrelevancia, porque perfectamente resultaban subsumibles en el tedio vital que la doctrina, como hemos visto, entendía una causa de suicidio absolutamente responsable. Lo que parece querer decir la doctrina es que la enajenación mental, o la perturbación de la discreción de juicio, no puede tener que ver con causas intrínsecas, de las que sería arquetipo el tedio vital, porque éstas no excluyen ni la voluntad ni la responsabilidad; sin embargo, cuando las causas de esa perturbación o enajenación son extrínsecas, como la enfermedad mental o la embriaguez, la incapacidad es técnicamente estricta y puede eximir de responsabilidad. Así también el miedo, que es un vicio clásico de la voluntad, puede resultar un factor excluyente de la deliberación mental; también sería un factor extrínseco la evitación de la infamia, aunque habría que comprobar su verdadero efecto enajenante. Será la Iglesia la que tenga que valorar y sopesar todas estas posibles discapacidades de dolo para eximir o mitigar la penitencia, de tal manera que llegue acaso a matizarse la dureza de la aplicación de la privación de la sepultura eclesiástica o de la prohibición de oraciones y plegarias por el alma del difunto[21].

Jacobo de Simancas explica la condena eclesiástica o penitencia del suicidio planteando, además de la consabida relación del crimen con el homicidio voluntario y premeditado, la relación del suicidio con la herejía. Herejía y suicidio llevan aparejadas penas similares. La justicia civil condena al hereje a la pena de muerte mediante vivicombustión, y ordena la confiscación de sus bienes, mientras que la justicia eclesiástica excomulga al hereje, y condena su memoria, inhumados sus restos sin sepultura eclesiástica. Simancas refiere los casos de herejes que se suicidaron en la cárcel, viniendo a ser la muerte que a sí mismos se provocaron un crimen que empeoró su situación espiritual; esto es así incluso habiendo confesado previamente su herejía, pues el efecto provocado por tal confesión en el orden espiritual resulta neutralizado por la resistencia a la penitencia correspondiente a dicha confesión, que su suicidio implica, de ahí que la privación de la sepultura eclesiástica, o la exhumación de sus restos mortales extra-

---

21 Damhouder, *Praxis Rerum*, cit., pp. 310-314.

muros del cementerio, represente la confirmación de la penitencia correspondiente a la pertinacia del pecador[22].

Giovanni Baptista Ziletti estudia el caso de un acusado de herejía por la justicia inquisitorial que decidió ahorcarse. En la medida en la que el reo muere sin confesión, pertinaz, se da lugar a la cuestión de la relajación al brazo secular en orden a la ejecución de la pena de muerte, planteando el problema de la costumbre, muy discutida en la doctrina, de la horca del cadáver —su «remate»— como pena propia del suicidio, pero ahora se diría que más bien en función de la pena de muerte que la herejía lleva aparejada en su ejecución por el brazo secular. Al plantearse el problema desde el punto de vista del suicidio, la jurisdicción eclesiástica viene a argumentar que la pena condigna al delito es la privación de sepultura eclesiástica: una sepultura solitaria, apartada de sagrado, en la que no pueden figurar estatuas ni inscripciones sepulcrales de carácter religioso. Ziletti explica que la sepultura eclesiástica, con pompa y ofrendas religiosas, está limitada a aquéllos que han observado una buena vida y han profesado la fe católica; el suicida, por el contrario, no ha dado testimonio de fe, porque se ha alejado del modelo cristológico: sin duda, Cristo sufrió la persecución y la muerte más despreciable, por nosotros, y por ello su sepulcro es sagrado, mientras que el suicida no ha seguido Su ejemplo, no ha resistido el dolor y el sacrificio y ha optado por una vía antinatural que como conducta indigna de un cristiano no será digna al fin de un sepelio glorioso[23]. La única posibilidad de que el suicida no sufra esta penitencia última, que le aparta definitivamente de Dios, reside, como señalaba Damhouder entre otros autores[24], en la posibilidad de que en el suicida no exista intención, voluntad, deliberación, propósito doloso, conciencia de crimen en su acto a la hora de cometer el pecado y el delito, si es que el estado mental de quien se mata a sí mismo pudo verse viciado por factores subjetivos u objetivos, como la demencia o la enfermedad, la falta de pruebas aclaratorias que demuestren el hecho como tal, la debilidad u otros, que permitan aún a la Iglesia mediar por la salvación de su alma. Con esta misma orientación, aun cuando la rigidez de la penitencia haya quedado debidamente impuesta por el Derecho canónico, determinadas circunstancias pueden per-

[22] Simancas, *De catholicis institutionibus*, cit., p. 80.

[23] Ziletti, *Consiliorum*, cit., ff. 44r,-45 v-r.

[24] Damhouder, *Praxis Rerum*, cit., pp. 310-314.

mitir cierta flexibilidad, y así por ejemplo la pena espiritual de la exclusión de las oraciones impuesta al suicida no impide la oración en privado de aquéllos que confían en el espíritu de la penitencia, aunque rara vez y muy extraordinariamente vayan a conseguir la salvación del alma[25].

Vinculado a la disposición de los bienes a favor de la Iglesia, y con una finalidad pía de oración por el alma del difunto, la doctrina examina el problema de la validez del legado del que el suicida dispuso testamentariamente en beneficio de la Iglesia. Puede ocurrir en efecto que el suicida, cuando testó, destinase unos bienes a la Iglesia, relacionados con los gastos del sepelio y con la celebración de misas y oraciones por su alma. Se cuestiona entonces si cabe mantener simultáneamente la validez del legado y la denegación de la sepultura eclesiástica y de las misas y las preces. Farinacio recoge el principio general de la invalidez de los legados del suicida, que el fisco (a propósito de la confiscación de bienes) no tiene en consecuencia que respetar[26]. Con un análisis más pormenorizado, Gómez de Amescua mantiene la idea de que hay que considerar revocado el legado del que dispuso el testador; en realidad, aun si el testador en principio dispuso la concesión de una cuantía o bien en concreto y posteriormente cambió su voluntad y decidió disponer a favor de otra iglesia, o beneficiar a cualquier otra obra pía, tras el suicidio las modificaciones que hiciera en su testamento quedarían anuladas, como la carga de la sepultura y de las oraciones, prohibidas por ley. Se alega así la autoridad de Socino y Menochio, que razonan la revocación testamentaria y la extinción del legado como efecto de la excomunión del suicida, de modo similar a lo que sucede con el delito de usura. No es que la doctrina discuta el derecho a recibir sepultura eclesiástica, preces u oraciones por el alma, en virtud de la validez del legado ofrecido a la Iglesia, sino que ha quedado extinguido de raíz el objeto concreto de sepultura y oraciones como consecuencia de la excomunión. Por eso, la modificación de una de las condiciones del legado, cuando no afecta a la penitencia espiritual del suicida sino, por ejemplo, a una disposición de bienes singulares por necesidades familiares, no afecta a su validez en este margen; ahora bien, lo que puede discutirse es si la modificación del legado, como en este caso imaginado a favor de una necesi-

---

[25] Gómez de Amescua, *Tractatus*, cit., p. 192.

[26] Farinacio, *Praxis*, cit., p. 326.

dad de la familia, se admite como válida en detrimento de la Iglesia si fue dispuesta por el suicida antes de morir, y de hecho la opinión común es favorable a la nulidad de la modificación. Pero éste es un problema que no afecta directamente a la penitencia espiritual del suicida; por lo que a esta se refiere, Gómez de Amescua ratifica que la privación de sepultura eclesiástica da lugar a que el testamento con su legado nazca con un impedimento jurídico, del que la Iglesia no puede disponer porque obedece a una norma punitiva imperativa del Derecho canónico. Con todo, para concluir, Amescua invoca a modo de colofón una opinión de Menochio que simplifica el razonamiento, al presumir en el suicida, por el acto mismo del suicidio, la intención virtual de revocar todas sus disposiciones de voluntad, pues con el suicidio el sujeto está mostrando firmemente su rechazo a la salvación, pudiéndose presumir por consiguiente que su voluntad, al llevar a cabo su propia muerte, ha cambiado y demuestra ser contraria a todas aquellas obras pías que había dispuesto para la salvación de su alma, salvación que obviamente ya no puede esperar[27].

Las medidas penitenciales o penales adoptadas contra el suicida tienen, como se ha visto, una clara generalidad cuando el suicidio ha quedado constatado, dejando al margen los problemas ya comentados relativos a la incapacidad de dolo. Lógicamente, en el razonamiento teológico podemos encontrar una captación de las distintas motivaciones o causas del suicidio, pero la gravedad del pecado mortal impide considerarlas como razones que alteren la imposición de la penitencia. Martín de Azpilcueta, en una especie de indagación de las posibilidades psicológicas o «deseos» del suicida, distingue cuatro supuestos en el acto darse la muerte a sí mismo: «si desea su muerte por ira», «si se ofrece martyrio indebido, o acorta su vida», «si desea no ser nacido» o «si deliberadamente se desseo a si mesmo la muerte, o perdida de algún miembro por ira, impaciencia, deshonrra, pobreza, o por qualquier otro infortunio». Puede pensarse que esta necesidad de clasificación de causas, de índole teológica, tiene algo que ver con la clasificación jurídica de las causas de suicidio que veremos más adelante, aunque en Azpilcueta tenga de momento un sentido más bien enumerativo, y de estudio de la subjetividad del suicida. Pero en la relación del teólogo se ha introducido además elementos interesantes (como el martirio indebido, o la pérdida de miembro) que introducen en el pro-

---

27 Gómez de Amescua, *Tractatus*, cit., pp. 193-197.

blema de la penitencia relativo no sólo al suicidio mismo, sino también a esas otras situaciones que hemos considerado afines al suicidio[28].

Apoyándose en los Padres de la Iglesia, San Agustín y Santo Tomás, el punto de partida es conocido: nadie es señor de su propia vida. Pero se añade: tampoco es dueño de sus miembros; asimilando así la automutilación al suicidio. Como sabemos, esta relación es sugestiva no ya sólo porque la intención de mutilarse pueda ser tan pecaminosa como la de causarse la muerte, sino también porque a menudo la mutilación puede ser la determinación en grado de conato de un suicidio al fin frustrado, como lo puede ser el hecho de consentir la mutilación de un miembro por un tercero, acto que a su vez condena el Derecho canónico[29]. Si comete tales actos, la pena que merece el clérigo o el monje que «se echo manos en si mesmo» será la pena de excomunión. Ahora bien, si actuó por «zelo o deuocion, hiriendo los pechos con el puño, o la cara con la palma, o el cuerpo, para lo refrenar con disciplina», cabe la mitigación de la pena. Es decir, al ampliar el supuesto del suicidio a situaciones similares como la mutilación (lo que apunta una vez más a la relación entre suicidio y homicidio, pues el tratamiento jurídico de éste está muy vinculado al de las heridas en general y las mutilaciones graves en particular) se está permitiendo la posibilidad de entender subsumidos actos de naturaleza religiosa como la disciplina corporal. Azpilcueta entonces consigue diferenciar situaciones teniendo en cuenta la mesura del comportamiento, que viene a ser algo así como la objetivación, con otro fin lícito, de la falta de intencionalidad en orden a la provocación de un daño al propio cuerpo. En la mesura está la clave: «ni aun tan poco (a nuestro parecer) si la herida era tal, que lícitamente podía dársela a si mesmo aunque no consentir, que se la diesen: qual es el mesarse, y tirarle de las barbas, y abofetearse por la muerte de sus padres, o amigos, según la mente de los Doctores, aunque nadie lo expresa». Ciertamente la idea de la mesura es importante porque permite encontrar una razón objetiva que finalmente parece imponerse al examen de las condiciones psíquicas del sujeto: cuando el sujeto se perjudica a sí mismo sin mesura, hasta la mutilación o la muerte sin mesura, la pena de excomunión del monje o del clérigo vendrá a imponerse aunque exista desesperación o ines-

---

28 Azpilcueta, *Manual de confesores*, cit., pp. 153-154.

29 *Ibid.*, p. 169.

tabilidad en su estado mental. En definitiva, el clérigo que deliberadamente se golpea (sin moderación) será excomulgado[30], porque además la injuria que provoca —igualmente provocada si consiente el golpe de un tercero, como dice Juan Ayllón Laynez[31]— afecta, como destaca Gómez de Amescua, a la Iglesia misma: «Nos autem fraternitati tuae super hoc respondemus, quod huiusmodi manus iniectio, etsi non violenta, tamen iniuriosa videtur: cum ille canon non tam in fauorem clerici ordinati, quam in fauorem ordinis clericalis fuerit promulgatus»[32]. Por eso hay que guardar la mesura en la flagelación disciplinar, en el celo o la devoción que provocan la euforia o el enfado en determinadas situaciones, como la muerte de familiares o amigos. Hay en definitiva dos formas de martirio, explica Azpilcueta: un martirio por devoción, por amor a Dios, y el suicidio o el daño propio camuflado por el martirio; respecto del sujeto «si se offrecio, o quiso ofrecerse a martyrio, mas principalmente por el aborrecimiento de su vida, que por amor de la sancta fe Catholica»[33].

---

[30] FARINACIO, *Praxis*, cit., p. 319.

[31] AYLLÓN LAYNEZ, *Illustrationes*, cit., p. 226.

[32] GÓMEZ DE AMESCUA, *Tractatus*, cit., p. 98.

[33] AZPILCUETA, *Manual de confesores*, cit., pp. 153-154. En este sentido, es necesario destacar las aportaciones de Martín IBARRA BENLLOCH, «Diferencia de pareceres entre Lactancio y Eusebio de Cesarea en torno a la muerte voluntaria del Cristiano en testimonio de fe», *Anuario de Historia de la Iglesia*, 3 (1994), pp. 95-107, en torno al martirio justificado o injustificado en función de los argumentos de Eusebio de Cesarea y Lactancio. Ibarra Benlloch parte de un suceso narrado por ambos autores acontecido en el año 303 tras la publicación de un edicto de persecución a los cristianos en la iglesia de Nicomedia. Tras su publicación, dicho edicto fue fervientemente arrancado por un individuo que finalmente fue capturado y soportó con «admirable paciencia» (tal y como coinciden en señalar ambos autores) el martirio, conservando la «calma y la tranquilidad hasta el último suspiro». Según relata Eusebio de Cesarea, este sujeto actuó empujado por el «celo de Dios», actuando «con fe ardiente»; Lactancio, por el contrario, se muestra más prudente: efectivamente reconoce su valentía, pero también la poca prudencia mostrada por el protagonista de esta historia. Ambos autores narran las persecuciones padecidas por los cristianos a posteriori en la ciudad de Nicomedia. Pero Eusebio es mucho más explícito en sus relatos, donde describe cómo un gran número de mártires de la ciudad fueron quemados o degollados: entre ellos, «hombres y mujeres saltaban por sí mismos al fuego con un fervor divino inefable». A sus ojos, este «salto por sí mismo a la hoguera» propiamente no constituye suicidio, pues lo único que buscan los «mártires» es adelantar su ejecución, es decir, adelantar su castigo. Como glosa Ibarra Benlloch, es

Ahora bien, así como el Derecho canónico tipifica la penitencia del suicida, podrá concretar la penitencia para estos comportamientos similares que inducen o se aproximan al suicidio: la autoflagelación,

posible que tales cristianos, guiados por el miedo y el temor a la tortura, decidieran arrojarse a las llamas como una simultánea garantía de su salvación, acelerando su propia muerte. Para Eusebio de Cesarea el alma es lo primordial del hombre; cuerpo y alma han sido creadas por Dios, pero el hombre fundamentalmente está constituido por el alma: el alma es lo racional, lo que dota al hombre del intelecto del que carecen el resto de los seres vivos, y ha de tener una preeminencia casi absoluta sobre el cuerpo; este es el motivo por el que tan a menudo defiende lo que Ibarra Benlloch denomina «suicidios por la pureza», al igual que hará con las mujeres vírgenes que optaron por el suicidio antes que ser violadas por los enemigos; se trata de una «fuga hacia el Señor», algo similar a lo que hacían otros cristianos que antes de ser capturados se precipitaban al vacío por considerar la muerte «un substraerse de la maldad de los impíos». La opinión de Lactancio no coincide. Lactancio critica la filosofía pitagórica y estoica al defender que el alma ni nace con el hombre ni muere con él; esta creencia, según Lactancio, es precisamente la explicación que da lugar a que muchos individuos no reparen en suicidarse, e incluso reprocha algunos célebres suicidios como el de Catón. En definitiva, para Lactancio de ninguna forma es lícito matar a un hombre —aunque más adelante modifique su postura en relación con el ejército—: la teoría de la preeminencia del alma y de su inmortalidad, defendida por Eusebio de Cesarea, implica claramente un desprecio hacia el cuerpo y una predisposición al suicidio. Si estas corrientes filosóficas en resumen creen que el suicidio no es más que una huida del cuerpo, de la cárcel del cuerpo que aprisiona el alma —el suicidio, por ende, como la liberación del alma— Lactancio nos habla del espíritu y de la carne y del eterno combate espiritual que entre ellos ha de mantenerse desde una sustantiva comunión. Para él, la preeminencia del espíritu sobre el cuerpo no implica la destrucción de éste último, pues cuerpo y alma son necesarios y buenos, y el ser humano se define como unión de cuerpo y alma o de carne y espíritu; si el alma tiene una posición superior, también el intelecto resulta ser el que induce al cuerpo al pecado, porque el pecado es voluntario, esto es, el pecado es la consecuencia de un acto racional y voluntario, y en consecuencia el alma es la que incita al cuerpo a actuar erróneamente. De ahí que el suicidio no deba ser visto como un acto de virtud, sino como un acto de miedo. Además del argumento de la unión del cuerpo y el alma, defiende Lactancio, hay una razón de Derecho divino-positivo, imperativa: Dios prohíbe matar, y matar siempre ha de ser un pecado. Como explica Ibarra Benlloch, a raíz del Edicto de tolerancia de Galerio de 311, Lactancio se verá obligado a replantear su postura, por ejemplo de cara a la participación de los cristianos en el ejército, admitiendo, efectivamente, la legitimidad de su servicio con todas las consecuencias de riesgo para la vida. Pero, aun así, podrá argumentar que el suicidio no responde a la misma situación, manteniendo la negativa a su entendimiento como un

la aflicción del cuerpo en distintas formas o incluso lo que sería una conducta al parecer propia de religiosos como la amputación del miembro masculino para evitar la caída en el pecado de la carne. Por otra parte, no hay irremisibilidad, a diferencia del suicidio, pues es sentencia común que el Sumo Pontífice se reserva la dispensa de los comportamientos culpables y punibles, como nos explica Gómez de Amescua. Este privilegio papal de exención de la responsabilidad se articula en función del sacramento de la confesión: el sujeto ha de mostrarse arrepentido por su conducta, confesarla y cumplir con la penitencia que se le imponga para que pueda procederse a la dispensa, dispensa que a su vez no implica la nulidad, sino la gracia o el perdón por la actuación pecaminosa. Como siempre, queda abierta toda una relación de matices. Aquéllos, por ejemplo, que se han castrado creyendo así, con plena convicción, agradar aún más a Dios, pueden ser dispensados efectivamente por el papa, e incluso recibir, al considerarse un vicio corporal, la dispensa del obispo. El obispo puede también dispensar mutilaciones módicas sin previo consentimiento o intención, como ligeras amputaciones corporales consecuentes de un duelo o desafío en el que los participantes obviamente no deseaban ni habían consentido en dicho resultado. Más complicada es la obtención del perdón por comportamientos tales como la mutilación de al-

signo de fortaleza y afirmando que se trata de un crimen homicida que como tal queda sujeto al Derecho y a la ley divina: los hombres no son dueños absolutos de su cuerpo y alma, cuerpo y alma fueron concedidos gratuitamente por Dios y, por consiguiente, sólo Él puede juzgar sobre su fin, pero no los hombres. Lactancio no defiende el suicidio como un medio de salvaguardar la pureza del alma, evitando mancillar el cuerpo, incluso en situaciones extremas; además, considera que algunos de esos mártires tan alabados por Eusebio de Cesarea no hicieron más que buscar su mejor suerte mediante voluntarios comportamientos provocativos y llamativos que no lograron más que acaparar la atención de las autoridades, cuando lo que ha de definir al verdadero mártir es su paciencia ante una injusta situación de la que él no es más que una víctima; el mártir verdadero nunca será aprehendido por desacato a la autoridad, desórdenes u otros altercados deliberados, del cariz de la actitud incorrecta e imprudente que en su momento mostró aquel individuo que arrancó el edicto de la iglesia de Nicomedia. En conclusión, no es posible justificar el suicidio alegando la salvación del alma, como si únicamente importara el espíritu con independencia de la carne, contra su complementariedad. Y es esta la postura la que más adelante defenderá San Agustín, al considerar suicidio el de Lucrecia, y sosteniendo que si el acto es involuntario, aunque el cuerpo sea violentado, no habrá pecado.

gún miembro y su ocultación; en este sentido, hay autores que abogan por su dispensa si son cumplidos todos los pasos requeridos para el perdón (arrepentimiento, confesión y administración de la penitencia), o acaso apreciando si la extirpación del miembro corporal se produjo o no en su totalidad; otras opiniones urgen tener en cuenta a aquellos «reos criminales ocultos» que a pesar de su arrepentimiento y confesión se niegan a cumplir con la penitencia impuesta. Por otro lado, no sería requerida dispensa alguna si la mutilación fue provocada por prescripción médica, al igual que tampoco se interesa si la amputación fue llevada a cabo por el propio afectado, cuando exista consejo del facultativo, o por el médico mismo; tampoco incurriría en culpabilidad aquél que se amputa algún miembro superfluo o superficial por defecto de nacimiento, como el sexto dedo de una mano, sobre todo si el único fin es la desaparición de la deformidad[34].

Otra de las penas que el Derecho canónico impone a los mutilados es la imposibilidad de declarar como testigos en una causa criminal contra un clérigo. La razón que se da para ello es que dicha mutilación, considerada un crimen homicida si fue provocada por uno mismo, imposibilita al individuo para ejercer la clerecía, es decir, no podría declarar como testigo un individuo con un miembro amputado porque tiene impedido, conforme al Derecho canónico, formar parte de la comunidad religiosa secular o regular. La razón general que imposibilita la declaración testifical de un automutilado, como explica Gómez de Amescua, está en el ánimo maligno de quien se agrede a sí mismo y demuestra así, al no ser capaz de proteger su propia integridad, la imposibilidad de valorar cualquier aspecto de la vida del prójimo[35].

La excomunión es la pena canónica máxima en la que puede incurrir el clérigo que no sólo se suicida, sino que también se autoagrede o autolesiona, por la consabida contravención con pecado mortal del Quinto Mandamiento. En el supuesto de una autolesión, sin embargo, no se llega a imponer esta pena si el sujeto actúa por inducción de otro, o cuando, como dice Navarro, citado por Gómez de Amescua siguiendo la opinión común de los doctores, se trata de un clérigo que se ha golpeado con fervor, buen celo y devoción, aminoración de la

---

34 Gómez de Amescua, *Tractatus*, cit., 171-173.

35 *Ibid.*, pp. 173-174.

pena que ha de entenderse viable cuando la autolesión es módica, como ocurre si se trata de una bofetada, o de tirarse del cabello y de la barba. Existe gravedad, sin embargo, e imposición de la comunión, si la aflicción del cuerpo se produce en público, o dentro de la iglesia, como si se trata de la extracción deliberada de sangre en similares circunstancias, porque se entiende entonces que esta conducta injuria a la Iglesia y a sus feligreses, siempre que no se trate de un hecho casual, como la actuación de un furioso momentáneo, o de una efusión involuntaria de sangre[36].

La doctrina jurídico-moral del siglo xviii, en líneas generales, no mostrará novedades, y en definitiva reitera los criterios, aunque de una forma mucho más abreviada, fría y esquemática. Es el caso de Rudolph Engau cuando con un estilo impasible, si no indiferente, considera que los suicidas con ánimo no criminal, esto es, que por frenesí, locura u otro «ánimo imbécil» ponen fin a su vida, deben ser enterrados en los márgenes del cementerio y sin pompas fúnebres en su sepelio[37]. Luigi Cremani, mantiene por supuesto la privación de sepultura eclesiástica, sustituida por el entierro en un lugar infame, con la particularidad de que en su razonamiento, al referirse al suicida que se priva de la vida en la cárcel, con un arma o ahorcado o ingiriendo un veneno, no se entiende que esté demostrado, aunque parezca responder al tipo de suicidio por conciencia del crimen, un verdadero miedo al suplicio que se deriva del crimen que perpetró[38].

Si desde el punto de vista de la privación de la sepultura eclesiástica Engau se limita al suicidio por tedio vital y Cremani no cree que el miedo a la pena funde debidamente una singularidad punitiva, parece que la flexibilidad en la práctica judicial va teniendo más margen del que pudiera parecer. No es extraño así que Benito Jerónimo Feijóo, en un discurso moral con un sabor reformista y propio de la tónica ilustrada, constate que, a fin de cuentas, es rara la ocasión en la que se le deniega al suicida la sepultura eclesiástica[39]. Por una parte, Feijóo destaca aquellas situaciones y tipos de suicidio en los que normalmen-

---

36 *Ibid.*, pp. 174-176.

37 Engau, *Elementa*, cit., pp. 251-257.

38 Cremani, *De iure*, cit., p. 289.

39 Benito Jerónimo Feijóo, *Teatro crítico universal o Discursos varios en todo género de materias, para desengaño de errores comunes*, Tomo VI, Madrid, en la Imprenta de Don Antonio de Sancha, 1773, pp. 83-90.

te la Iglesia no suele privar de sepultura por razón del estado psíquico del sujeto, de tal modo que la duda sobre el merecimiento del castigo espiritual se contrae a supuestos que evidencian un suicidio totalmente premeditado. Lo que hay que entender siempre, como suele ocurrir en esta problemática del suicidio, sin poner en tela de juicio la regla de que «no se debe, ni puede dar sepultura sagrada à quien voluntaria, y deliberadamente se quitó la vida»; una regla de la que pueden extraerse a su vez excepciones, precisamente a partir de la falta de voluntad o deliberación. Por eso la intervención de tercero, activa o por inducción, genera una duda razonable sobre si la muerte fue debida a la intención del propio sujeto, que justifica la inaplicación de la pena y por lo tanto que la Iglesia acepte la sepultura sagrada del cadáver: «aunque se halle el cadaver pendiente de una viga, y ahogado con un lazo, no haviendo mas testimonio contra él [...] aunque se le hallàse empuñando en la mano el puñal, que le havia atravesado el pecho, pues su enemigo, después de matarle, pudo ponerle en la mano el instrumento de la muerte para hacer creer, que el mismo difunto havia sido autor de ella». En realidad, la intervención de tercero funciona al margen de la voluntariedad misma, porque, si existe aquella participación, no se deberá proceder a la denegación de la sepultura eclesiástica aunque hubiera deliberación en el suicida, pues no queda claro que sin aquella intervención se hubiera producido el suicidio y ya ha sido explicado que la gravedad del acto excluye la aplicación de sus muy rigurosas penas cuando no ha tenido lugar la consumación o perfección del crimen; además, aumentarían entonces las dudas sobre hasta qué punto la voluntad del suicida, aun existente, pero cubierta por la intervención del tercero, estaría viciada o perturbada. Por supuesto, si es conocido que el sujeto ha mostrado desde hace tiempo señales irregulares de melancolía, tristeza, aislamiento, o se le vio sospechosamente pensativo, entre otros gestos que indiquen locura —«o incipiente o consumada, o interpolada, o continua»— tampoco deberá negarse la sepultura cristiana, pues será posible presumir que su estado mental derivó en «formal demencia».

Ahora bien, ¿qué sucedería si la tragedia del suicidio aconteciera en el hombre que no sólo conocemos, sino con el que a diario conversamos, y del que nunca notamos ni un ápice de locura o furor? Feijóo presenta a un sujeto normal, que sigue unos hábitos regulares y como tal es reconocido en su ámbito social; un buen día se aísla, para que nadie lo entorpezca, y cuando los vecinos se alarman porque tarda más tiempo de lo normal en salir al exterior, preocupados por que haya sufrido algún accidente, rompen la puerta de su vivienda hallándole ahorcado en una viga. Para la doctrina común no habría duda en afirmar que la sepultura eclesiástica ha de denegársele, pues con toda seguridad se quitó la vida premeditadamente y en plenas facultades («luego estamos en el caso en que ciertamente entra la aplicación de la pena de privación de sepultura Eclesiastica»). Aunque no se opone a esta resolución (de nuevo el respeto a la regla general moral, que no debe negarse), Feijóo viene a someterla a examen, cuestionando la penitencia espiritual que la Iglesia impone al suicida: solicita retóricamente «que se suspenda la sentencia hasta haverme oído, y después me conformaré con ella, sea la que fuere». Y así, en primer lugar, lo que a simple vista parece una muerte preparada y voluntaria, para Feijóo no lo es. Si el comportamiento del sujeto antes de recluirse era completamente normal, hablando y obrando «sin mostrar ninguna descomposición en el espíritu o diversidad sensible de su estado natural», ¿cabe entender que tenía ya preparado su suicidio, o que lo ideaba en ese mismo momento? ¿o entender que la idea nació en el momento del aislamiento, es decir, que la premeditación y reflexión fue posterior a su conducta ordinaria, de manera que no pensaba en el suicidio hasta que lo preparó en su casa, después de recogerse? ¿o que la idea era anterior y se recogió para resolver sus dudas hasta que al fin se decidió a darse muerte? Afirma Feijóo que los tres supuestos demostrarían que el hombre antes de recogerse no estaba mentalmente en condiciones, pues «esa misma tranquilidad de animo, en que se pretende fundar el concepto de que estaba en su juicio, es prueba clara de lo contrario». Ante este tipo de situaciones, «ninguno está mas loco, que el que conserva las exterioridades de cuerdo», esto es, el demente, loco o furioso que evidentemente y a ciencia cierta lo es, en definitiva y aunque parezca lo contrario resulta serlo en menor grado que aquél que todavía es capaz de mantener la compostura y la normalidad, haciendo frente al exterior, obrando y hablando cuerdamente, a modo de fingimiento o simulación, a sabiendas de que a posteriori se quitará la vida.

Podría decirse que lo que está haciendo Feijóo, de alguna manera, es dar la vuelta a los argumentos que hasta ahora venía sosteniendo la literatura jurídica, teológica y moral moderna: lo que se entendía como una actitud fría, premeditada y calculadora en el sujeto —como la actitud del protagonista de nuestra historia— ahora se comprende como el comportamiento de una mente perturbada, enferma. Pero eso no significa que el desequilibrio quede oculto y «no esté tan estrañamente perturbado, que no pueda regirse en palabras, ni en acciones [...] Necesariamente es tan terrible el tumulto de alma, en quien delibera sobre la atrocidad de matarse a si mismo, que a pesar de todos los esfuerzos de la disimulación ha de producir notable perturbación, descompostura en palabras, acciones y movimientos». Es decir, siempre, antes de la comisión de un suicidio, la persona mostrará algún tipo de inquietud o nerviosismo, cualquier muestra turbadora previa a la comisión de un hecho tan horrendo. Si se traslada el razonamiento a una situación mucho más concreta, como sería el suicidio en cárcel, con conciencia de crimen o miedo a la pena en términos tradicionales, ¿acaso el reo, que sabe que ha cometido un crimen, o que vive atemorizado a la espera de la imposición de su condena, no vendría a comportarse del mismo modo, de una forma extraña, inquieta y angustiada que vaticinase su miserable plan que pondría fin a su vida? Como sabía ver Cremani, los tipos clásicos de causas de suicidio (miedo de la pena, tedio vital) no parecen responder, si se piensa bien, a diferencias psicológicas; o mejor dicho, cuando la razón clásica de establecimiento de esa tipología, que no es otra que el respeto a la actividad represiva de la administración de justicia, cambia por un estudio de las condiciones psicológicas del sujeto, el valor de la tipología queda rebajado. Y si la denegación de la sepultura eclesiástica no pone el acento en la administración de justicia, sino en el merecimiento pecaminoso del que se excluye la incapacidad mental, no es extraño que, respetando la teoría tradicional, Feijóo avance hacia un tratamiento único y mitigador, favorable al entierro en sagrado.

En el análisis del relato de Feijóo todavía queda un punto que afecta a la supuesta deliberación del suicida. Al margen del comportamiento anómalo que desembocará en el suicidio, ¿cómo es posible que brote el definitivo ánimo suicida?, ¿Cómo ocurre que, una vez recogido en su casa, llega esa idea, ese pensamiento tan oscuro, que es el que verdaderamente impulsa al suicidio?: «¿cómo el motivo, que poco antes no hacia en su espíritu alguna impresión sensible, la hace poco después tan profunda, tan valiente, que la induce á la atrocidad de matarse?». Feijóo piensa que este devenir del espíritu a una disposición anormal es «un entero trastorno de la razón, un verdadero rapto de la demencia», pues, como explica «asi como un gran desvio del estado natural del cuerpo es propiamente enfermedad, un gran desvio del estado natural de la mente, rigurosamente es locura». No se niega que no hay una certeza absoluta sobre la existencia o no de la demencia, pero se asegura la fuerza de una duda irrefragable y suficiente como para no privar al suicida de recibir la sepultura eclesiástica. Además, si fue después de recogerse cuando «hubo una grande mutación en el espíritu, o mente de este hombre», el trato que previamente pudo haberse tenido con él vale a estos efectos como si no hubiese existido, tras su «mutación» o «transformación» mental. Es decir, esta transformación mental que ha tenido lugar tras su recogimiento le ha convertido en un hombre tan sumamente distinto y virulento para consigo mismo que sus acciones, su comportamiento —su acto suicida— nada tienen que ver con la persona que era antes, y por lo tanto no se puede hacer juicio de su comportamiento por un hecho anterior, debiendo ser visto este hombre, «en orden à la acción de quitarse la vida», como un «viajero» al que no se conocía.

El mismo Feijóo cae en la cuenta de que de acuerdo con sus explicaciones no parece existir modo alguno para el Derecho canónico de castigar espiritualmente al suicida, ya que «de qualquiera, y en qualesquiera circunstancias se discurrirá del mismo modo, que no estaba en su juicio, quando se mató». Y es que, «ingenuamente», confiesa el propio autor, para él es totalmente incomprensible que alguien en su sano juicio, premeditada y deliberadamente, opte por arrancarse la vida, porque, «¿cómo es posible, que quien sabe, que en aquel momento mismo, que su alma salga del cuerpo, ha de entrar en las llamas del abysmo, para arder en ellas eternamente, tome libremente tal resolución?». Asimismo sostiene que el ser humano se mueve en función de la consecución de objetivos satisfactorios o apetecibles, tendiendo a no cometer actos cuyas consecuencias evidentes sean desastrosas y catastróficas, por lo que, como literalmente se pregunta, «¿cómo es posible, que quien ciertamente sabe, que la miseria en que se mete, quitándose la vida, es asi por su duracion, como por su intensión, incomparablemente mayor, que la que evita, contemple la muerte apetecible, por librarse de la infelicidad presente?». Feijóo dice ser consciente de que los bienes y los males no se estiman por su tamaño, sino por las impresiones del alma, aunque teóricamente se sepa cuán grande y doloroso puede ser un hecho tan maligno como el suicidio; puede suceder en efecto que lo que para un hombre es el mayor de los males, sea visto por el resto como un problema menor, de ahí que no haya que medir el bien y el mal ciertamente en función de su magnitud, sino de lo que para una persona en concreto puede suponer en su vida; y así muchas veces la desgracia actual, aunque en realidad pueda ser inferior a la venidera en el futuro, incluso conocida en menor grado, puede hacer al individuo que la padece «tan viva impresión» que elija la huida y la evasión de la vida terrenal. Sin embargo, este argumento se considera muy cuestionable «quando el mal presente no tiene proporcion alguna con el futuro; o lo que es lo mismo, quando es infinitamente menor que él, lo que sucede en nuestro caso; pues la pena del fuego eterno excede infinitamente qualquiera trabajo temporal». Esto es, Feijóo se muestra incapaz de entender el hecho de que alguien, por no padecer una desgracia presente (respecto de la que cabe siempre imaginar otra futura de mayor calibre) opte, voluntariamente, por matarse, para someterse a una condena eterna del infierno. Porque si el hombre se quita la vida deliberadamente y en su sano juicio ¿acaso no está también en su sano juicio para entender que la condena espiritual que le adviene es innumerablemente peor que la pena padecida en vida? ¿Acaso demuestra estar en plenas facultades mentales la disposición a arder eternamente en el infierno por no soportar un mal necesariamente menor? La conclusión es evidente: «en caso de que á alguno haga tan viva impresión la infelicidad temporal, que elija por evitarla la eterna, se debe discurrir, que una tan violenta impresión le altere el espiritu de manera, que ya no está capaz de regirse, o de obrar deliberadamente». De nuevo la deliberación de juicio de un sujeto que parece conducir a un suicidio planificado o premeditado en realidad es un acto consecuente de una turbulencia mental, aun momentánea y esporádica; ese hombre que desea y se propone efectuar su propia muerte está padeciendo la locura y desesperación que finalmente le ha llevado a provocar el mayor de los males y la condena eterna de su alma. Consiguientemente, se trata de un hombre «que ya no está capaz de regirse, o de obrar deliberadamente».

Así las cosas, explica Feijóo que tiene «por probabilísimo, sino por moralmente cierto», que el suicida o bien no goza de un sano juicio, no está en estado de razón, o bien no tiene fe en Dios, esto es, se ha alejado de los preceptos y enseñanzas de la doctrina católica. Y es en esta circunstancia —salvando la doctrina tradicional moderna—, es decir, por la herejía, por la falta de convicción en Dios, cuando el Derecho canónico podrá efectivamente privar a dicho individuo de recibir sepultura eclesiástica, «pues el que padezca error en la Fé, no lo exime, antes es nuevo merito para ella». Pero aunque conceptualmente la idea es aguda, y permite armonizar sus reflexiones ilustradas con el mantenimiento de la penitencia canónica, sigue existiendo una duda, que se deduce del comentario del relato anterior, sobre la constatación de la deliberación (herética) en el suicidio: «¿Pero cómo ha de constar, se me dirá, que alguno se mató con perfecta deliberación, si no consta esto en el caso propuesto arriba?». Y Feijóo responde: «no consta en aquel, y puede constar en otros». Pone el ejemplo entonces de Felipe Strozzi, conspirador contra la dominación de los Medici en Florencia: tras ser hecho prisionero en una batalla, se privó de la vida clavándose un puñal en el pecho, un acto plenamente deliberado respecto del cual «dexó testimonios claros de que muy seriamente, y con toda reflexión, havia puesto por obra la tragedia»; en su mismo cuarto bañado en sangre Strozzi dejó un testamento y en la cornisa de la chimenea el mismo puñal con el que se quitó la vida, bajo el lema, tomado de la *Eneida*, con el que Dido expresó su venganza contra Eneas antes de suicidarse: «exoriare aliquis nostris ex ossibus ultor». Pues bien, estas «preparaciones» del suicidio «muestran un ánimo dueño de si mismo, y de sus acciones: por consiguiente con total deliberación se entró el puñal por el pecho». Y la analogía con este ejemplo podría esclarecer otros supuestos en los que el suicidio fue cometido tan deliberada y voluntariamente, a conciencia, «con toda advertencia». En tales casos la Iglesia debería negar el santo entierro; aunque Feijóo se permite insistir en la contundencia probatoria de la deliberación: «faltando todo indicio, la presunción está a favor suyo; porque sin fuertes pruebas no puede creerse, que nadie se mata a sí mismo estando en su juicio» (con esta exigencia el autor deja ver su preferencia por el argumento de la excepcionalidad del suicidio deliberado, e implícitamente su rotunda afirmación de que no es posible que nadie, estando en plenas facultades mentales, se quite la vida). En definitiva, la privación de sepultura eclesiástica queda limitada al suicidio plenamente deliberado por atracción de la naturaleza de la herejía, y así «Quando conste, que el homicida de sí mismo era hombre muy perverso, ò vivía atheisticamente, soy de sentir, que aunque no haya indicio particular de que se mató deliberadamente, debe ser sepultado en lugar profano». Hay dos razones en las que se apoya. Una primera que ratifica el razonamiento anterior, «porque una vida enormemente desreglada constituye racional presunción de faltar a la verdadera Fé en orden a los Novisimos»; de manera que un verdadero suicida es un hereje que merece ser castigado por desviarse de la fe católica. La segunda razón es más difícil de entender: «porque los hombres, que desbocadamente siguen el impulso de sus pasiones, poco van contrayendo tal ceguera de entendimiento, y tal dureza de corazón, que al fin quedan capaces de la acción de quitarse la vida, aun con la certeza de su eterna perdición, sin que la dureza, ni la ceguera los disculpe. Porque son voluntarias en la causa»; parece haber aquí un reconocimiento por parte de Feijóo de una patología mental que hasta ahora había servido para dispensar de responsabilidad al suicida, una aceptación de que hay hombres impulsivos que sólo se guían por pasiones espontáneas sin meditar ni valorar futuras consecuencias, hasta terminar «ciegos de entendimiento» y provocar un hecho tan abominable como el suicidio. Naturalezas en las que la enajenación mental parece ser una perversidad: hombres que no son ese hombre normal y aparentemente cuerdo en su relato. De esta forma, es como si Feijóo quisiera impedir una interpretación excesivamente flexible de sus argumentos, o como si quisiera dejar un cauce para una interpretación restrictiva y más clásica de toda su argumentación en determinados casos.

Para finalizar, afirma Feijoo: «en mi sentir nadie se mata à sí mismo sin alguna de las tres expresadas cegueras: o ceguera de error contra la Fé, o ceguera natural; esto es, demencia: o en fin, ceguera voluntaria, adquirida por una vida torpísima, cuyo efecto, y cuyo castigo es, a un tiempo mismo; aunque à la verdad, esto ultimo lo juzgo de rarísima contingencia, y acaso nadie llegó a este grado de ceguedad, y dureza, sin padecer lesión en la Fé». En síntesis, esta trilogía de «cegueras», conforme a los argumentos del autor analizados a lo largo de estas páginas, vienen a confirmar la poca frecuencia del suicidio como un acto plenamente deliberado y premeditado, a conciencia, pues siempre habrá algo que turbe, que ofusque la mente del hombre. No ha desaparecido el pensamiento tradicional sobre el suicidio, ni la penitencia, ni concretamente la privación de sepultura cristiana, pero su denegación se reduce porque, según este planteamiento ilustrado, el mismo suicidio, entendido en su verdadera plenitud, es un acto caracterizado por su rareza.

CAPÍTULO IV. TIPOLOGÍA JURÍDICA DEL SUICIDIO

La literatura jurídica de la Edad Moderna elabora una tipología del suicidio clasificando las posibles causas o razones que influyen o motivan al individuo para la comisión del acto de consumar la propia muerte. Esta tipificación ordena dos grandes bloques fundamentales, con efectos penales sustantivos y procesales distintos en función de las características del delito. Se trata de la distinción entre el suicidio «conscientia criminis vel metu poenae», y el suicidio «taedio vitae vel impatientia vel dolore», siendo, como se verá, el régimen jurídico del primero, que vincula el suicidio a un procedimiento de administración de justicia, más rígido que el segundo, aunque ambos partan del criterio común del suicidio como homicidio cualificado que exige prueba contra la presunción de la falta de cualificación; en caso de duda, como sostienen Diego Pérez de Salamanca y otros autores, si se encuentra un cadáver hay que presumir que la muerte no se debe a un homicidio, y menos aún a un suicidio, sobre todo si se trata de un hombre docto o con dignidad del que no cabe presumir un comportamiento moralmente tan reprobable[1].

1. EL SUICIDIO «CONSCIENTIA CRIMINIS VEL METU POENAE»

En el tratamiento jurídico del suicidio por los doctores de los siglos XVI y XVII, un supuesto que plantea problemas relevantes es el suicidio

[1] Diego Pérez de Salamanca, *Ordenanzas Reales de Castilla glosadas. Tomo III*, Madrid, imprenta de Josef Doblado, 1780, pp. 386-387.

cometido por razón de o en relación con la responsabilidad derivada de un acto criminal perfeccionado previamente por el propio suicida, contemplado desde dos posibles situaciones temporales: la «conscientia criminis», de modo que la causa del suicidio se identifica con el delito perpetrado con anterioridad antes de que pese sobre el sujeto la carga jurídica y aun moral de la culpa, y el «metus poenae», de manera que la causa del suicidio no tiene que ver tanto con el delito anteriormente perpetrado, cuanto con la pena que se teme derive de aquel delito en virtud de la obligación criminal que generó y del procedimiento criminal abierto. Este tipo de suicidio tiene una importancia jurídica especial precisamente porque pone en relación con la conducta delictiva el cumplimiento de la obligación criminal dolosa o culposa a la que dio lugar un comportamiento criminal pasado, y en este sentido puede poner en tela de juicio la eficacia de la administración de justicia que debe responder a la perpetración de aquel crimen. Así como el suicidio del hereje evita la penitencia, en cualquier caso el suicidio del delincuente evita la pena, y tanto en un caso como en el otro queda cuestionada la eficacia de los aparatos represivos de la administración de justicia, eclesiástica o secular. Este paralelismo es evidente, y así como existe el suicidio por la conciencia del pecado cometido y el suicidio por el miedo a la penitencia derivada del pecado, estos mismos términos, en el delito-pecado del suicidio, se reflejan secularmente con la misma estructura.

Por otra parte, el suicidio por conciencia de crimen o miedo de la pena está relacionado con una situación jurídica concreta cual es la del encarcelamiento como medida cautelar de la fase sumaria del proceso penal; Plaza y Moraza dice que los oficiales que custodian las cárceles no deben permitir que entren armas con las que los reos puedan causarse la muerte[2]. El suicidio en la prisión normalmente se relaciona, más que con la «conscientia criminis», con el «metus poenae», pero en cualquier caso el tratamiento jurídico conjunto de ambas situaciones deja en segundo término la interiorización del crimen anterior a modo de culpa moral o jurídica o de temor a la pena. También el tiempo procesal puede tener que ver con la decisión del suicida, y así el suicidio puede cometerse antes de que la sentencia sea dictada o bien una vez que se pronunció, lapso en el que podría advertirse una gradación del «metus poenae». Pero todos estos matices serían tan

[2] Plaza y Moraza, *Epitome*, cit., p. 407.

propios del fuero interior y complejos que no pueden convertirse en factores moderadores de una solución jurídica; la misma pena puede tener que ver además con la efectividad de la causa de su temor en el suicidio, dependiendo de su gravedad y forma de ejecución, como hemos visto a propósito de los herejes que, con pavor a la vivicombustión, prefieren ahorcarse.

Técnicamente, este tipo de suicidio implica una estimación del delito perfecto a modo de prueba, en la medida en la que, como explica Giovanni Baptista Ziletti, el suicidio por conciencia del crimen o miedo de la pena opera como la constatación de aquel crimen anterior, con su pena aparejada, como si se tratara de cosa juzgada en el caso de que todavía no se hubiera pronunciado sentencia, porque el suicidio sanciona que el suicida actúa convicto y confeso de su crimen previo[3]. Esta convicción que el suicidio confirma sólo requiere que el suicidio se sitúe en el iter procesal, para que efectivamente pueda darse por sentado que el crimen del que el reo es consciente, o la pena que teme, están objetivamente determinados por un procedimiento que conduce a exigir su responsabilidad criminal. Por eso se exige, con distintos grados de rigidez, que el reo haya sido detenido o capturado al ser sorprendido en la comisión flagrante del delito, o bien que el reo haya sido acusado formalmente, esto es, que el suicidio se cometa «post accusationem & litis contestationem», como afirma comúnmente la doctrina[4]. Con otras palabras, el reo ha de haber quedado sometido al procedimiento criminal, que determina un objeto de enjuiciamiento y la petición de una pena consiguiente. Es entonces cuando pueden tener eficacia como causas del suicidio tanto ese crimen (conciencia), objeto del proceso, que cometió, cuanto la pena (temor) que ha de entenderse aparejada a su comportamiento. Es entonces también cuando el suicidio del reo demuestra automáticamente la certeza del crimen anterior, y desde este punto de vista el suicidio se entiende como una prueba fundamental de culpabilidad, y esto explica la relevancia jurídica concedida a este tipo de suicidio, con independencia de otras razones psicológicas, en su relación con la responsabilidad criminal a propósito de un crimen que se ventilaba en el proceso. Y esto es así también, como explica Antonio Gómez, cuando

---

3 Ziletti, *Consiliorum*, cit., f. 45 v.

4 Plaza y Moraza, *Epítome*, cit., pp. 394-395.

ha existido conato de suicidio[5], conforme al régimen de imposición de la pena del delito consumado cuando el conato lo es de un homicidio cualificado, aunque Pedro de Plaza y Moraza se refiere antes bien, de acuerdo con lo que pudimos constatar en páginas anteriores, a la tendencia en la práctica a la imposición judicial de pena extraordinaria en el delito intentado[6].

A esta presunción de culpabilidad se unen otros efectos. Por una parte, los herederos del suicida no podrán ejercer acciones procesales en orden a la prueba de la inocencia de su causante, lo que implica a su vez que los bienes del difunto no podrán ser objeto de sucesión por aquéllos. Es interesante precisar, como hace Ziletti, que en todo caso si los herederos quedan totalmente impedidos de recibir, al menos, la legítima que les corresponde, no es por el hecho de la comisión del delito cuya causa se ventila en el proceso, sino por razón del suicidio que se cometió por conciencia del crimen o por miedo de la pena, en la medida en la que este suicidio o segundo crimen se presume que demuestra que el reo queda convicto y confeso en cuanto a la culpabilidad del primero, y por lo tanto eso significa que el suicidio tiene como fin el impedimento de la justicia y la evitación de la responsabilidad criminal por parte del reo. La confiscación de los bienes, como pena propia del suicidio, ratifica la imposibilidad de transmisión hereditaria cuyo reconocimiento, a su vez, quedaba imposibilitado porque la prueba plena en el proceso, derivada del suicidio, excluía la acción procesal de los herederos en orden a la prueba de la ausencia de culpabilidad[7]. Ahora bien, a diferencia del criterio de Ziletti, que comparte Tiberio Deciani al considerar que el suicidio por conciencia del delito o miedo de la pena tiene por confeso «absque alia probatione»[8], Diego de Cantera no considera que el suicidio constituya prueba plena —de hecho, puede suceder que el proceso hubiera avanzado hasta alcanzar la prueba plena, antes del suicidio— sino que requiere que concurra prueba semiplena para poder entender deducida la culpabilidad; esta forma de ver las cosas, como explica Plaza y Moraza,

---

5 Antonio Gómez, *Variae resolutiones juris civilis, communis, et regii, tomis tribus distinctae*, Matriti, typis Pedri Marin, 1730, pp. 105-106.

6 Plaza y Moraza, *Epitome*, cit., pp. 409-410.

7 Ziletti, *Consiliorum*, cit., f. 45 v.

8 Tiberio Deciani, *Tractatus criminalis. Tomus secundus*, Augustae Taurinorum, apud haeredem Nicolai Bevilaqua, 1593, f. 200 r-v.

significa que los herederos, en tanto no se tenga por convicto y confeso al reo, están en disposición de probar su inocencia y evitar la confiscación de los bienes[9].

En todo caso, la «conscientia criminis», así como el «metus poenae», sólo se presumen si efectivamente ya se ha formulado la acusación o el proceso entra en fase de «litis contestatio»; si el suicidio es anterior a la captura del reo, por el contrario, no cabe la presunción de estas causas de suicidio, aunque haya podido existir una delación, porque la posibilidad de evadir la justicia por parte del reo todavía era entonces potencialmente viable, como dice Cantera[10], e incluso si sólo se ha interpuesto la acusación, Deciani es partidario de esperar todavía a que conste el crimen[11]. La limitación del efecto probatorio del suicidio, en fin, está de acuerdo con la práctica contraria a la imposición de la pena de confiscación de bienes en los «iura propria», en cualquier supuesto de suicidio, como sostiene Ludovico Careri[12]. Alfonso de Acevedo explica la costumbre judicial hispana: la pena de confiscación de bienes no se aplica cuando hay herederos por sucesión testada o intestada, y sólo en el supuesto de que el delito por el que el reo hubiera sido detenido o acusado mereciera pena de muerte y de confiscación de bienes, el suicidio por miedo a la pena o conciencia del delito, siempre que se haya producido con posterioridad a la acusación, tendría «pro confesso» al reo como si hubiera sido condenado por sentencia definitiva; ahora bien, aun la idea de que se reserven los bienes a los descendientes o ascendientes del delincuente salvo en el crimen de lesa majestad u otros casos legales expresos, se considera «hodie» en el «ius regium» vencida por el reconocimiento exclusivo de los descendientes con la condición de herederos en cualquier delito, y por la práctica de que, haya hijos y descendientes o no, sólo la mitad de los bienes sean aplicados al fisco, por otra parte en todo tipo de suicidio, «tedio vitae sive metu poenae vel ex alia causa»[13].

---

9 PLAZA Y MORAZA, *Epitome*, cit., pp. 395-397, 407.

10 Diego de CANTERA, *Quaestiones criminales tangentes iudicem, accusatorem, reum, probationem, punitionemque delictorum*, Salmanticae, excudebat Cornelius Bonardus, 1589, pp. 555-557.

11 DECIANI, *Tractatus criminalis*, cit., f. 200r-v.

12 Ludovico CARERI, *Practica causarum criminalium*, Lugduni, apud Gulielmum Rovillium, 1562, f. 118v.

13 AZEVEDO, *Commentarii*, cit., pp. 444-446.

Como si quedara un resquicio de duda sobre la justicia de estos efectos jurídicos cuando el proceso sobre el delito previo (cuya conciencia o pena temida no quiere el suicida padecer) no había aclarado su inocencia o culpabilidad, Pedro de Aragón explica que la atrocidad del suicidio existe tanto si el suicida es culpable como si es inocente por un crimen anterior. De esta manera, Aragón termina con cualquier objeción a propósito de los efectos procesales de un tipo de suicidio que funciona como presunción de un delito que, por otra vía de presunciones, conjeturas o indicios aún no había resultado probado[14], como si el suicidio lo absorbiera. Es cierto que en este razonamiento puede tener importancia la distinción temporal entre las dos razones que suelen estar unidas: conciencia del crimen y miedo de la pena. Es en el caso de suicidio por conciencia del crimen en el que cabe plantear con mayor comodidad la hipótesis de que el delito cometido por el suicida no fuere probado plenamente hasta que el suicidio tuvo una función presuntiva. En el caso del miedo de la pena, se parte de una sentencia ya pronunciada, pero tampoco debe olvidarse que el suicidio puede aparecer como un síntoma de desesperación ante una pena que el reo considera injusta, o exagerada, o ante la infamia (propia solamente de este tipo de suicidio), como destaca Tiberio Deciani[15], y en este sentido el suicidio puede producir un efecto de duda en el observador externo. Todo esto desaparece bajo la contundencia de Aragón: el suicidio hace tabla rasa de todas estas especulaciones no ya por la interpretación procesal que recibe, sino porque si recibe tal interpretación es a partir de su consideración como un delito atroz e injurioso contra Dios, la ley natural y la república, que además violenta el desarrollo de la administración de justicia. De hecho, Domingo de Soto entiende justamente de esta forma la injuria que el suicidio causa. La injuria contra Dios existe evidentemente siempre en el comportamiento del suicida, porque dispone del libre albedrío contra la potestad absoluta de Dios sobre sus criaturas; es contraria al Derecho natural, porque parece una inclinación natural evitar un mal mayor mediante la comisión de un mal menor, y el suicidio por conciencia de crimen o miedo de la pena provoca una solución sin duda contraria: la muerte propia será siempre una pena mayor que cualquier otra corporal o patrimonial, y aun si la pena impuesta judicialmente es la

---

14 Aragón, *De iustitia et iure*, cit., pp. 358-359.

15 Deciani, *Tractatus criminalis*, cit., ff. 197r-v, 201r-202r.

pena de muerte, sufrirla en propias manos aumenta el pecado respecto de su padecimiento ejecutada por la potestad pública; por último, el suicidio, al intentar evitar la represión oficial por un crimen cometido, atenta también obviamente contra la república y su aparato de administración de justicia[16].

2. *EL SUICIDIO «MODO TAEDIO VITAE VEL IMPATIENTIA VEL DOLORE»*

Pedro de Aragón, como otros doctores, señala como otro tipo de suicidio el motivado por causas tan diversas como la melancolía o el tedio vital, la incapacidad de soportar el dolor o la enfermedad. Desde luego, por muy profundo que pueda ser el sufrimiento que estas razones provoquen en la persona, el suicidio sigue siendo considerado un crimen atroz, porque provocarse a sí mismo la muerte es causar un mal muy superior a cualquiera de las miserias que el hombre debe soportar en su vida[17].

Como tipo de suicidio teóricamente distinguido del suicidio «conscientia criminis vel metu poenae», sería suficiente aquí con subrayar la carencia de los efectos jurídicos propios del suicidio que se produce en una tesitura procesal. La acusación o la litispendencia hacen presumir el suicidio por conciencia del delito o miedo de la pena, de tal manera que la prueba carga sobre quien pretenda argumentar que el suicidio se ha producido por tedio vital o dolor. Se presume sin embargo que el suicidio se ha debido al tedio vital o a la impaciencia del dolor cuando ha sido cometido antes de la detención o de la acusación; también, obviamente, si después hay constancia médica de, por ejemplo, una grave enfermedad sobrevenida y efectivamente dolorosa. En todo caso, es significativo que Tiberio Deciani, desde el siglo XVI, llame la atención sobre el hecho de que la experiencia enseña que hay muchos inocentes acusados y encarcelados que se suicidan, lo que debería ser tenido en cuenta por los jueces matizando los criterios jurídicos presuntivos[18].

---

16 SOTO, *De iustitia & iure*, cit., pp. 365-366.

17 ARAGÓN, *De iustitia et iure*, cit., pp. 356-357, 361.

18 DECIANI, *Tractatus criminalis*, cit., ff. 200v-201 r.

Así pues, la distinción entre tipos de suicidio no tiene sentido tanto en cuanto a la discriminación de penas (así la confiscación de bienes), como en relación con la función probatoria que se deduce según si ha resultado perpetrado en tiempo procesal o no. No obstante, lo cierto es que siempre hubo un criterio en la literatura jurídica, en el fondo muy de acuerdo con esa distinción de valor procesal entre tipos de suicidio, favorable a la imposición de una pena menor al suicidio por tedio vital frente al suicidio por conciencia del delito, excluyendo de aquél las penas de muerte natural (en realidad, infamante del cadáver) y civil, la infamia en general y la privación de sepultura eclesiástica en particular; un criterio que, como demuestra la reflexión de Joost Damhouder, tiene que ver con el hecho de que los conceptos de dolor, impaciencia vital, enfermedad, estén ligados a otros como «furor», «insania», «melancholia», «animi impotentia», que denotan factores relativos al enjuiciamiento de la incapacidad de dolo, habida cuenta de que el suicidio siempre requiere, por supuesto, el mal propósito como crimen y crimen cualificado que es[19]. Por otra parte ya hemos comentado la tendencia del «ius proprium» a no dañar las expectativas hereditarias de los descendientes en ningún caso, excluida la confiscación incluso a falta de aquéllos, según Alfonso de Acevedo, cuando el suicidio se produce «pro furoris morbo»[20]. Además, cuando se prueba que el suicidio fue cometido por tedio vital o dolor, el juez, como dice Antonio Gómez, ha de imponer una pena extraordinaria arbitraria, parece que preferiblemente destierro o azotes[21].

De forma singular, el miedo al dolor como causa del suicidio parece una situación que tiene que dar lugar, por su relación habitual con la enfermedad como tránsito previo a la muerte, a problemas jurídicos relacionados técnicamente con el conato y, también, con las situaciones afines al suicidio. Podría pensarse en la existencia de grados en la conducta del enfermo que, a sabiendas de su final mortal, se desespera por lo que imagina un tiempo de padecimientos insoportables: en una primera reacción, digamos que leve, puede decidir la ingesta de alimentos o bebidas que contribuyan a acelerarle la muerte tanto como a aliviarle el dolor, si fuera posible, aunque su efecto sea pernicioso, para más adelante, o de forma drástica, optar por el suicidio si

[19] Damhouder, *Praxis rerum criminalium*, cit., pp. 310-312.

[20] Azevedo, *Commentari*, cit., p. 446.

[21] Gómez, *Variare*, cit., pp. 105-106.

no hay otro remedio frente a un dolor considerado invencible. En la medida en la que exista intención de que la muerte se precipite, tanto en la acción leve como en la drástica, todo acto desarrollado puede suponer un atentado de suicidio, aunque quepa diferenciar, como en todo delito, la comisión de actos remotos o próximos, valorando todas las circunstancias (por ejemplo, el mismo alivio del dolor como causa concurrente de la medicación). Martín de Azpilcueta defiende que hay pecado venial en quien comió o bebió consciente del mal efecto pero provocando un daño mínimo, de donde se deduce que incurriría en pecado mortal quien produce un resultado mortífero siempre y cuando se caracterice por la intención dolosa en orden al suicidio[22].

3. *EL SUICIDIO «EX ALIA CAUSA»*

La literatura jurídica y teológica, a pesar de su frecuente división en dos grupos de motivaciones —«conscientia criminis vel metu poenae» y «modo taedio vitae vel impatientia vel dolore»— que encaminan al hombre hacia el suicidio, no pierde de vista la multiplicidad de factores objetivos y subjetivos que pueden explicar una conducta tan antinatural como la de provocar la muerte de uno mismo, siempre en dependencia de las particularidades psicológicas y de los episodios circunstanciales sufridos por el suicida.

Una de estas causas, «ajena» o «extraordinaria» a aquellos dos conjuntos principales de motivaciones, es la provocación de la muerte con el deseo de conseguir alcanzar más rápidamente la vida eterna. Se refiere a ella en el siglo XVII Baltasar Gómez de Amescua, para mostrarse partidario de la licitud de padecer de «buena gana» el sufrimiento hasta la muerte si se trata de defender la fe católica y llevar a cabo una misión evangelizadora. Así quienes voluntariamente se prestan al martirio deben padecer el sufrimiento, sin evitar la huida o la muerte ante la amenaza del infiel, pues de otra forma desobedecerían el divino precepto, descarriándose del camino de Dios y pecando mortalmente. Pero el riesgo de responsabilidad moral exige una comprensión cabal de los límites de la conducta, para la que Gómez de Amescua pone de ejemplo a los gnósticos, secta herética que, alejada de una

---

[22] AZPILCUETA, *Manual de confesores*, cit., pp. 153-154.

verdadera comprensión del martirio, seguía la vía del suicidio para liberarse de la persecución, negando por ende a Cristo. Amescua critica también en su obra a los sacerdotes hebreos que se privaban de la vida por conservar su fe y llegar antes a Dios, porque en realidad sus actos no pueden ser identificados con un sacrificio martirial que contribuya al encuentro de la gloria de Dios, sino con desviaciones que sólo consiguen la indignación de Dios al reducir lo que Él ha creado y dando la victoria al enemigo, esto es, a Satán[23]. Muy al contrario, el verdadero ejemplo está en los hermanos camaldulenses, jesuitas o mercedarios, entre otros, que padecieron y vivieron en su propia carne la violencia y el sufrimiento martiriales a través de sus misiones sagradas, sin temor y en obediencia al Señor, exponiendo sus vidas al peligro sin experimentar el pecado del suicidio[24]. Ya en el siglo XVI, el martirio (o falso martirio) había sido un tema estudiado por Pedro de Aragón, para concluir que es ilícito el suicidio que se fundamenta en una supuesta orden de Dios. De ahí que cuestione el caso de Sansón cuando pide a Yahveh fuerzas para matar a los filisteos y termina muriendo entre tantos al derrumbarse el templo. Con todo, la muerte de Sansón podría entenderse lícita por cuanto no tuvo intención de morir, sino que tan sólo admitió el riesgo de su muerte al actuar por una buena causa[25]. O bien, como Ginés Luis de la Madre de Dios sostiene al respecto, trayendo a colación las palabras de San Agustín, en realidad no fue Sansón quien hizo derrumbar el templo con el enemigo dentro, sino que fue el Espíritu Santo el que de manera oculta lo hizo caer, obrando el milagro a través de Sansón[26]. De este modo, el honor divino o la protección de la república pueden ser móviles lícitos en una conducta que asume el riesgo de la muerte, como ocurre en todo verdadero martirio, que así resulta ser un servicio y no una mera inmolación de la vida. Sin embargo, San Agustín comparaba con todos aquéllos que se mataron para evitar caer en manos de los enemigos, el comportamiento de los patriarcas, profetas o apóstoles, dignos de imitación, que antepusieron la piedad advertidos por Cristo y se mantuvieron con vida para intentar no caer en manos de sus perseguidores, huyendo de ciudad en ciudad, lo que precisamente permitió al fin

---

23 Gómez de Amescua, *Tractatus*, cit., pp. 63-64.

24 *Ibid.*, pp. 63-64.

25 Aragón, *De iustitia et iure*, cit., pp. 357, 359.

26 Madre de Dios, *Praelectiones*, cit., pp. 407-411.

el desarrollo de la virtud de la caridad, pues gracias a estas persecuciones la palabra de Dios fue difundiéndose. El hombre santo protege su vida para dedicarla a Dios y sin vida no hay misión evangelizadora[27]. El martirio como tal, el buen martirio, está así vinculado al enfrentamiento de la hostilidad de los enemigos de Dios. La muerte puede ser una consecuencia del sacrificio, pero no es el sacrificio mismo y menos aún ineluctablemente. La Iglesia valora el espíritu y valentía de estos verdaderos beatos y santos, capaces de soportar la tortura hasta llegar a la muerte, pero a su vez contra la muerte que otros, y no ellos mismos, pretenden causarles[28].

El miedo al delito o pecado futuro como causa de exención de la responsabilidad por el suicidio es otro de los motivos que Pedro de Aragón no acepta, pues, de resultar admisible, se llegaría al punto de aconsejar que en el momento en el que la persona consigue que sus pecados sean perdonados, por ejemplo en el acto de la confesión sacramental, evitara toda nueva mancha a través de la muerte espontánea, con tan supuesta buena voluntad. Es más, ¿por qué los bautizados se perdonan la vida, si éste sería el mejor momento para excluir todo pecado futuro y mantener la pureza del alma? Pero es evidente que si el suicidio fuera un camino lícito para evitar el pecado futuro, la virtud en el comportamiento del hombre ante todos los problemas que le depara la vida carecería de sentido; de hecho, el suicidio impediría ese ejercicio de la virtud. ¿Qué valor tendrían, además, los sermones, toda la acción pastoral de la Iglesia, si el mejor camino contra el pecado fuera la muerte? La vida está llena de tentaciones, y el hombre debe trabajar en conciencia para evitar caer en ellas, que son pruebas que Dios nos pone en el camino terrenal, y que pueden vencerse con la fe y el magisterio de la Iglesia. Por eso, siguiendo a San Agustín en toda esta reflexión, Aragón vuelve a declarar la naturaleza del suicidio contraria a la virtud, y por lo demás extiende la gravedad del pecado a quien se atreve a inducir a otro (confundiendo pecaminosamente el consejo que debe dar) a cometerlo. Y por eso en esta

---

27 Aragón, *De iustitia et iure*, cit., pp. 357, 359.

28 Sobre la vulgarización en la práctica del martirio y su significado durante la Edad Moderna *vid.* Victoria Sandoval Parra, «Teología y vulgarización político-jurídica del martirio en la Monarquía Universal Católica», en Manuel Torres Aguilar y Miguel Pino Abad (coords.), *Burocracia, poder político y justicia. Libro-homenaje de amigos del profesor José María García Marín*, Madrid, Dykinson, 2015, pp. 641-671.

causa de suicidio el «consilium» o «persuasio» (con sus efectos punitivos en el orden jurídico, como en todo delito) tiene tanta importancia, porque la responsabilidad de quien aconseja a otro el suicidio parece reunir y sumar tanto la que corresponde al homicidio, del prójimo, como la que corresponde a la cualificación del suicidio, que el prójimo acomete, aunque en este caso haya que tener en cuenta, como es propio del régimen de esta forma de participación en el delito, si a falta del consejo el suicidio se habría consumado o no[29].

Próspero Farinacio se ocupa de otros supuestos similares de suicidio que aun pudiendo parecer justos o necesarios son igualmente ilícitos. En esta línea sitúa el suicidio de quienes consuman su muerte con una querencia por anticipar o adelantarse a la vida eterna: Farinacio considera por supuesto que cuando el hombre impune y sin pecados se suicida para evitar una nueva caída en los defectos de su cuerpo no conseguirá más que provocar el mayor de los males, al actuar en contra del honor divino; sólo una inspiración divina oculta podría justificarlo. Asimismo, aquéllos que quieren liberarse de las miserias de la vida, y se suicidan por evitar el pecado, son vistos como falsos creyentes, hipócritas que han desoído el mandato divino que lo prohíbe. Y es que no existe motivo alguno que pueda mover lícitamente al ser humano a ansiar y cumplir con su propia muerte, ni siquiera su miedo por evitar pecados futuros o las penas del mundo terrenal, mantener la pureza y no cometer el delito, ni cualquier otra razón religiosa. Efectivamente, no existe causa firme que justifique adelantar el fin de la vida, pues la piedad cristiana no admite ninguna[30].

Tenemos que pensar que hablamos de tiempos en los que los espíritus alumbrados de extremo sacrificio por fervor religioso no eran infrecuentes. Y aunque puede parecer el miedo al pecado futuro un estado anímico característico en abstracto de determinadas constituciones espirituales, tampoco se contradice ese estado con problemas y miedos concretos: los pecados en cuya tentación se teme caer probablemente son pecados ciertos, posibles, inmediatos en su manifestación temporal, en el orden de vida de quien los teme; una proximidad que acerca esta causa del miedo al pecado futuro a la causa del temor

---

29 Aragón, *De iustitia et iure*, cit., pp. 357, 359.

30 Farinacio, *Praxis*, cit., pp. 317-322.

al dolor, o que refuerza la causa del temor al dolor porque se sabe previo al pecado futuro. Además, en esta proximidad temporal pueden influir desde luego factores externos: por ejemplo, en el futuro delito de adulterio, nacido del pensamiento impuro, puede ser la persona con la que se quiere pecar la que esté avanzando favorablemente hacia el pecado haciendo temer, en mayor medida que el peso de la propia voluntad, su inminencia.

Aunque la jurisprudencia trate de minimizar la importancia de suicidios o automutilaciones de carácter religioso, fundamentalmente por la preservación de la castidad, recalcando la ilicitud de los hechos pero atribuyéndolos a la ignorancia y —en ocasiones muy especiales— a la divinidad —eximiendo de culpa— la realidad es que los doctores y teólogos recuerdan la esencia del suicidio como pecado mortal y crimen atroz a la hora de juzgar actos de suicidio que quizá en otras épocas pudieron ser creídos laudables. Así lo expresa Luis de Molina al sostener que aquéllos que por evitar la ignominia, la sumisión a otros, el dolor y problemas de esta vida optaron por el suicidio, como Lucrecia o Catón el Joven, no deben ser considerados seres magnánimos, de gran sabiduría, sino que han de ser tenidos por seres pusilánimes, de reputación desalentada, que por no ser capaces de soportar los trabajos y las dificultades de esta vida atrajeron un mayor daño, pues no puede encontrarse prudencia en el hombre que se juzga a sí mismo[31]. Las únicas excepciones que caben, y por un fin excepcional amparado por las Sagradas Escrituras (otra vez Sansón, la muerte de San Pablo), pertenecen a la cultura cristiana. La muerte de Razias, hombre de buena fama y «fiel a las observaciones del judaísmo», también suscita la atención de Molina: perseguido y amenazado, para evitar ser capturado, torturado y humillado, se precipitó desde lo alto de un tejado suicidándose, y si autores como San Agustín o Domingo de Soto vieron en esta muerte «un acto de fortaleza», Molina achaca la conducta de Razias a la ignorancia, ignorancia que unida al buen celo hacia la fe, la religión y la comunidad religiosa quizá pueda inclinar a Dios a eximirle de culpa por su acto mortífero pecaminoso. Explica Molina que el suicidio puede beneficiarse de ese criterio de Dios según el cual cabe el perdón de muchos de nuestros actos fruto de la imbecilidad cuando se sopesan otras tantas buenas acciones: quizá sea la única forma de entender —defensa de las buenas acciones que sanan

---

[31] MOLINA, *De iustitia,* cit., tomo IV, cs. 553-554.

la insensatez de la muerte— los largos sermones (libro II de los Macabeos) que contienen las Sagradas Escrituras elogiando la conducta de Razias[32] en contraposición a la de los hermanos que voluntariamente se someten al martirio[33]. En este sentido, Daniele Concina explica que por revelación divina, si Dios solicita la muerte de un sujeto determinado, sería lícito el suicidio, pues la obligación del ser humano es la de obedecer a Dios, dueño de nuestras vidas, y en tal caso se consigue no sólo la licitud, sino aun la santidad: los santos que se dieron a sí mismos muerte, «lo hicieron por especial impulso del Espiritu Santo» (y análogamente, sería lícita la conducta de los mártires, como la de los soldados que defienden la república contra los enemigos). Pero se trata siempre, cuando se argumenta de esta manera, de una razón de excepcionalidad[34].

Desde el punto de vista jurídico, el suicidio «ex alia causa» funciona planteando una singularidad material en cuanto a la relación de acontecimientos o situaciones que se contemplan en esta categoría amplia y se contemplan por exclusión, esto es, porque no manifiestan conciencia del crimen o miedo a la pena, o no manifiestan tedio vital. Pero como esta tipología (conciencia criminal y tedio vital) es la que funciona para la determinación de la responsabilidad penal, esas «aliae causae» deben asimilarse a los dos grupos fundamentales de causas del suicidio para entender cómo rige su presunción y a la hora de valorar sus efectos. Pues bien, la relación con la causa de conciencia del crimen o miedo de la pena depende de la existencia de un procedimiento judicial abierto: este es un dato objetivo que hace que valga la presunción a favor de la conciencia del crimen o miedo de la pena, aunque el suicidio se haya cometido por otra causa que no sea el crimen por el que se juzgaba al suicida. Pero si no hay detención ni procedimiento judicial, cualquier otra causa de suicidio se asimilará al tedio vital, y en tal sentido funcionará la presunción y el efecto de

---

32 Félix TORRES AMAT, *Vida del Illmo. Señor don Félix Amat, arzobispo de Palmira &c., que contiene las notas y opúsculos inéditos que en ella se citan, y algunos otros documentos relativos a dicha vida*, Madrid, Imprenta que fue de Fuentenebro, 1838, p. 387, explica cómo las Sagradas Escrituras alaban la muerte de Razias incurriendo en antinomia respecto de la doctrina contraria al suicidio de la Iglesia católica: expone los argumentos de San Pablo, San Agustín y Santo Tomás al respecto.

33 MOLINA, *De iustitia*, cit., tomo IV, c. 554.

34 CONCINA, *Theologia*, cit., p. 244.

responsabilidad. Y por cierto que hay una coherencia en esta asimilación entre tedio vital y otras causas, por defecto de procedimiento, habida cuenta de que en el tedio vital y sus términos similares hay una alteración psicológica que puede alcanzar a la incapacidad de dolo en determinados supuestos aceptados por la teoría jurídica general, alteración que está presente a menudo también en las «aliae causae» al menos en la medida en la que la muerte que se alcanza pudo no ser deliberada, no ser dolosa, por la preeminencia de otros fines cuya licitud puede estar clara o en cuestión.

Una situación relevante planteada por la doctrina jurídica debido a su ambigüedad es la de la mujer. Por una parte, la condición femenina es propia con frecuencia de la profesión de fe religiosa que está presente en muchas situaciones afines al suicidio o en las que el suicidio puede dar lugar al problema de la causa lícita. Por otra parte, respecto de la mujer puede discutirse el alcance de una ignorancia invencible que por Derecho natural se atribuye al sexo femenino[35] aunque, al mismo tiempo (y ahí residen las dudas sobre la cuestión) no sea siempre el sexo una causa de incapacidad absoluta de dolo en la doctrina criminal, pero sí quizá de una atenuación de la culpa delictiva que pudiera serlo también ante la comisión de un suicidio[36].

En realidad, como decíamos, la necesidad de justificar el suicidio de la mujer reside en el reconocimiento de la Iglesia hacia determinadas beatas o vírgenes que por guardar su castidad, y ante el peligro de ser violadas, optaron por matarse a sí mismas, de ahí que el suicidio femenino esté íntimamente ligado a la preservación de la pureza y virginidad, si bien la literatura jurídica es escueta al respecto y Gómez de Amescua tiene buen cuidado en no dotar a estos fines de generalidad como cauces para la licitud del suicidio. Así, el «honesto» suicidio ha de entenderse excepcional, porque la patrística advirtió de su ilicitud regular cuando obedece a la razón de conservar y mantener intac-

---

[35] Molina, *De iustitia*, cit., tomo IV, cs. 555-556.

[36] Sobre las discusiones jurídicas en torno a la capacidad jurídica de la mujer en la Edad Moderna, *vid.* Pedro Ortego Gil, «Frágiles y sagaces: notas sobre dolo y punición de las mujeres en la Edad Moderna», Francisco Luis Pacheco Caballero (ed. y coord.), *Mujeres y Derecho. Una perspectiva histórico-jurídica. Encuentro de historiadores del Derecho*, Barcelona, 2015, pp. 187-261.

ta la castidad, y redujo a excepciones ciertos casos particulares, como los relatados por San Jerónimo[37].

---

[37] Gómez de Amescua, *Tractatus*, cit., p. 69. Es conveniente remitir al tratamiento que recibe el suicidio en el primer cristianismo, siguiendo a Murray, *Suicide in the Middle Ages*, cit., vol. II, pp.86-121, quien analiza los textos vetero y neotestamentarios y señala la prohibición explícita que, como ya ha sido referido, parte del pensamiento de San Agustín desde la consideración estricta y expansiva del Quinto Precepto divino. También expone el autor las opiniones de los primeros Padres de la Iglesia, tanto latinos como griegos: San Jerónimo, San Ambrosio o Lactancio; el problema de los mártires (las conversiones y persecuciones de los cristianos antes de la conversión de Constantino, su martirio, y la relación entre martirio y suicidio), así como el «suicidio particular» de aquellas vírgenes de Antioquía que optaron por la muerte antes que perder violentamente su castidad. Minois, *History of Suicide*, cit., pp. 1-56, se ocupa también de la influencia del cristianismo en la consideración del suicidio, relacionándolo con empresas religiosas y militares como las Cruzadas, cuando muchos hombres, colectivamente, ante la inminente captura por el poder turco, se privaban de la vida; se refiere asimismo al famoso caso de Lucrecia, en el que el suicidio se vincula a la humillación, el rapto y la violación, de modo que viene a valer como un digno gesto de lealtad hacia el marido. Ahora bien, la moralidad dominante discriminaba estas distintas situaciones según su motivación y su significado. Como dice Minois, sin contradicción, el que califica como «suicidio egoísta» ya desde tiempos antiguos y medievales sería considerado un acto cobarde que, por consiguiente, merecería un duro castigo, mientras que el «suicidio altruista», timbre del coraje y honor requeridos en seguimiento de una única fe, podría considerarse un modelo y ejemplo de martirio. En este tipo de suicidio legitimado se valora la motivación y la personalidad: se trata de un acto admirable, y son héroes los que realizan el supremo sacrificio cuando éste constituye la única vía para vencer un obstáculo insuperable. También Minois repasa la historia y concepción del suicida según el Antiguo y Nuevo Testamento, hasta llegar a San Agustín y su rotunda prohibición, destacando las bases teológicas de la condena unánime; igualmente, analiza algunas fuentes literarias de la Alta y Baja Edad Moderna, tanto católicas como protestantes, y la controversia sobre la institución que se desarrolló durante el siglo xvii: si las autoridades políticas, religiosas y civiles, trabajaban en común para eliminar cualquier rastro que legitimase el suicidio, y teólogos (tanto católicos como protestantes) defendían y abogaban por un endurecimiento de las penas, filósofos y moralistas, por el contrario, se mostraron más flexibles, e incluso expusieron determinadas situaciones en que entendían lícito el acto suicida. Minois concluye llamando la atención sobre la circunstancia de que la frecuencia del suicidio no depende del juicio de discursos teológicos y morales o filosóficos, sino de los miedos, sentimientos o frustraciones personales que aquejan al hombre.

Si Alfonso de Acevedo había considerado el suicidio más propio de la debilidad masculina que de la femenina[38], Pedro de Aragón, así

---

[38] AZEVEDO, *Commentarii*, cit., p. 444. El tema de la mujer y su inocencia, o de su violencia o agresividad y, en correspondencia, la mayor o menor predisposición femenina al suicidio, ha sido muy tratado, si no jurídicamente, sí desde una perspectiva histórico-social. Sara M. BUTLER, «Women, suicide, and the Jury in Later Medieval England», *Journal of Women in Culture and Society*, 32, 1 (2006), pp. 141-166, analiza, a través de sentencias dictadas por jurados ingleses medievales, junto a otras fuentes de carácter secundario, si existía o no predisposición por parte de los jurados ingleses a exculpar los suicidios de las féminas en función de la doble concepción social que en líneas generales se tenía sobre su naturaleza: ángel o demonio. Por un lado, explica Butler, la mujer era equiparada al demonio, una especie de poseída diabólica; así, su suicidio podría responder a una conducta impulsiva y malévola, provocada por sus demonios internos. Por otro lado, coexiste una imagen totalmente opuesta de una mujer sensiblemente emocional, pacífica y maternal; en definitiva, una mujer cuyos instintos no responden a una predisposición hacia la violencia y la hostilidad, cuya capacidad de suicidio resultaba muy difícil presuponer. De ahí que, a raíz de esta doble descripción del sexo femenino, esta doble percepción social y literaria de la mujer, la autora cuestione la posibilidad de un prejuicio general de un jurado en un caso de suicidio femenino. Desde luego, gracias a la literatura medieval y a la tradición oral, a menudo el suicidio femenino se había atribuido a una intervención diabólica; pero esta imagen debe situarse en un orden social en el que las mujeres fueron víctimas de una jerarquía sexual demasiado rígida, sin olvidar que la Inglaterra medieval fue profundamente tradicional en el cumplimiento y mantenimiento de sus costumbres. La obligación de las mujeres de desenvolverse en un entorno represivo hace que no resulte extraño que muchas de ellas optaran por el suicidio, quizá como una mera liberación, quizá como un acto de protesta y rebeldía. Quizá también por esta razón pueda llamar la atención Butler sobre el hecho de que la imagen de una mujer diabólica, una mujer vulnerable y poseída que ha sido conducida por Satanás hacia la locura, no parece que haya influido con profundidad en el jurado. Porque, en líneas generales, los jurados no se dejaron llevar únicamente por las dos percepciones sociales acerca de la fémina —la poseída o la madre— sino que además tuvieron en cuenta otros factores como la inestabilidad mental, la pérdida de algún miembro de la familia, el estilo de vida, etc. En sus dictámenes, el jurado, a diferencia de lo que ocurría con los suicidios masculinos, tenía muy en cuenta el perfil psicológico y emotivo femenino. Por lo demás, ha de tenerse en cuenta que probablemente los jurados hallaran un menor número de casos de crimen de suicidio femenino, y esta excepcionalidad explicaría que las sentencias se encuentren caracterizadas por cierto extremismo, tanto de un exceso de compasión como de un exceso de dureza. También sostiene Butler que se tuvo en cuenta la supuesta incapacidad para la violencia y la agresividad del sexo femenino, e incluso apunta que bien podría

como otros juristas de los siglos XVI y XVII, se ocupan del suicidio en las mujeres, quizá porque en ellas se da el problema técnico a propósito de la incapacidad eventual de dolo que no puede plantearse en el caso

---

haber sucedido que en determinadas comunidades los jurados pasaran por alto algunos suicidios de mujeres. Sea cierto o no, se puede constatar a través de los registros que ante un supuesto homicida o suicida era imprescindible para el jurado averiguar el sexo, determinante a la hora de dictar el veredicto. Caitlin G. Callaghan, «Seven Shillings and a Penny: female suicide in Late Medieval England», *Medieval Feminist Forum*, 43, 1 (2007), pp. 88-107, entiende que, en definitiva, es prácticamente imposible averiguar cuál es la razón que interiormente conduce a la mujer hacia el suicidio: aunque somos en cierta medida conocedores de cómo se mostraban públicamente las mujeres en tiempos medievales, cuáles eran sus actitudes o las labores que desempeñaban, cómo era el cuidado de sus familias o las tareas domésticas, sin embargo es muy complicado conocer su fuero interno, qué es lo que enfadaba o complacía a una mujer medieval, o qué es lo que la podía conducir hacia la provocación de su propia muerte. Además, el problema, según Callaghan, es que las féminas están insuficientemente representadas en las fuentes documentales, y aunque sepamos que los suicidios femeninos no fueron tan frecuentes como los suicidios masculinos, también es cierto que muchas muertes provocadas pudieron ser camufladas, esto es, muchos suicidios de mujeres pudieron ser disimulados como muertes accidentales, lo que viene aún a complicar todavía más el estudio. Centrando su análisis en el Oxford medieval, la autora analiza y compara los datos sobre suicidios femeninos y masculinos entre 1296 y 1389, y, al igual que hace Butler, explica cuáles eran las fases del proceso judicial: el juez de instrucción era el encargado de investigar si se trataba de un suicidio o de una muerte accidental examinando el cadáver; posteriormente, un jurado de hombres pertenecientes a las parroquias más próximas al lugar en el que se había hallado el cuerpo sin vida, en función de testimonios de conocedores del difunto, dictaba sentencia; si se dictaminaba una sentencia de suicidio, además se ordenaba que el cuerpo careciera de sepultura eclesiástica. En el caso de las mujeres, existe una singularidad también respecto de los métodos por los que se decidían para darse muerte, quizá no tan drásticos y evidentes como los utilizados por los varones (tirarse de un puente para aparecer ahogadas en el río, precipitarse al vacío desde una altura, etc., mientras que los hombres preferían clavarse o cortarse con un objeto cortante o la horca, por ejemplo), acaso con la intención de aparentar una muerte accidental y evitar así marcar con la infamia y la vergüenza a sus familias. Callaghan defiende que los suicidios femeninos de la Inglaterra medieval deben ser reevaluados, pues cree insólito que sólo un nueve por ciento de muertes repentinas o violentas en Oxford sean de mujeres, sobre todo cuando habría que tener en cuenta factores muy propios de la época como la violencia doméstica, las enfermedades repentinas, quemaduras por el fuego u otros accidentes diversos; aparte de que este pequeño porcentaje levanta muchas dudas, los jueces de instrucción pudieron

del varón. Al hablar del supuesto suicidio de Santa Apolonia y de otras mujeres santas, vemos que éstas son excusadas por su ignorancia invencible[39]. Aunque la «ignorantia iuris» no obedece a razones de discriminación por razón del sexo, quizá la doctrina, y en concreto Aragón, intenta encontrar una vía en una ignorancia equiparable al error para eximir de responsabilidad a quienes se vieron movidas fundamentalmente por un ánimo de martirio, aun consciente de que la incapacidad estricta de dolo es una argumentación complicada, y en cualquier caso relativa, como cuando se trata el «amoris furor» o celotipia como razón de suicidio de la mujer, y posible fundamento tan sólo de una mitigación de la pena cuando no hay simulación, como explica Tiberio Deciani[40].

La *Ecclesiastica Historia*, el *Martirologio Romano* o algunos de los escritos de San Jerónimo revelan la legitimidad del suicidio de la mujer —en realidad, martirio[41]— basándose en testimonios de santas

---

tergiversar o enmascarar los suicidios de mujeres, una práctica que puede documentarse no sólo en la Inglaterra medieval, sino en toda Europa. Lo que parece cierto, concluye, es que las muertes femeninas se registraron de manera inexacta, quizá por su «naturaleza invisible», pues en realidad la mujer, socialmente, importaba poco o nada, de ahí que dictaminar jurídicamente su suicidio pudiera resultar algo irrelevante.

[39] Aragón, *De iustitia et iure*, cit., pp. 357, 364.

[40] Deciani, *Tractatus criminalis*, cit., ff. 197 v-198r.

[41] *Martyrologium Romanum. Ad nouam Kalendarii rationem, & Ecclesiasticae historiae veritatem restitutum*, Venetiis, Apus Ioannem Baptistam Seffam, 1583, p. 95: «In Aegypto natalis sanctorum martyrum Apollonii, Leonidis, Arii, Gorgii, Hipparchi, Irenes, Pambonis, & caeterorum, qui in persecutione Maximini Imperatoris naso, auribus, manisbusq(ue) praecisis, post multos & varios cruciatus illustre martyrium consummarunt». Martín Ibarra Benlloch, «El suicidio de la mujer en la Historia eclesiástica de Eusebio de Cesarea», *Congreso de Jóvenes Historiadores y Geógrafos. Actas* I, Madrid, editorial de la Universidad Complutense, 1990, pp. 569-576, estudia la defensa y admiración que profesa Eusebio de Cesarea hacia mujeres cristianas que optaron por el suicidio antes que ser violadas: estos «suicidios por la pureza» responden al pensamiento, ya comentado en otro momento, de que el ser humano real y verdadero ha de ser visto desde el punto de vista del alma, de ahí que el cuerpo importe relativamente poco; de ahí también que pueda defenderse que no fue Adán el representante del hombre verdadero, sino Enos, por haber sido el primer hombre que invocó a Dios, el primero que oró a Dios, es decir, que se unió intelectivamente con su Creador. Parece claro que de esta preeminencia del alma se deduce no una mera infravaloración del cuerpo, sino la consideración de la pasión del cuerpo como

como la citada Apolonia de Alejandría, que se lanzó a la hoguera, o Pelagia de Antioquía, que se arrojó a un río, para proteger su castidad. Son ejemplos comentados también por Luis de Molina, tras cuyo recuerdo concluye significativamente: «ergo licitum interdum est, aliquem seipsum occidere»[42]. Ahora bien, si la Iglesia reconoce a estas santas su mérito, al creer que sus actos responden a un impulso de Dios, esto es, a una intervención de Dios que legitime y además mueva a la veneración de lo que podríamos denominar como «muertes divinas», ello no implica que necesariamente se les pueda considerar liberadas de su ignorancia, cuando semejante discapacidad les es atribuida naturalmente por Derecho: hay, por lo tanto, una combinación entre el impulso divino, como un factor que exime de culpa, y la ignorancia como un factor de mitigación de la responsabilidad, como si a partir de esta mitigación pudiera alcanzarse la exención de responsabilidad que procura el impulso divino, cuando la Iglesia como única autoridad posible así lo constata. Lógicamente, si se trata de la mujer, en general, y no de la santa en particular, ha de ser la ignorancia o el error el único medio para eximirle de culpa, aunque este argumento requiere que se sobreentienda una ignorancia efectivamente por naturaleza, una «imbecillitas sexus» natural, aunque entonces al mismo

una posible causa de envilecimiento espiritual, porque de lo contrario sería irrelevante el padecimiento corporal, como la violación que amenazaba a Santa Pelagia y sus hijas, cuando no es voluntario ni consentido. Efectivamente, para éstas «entregar sus almas a la esclavitud de los demonios era peor que todas las muertes y que toda ruina», porque contemplaban lo material desde el punto de vista de la subsunción en lo espiritual, como defiende Eusebio de Cesarea. Estas mujeres han caído en poder de los enemigos, que son los soldados, y a su vez los soldados son el demonio, es decir, representan la pasión y el mal, en definitiva, la irracionalidad. Si la muerte es la separación del alma y el cuerpo, la tendencia natural del alma es la de mirar hacia Dios, y se trata de evitar que el cuerpo, conducido por la pasión y el impulso, domine el alma y la arrastre hacia lo mundano y terrenal; si vence el cuerpo al alma, la espiritualidad se corporeiza: lo que pretenden los soldados en realidad, al deshonrar el cuerpo, es mancillar el ser en su totalidad, es decir, violentar ambos elementos que lo conforman, cuerpo y alma. Para escapar a esta degración, por lo tanto, Eusebio comprende que la «huida al Señor» ha de ser una huida que implica dejar el lastre del cuerpo, cuando el cuerpo no se somete al alma sino que se le impone y la retiene, porque el ser verdadero y espiritual lo que debe es salvar y proteger a ésta última, y mantener al cuerpo en la integridad espiritual que se le deriva cuando se somete al imperio del alma.

[42] Molina, *De iustitia*, cit., tomo IV, cs. 555-556.

tiempo, como dice Molina, esa incapacidad excluirá de su acción el mérito —al ser ignorante— y la corona del martirio[43]. Como sostiene Antonino Diana, los suicidios que son provocados por evitar la vergüenza o conservar la castidad —en los que en definitiva queda reflejada o se cae en la ignorancia— se alejan de la responsabilidad por el crimen homicida[44], es decir, de alguna manera la fémina que perpetra su propia muerte guiada por su afán de conservar la virginidad, o, contrariamente, por evitar la vergüenza tras su pérdida, está excluida por su ignorancia invencible de la pena que para el capaz de dolo se impone en el homicidio, un argumento que en definitiva no necesita entonces concentrarse en la razón sexual; por eso, sin mencionar expresamente a la mujer, Diana puede decir que no es lícito el suicidio motivado en un mantenimiento del pudor para evitar la fornicación, y sostener que no hay que privar al sujeto de la sepultura eclesiástica, precisamente por su imbecilidad, admitiendo incluso que podría dicha ignorancia excusar del pecado al suicida[45]. Cuando la argumentación jurídica de la capacidad de dolo se ha generalizado, puede también decirse con Cayetano, citado por Gómez de Amescua, y sin perjuicio de las excepciones respecto de la responsabilidad penal, que a la mujer no le excusa de culpa la ignorancia por su imbecilidad, pues el amor a Dios, exigido por mandato divino según el primer precepto del Decálogo, a nadie exime, y el acto suicida, de una forma u otra, no sólo es prohibido por el Quinto Mandamiento, sino también por el primero, al ser Dios el Señor y Dador de la vida, vida cuyo destino, a su vez, queda bajo su perpetua autoridad[46]. Como se ve, se mantiene entonces, en consonancia con los planteamientos generales de muchos doctores, que la incapacidad de dolo no es consustancial en el ámbito penal a la condición sexual, a diferencia de lo que sucede con la infancia y ciertas causas de enajenación mental, pero puede mantenerse como causa de mitigación de la pena.

El suicidio en las mujeres está relacionado con otro delito grave y sustancialmente femenino: el adulterio. Y a su vez con delitos y pecados que pueden tener una cierta relación con el adulterio; Pedro de Aragón se refiere a la violación y al pensamiento obsceno e impuro,

43 *Ibid.*, cs. 555-556.

44 Diana, *Resolutionum*, cit., p. 187.

45 *Ibid.*

46 Gómez de Amescua, *Tractatus*, cit., p. 268.

como supuestos que rodean al adulterio y expresan la ausencia de voluntad de la mujer en orden al acto carnal o por el contrario su presencia pero no llevada a efecto. Por supuesto, Aragón recalca que la violación, por mucho que un suceso así marque la conciencia de la mujer, nunca puede ser motivo de suicidio, porque el pesar derivado tiene el límite que marca el hecho de que la culpa del acto nunca puede serle atribuida. Sin embargo, parece que Aragón parte de una cierta duda sobre la credibilidad de la mujer (constante de una forma u otra en la doctrina de la época, y que explicaría su resistente pesar), cuando trae a colación el ejemplo del suicidio de Lucrecia, cuya falta de resistencia permite cuestionar si el acto fue de violación o de adulterio[47]. Antonio San José lo entiende, en cualquier caso, erróneo por dos motivos, primero porque no evitó el adulterio o no presentó resistencia a la violación, y su entrega acabó siendo voluntaria; segundo porque ni entendiendo que hubiera adulterio, ni entendiendo que hubiera violación, puede considerarse legítimo el suicidio, que o bien con la muerte impide la penitencia y no la convalida, o bien trae en realidad un mal mayor recrudecido como supuesto medio de evadir las miserias de esta vida[48]. Si se potencia la «fragilitas» de la mujer en el momento anterior al padecimiento del pecado o delito, aun en la tenue diferencia entre un adulterio consumado y una violación de dudosa voluntariedad, el suicidio para evitarlos nos lleva de nuevo al problema del miedo al delito o al juicio futuro de pecado; en principio, el miedo al juicio de pecado futuro parece susceptible de traducirse en términos de miedo al delito futuro porque en efecto en las instituciones referidas hay una identificación entre pecado y delito (adulterio, violación, suicidio), pero también es cierto que en el caso del delito, pendiente de futura calificación, la obligación moral tiene una menor entidad y funciona de una manera derivada, porque, en tanto el pecado hace sentir la responsabilidad en el fuero interno desde el mismo momento de la formación de una voluntad en ese sentido, el pensamiento culpable no es relevante a efectos remotos, sino próximos, respecto de la consumación del delito.

Antonio Matthaeus no encuentra diferencias, en cuanto a la ilicitud del suicidio, entre la causa de la protección de la castidad y la causa del dolor por la agresión sexual sufrida por la mujer virgen, porque

---

[47] Aragón, *De iustitia et iure*, cit., pp. 357, 359.

[48] San José, *Compendium salmanticense*, cit., pp. 358-362.

considera como criterio general que la pureza de la mente casta y pía no es perturbada si no ha existido voluntad de pecar.[49] Tampoco Molina acepta la integridad del cuerpo como un fin lícito en orden a la justificación del acto ilícito del suicidio, a tenor del argumento tan repetido del mayor bien que constituye la vida frente a la corporeidad y aun el honor y la fama; y apoyándose en la historia de Santa Lucía, defiende que ante Dios y los ángeles la castidad no se pierde cuando no hubo consentimiento espiritual, y añade que si lo que se teme es que después de padecer el abuso y la agresión sexual pueda adolecerse de una mayor fragilidad y debilidad ante futuras tentaciones, se abogue por el esfuerzo en la castidad de la mente, rechazado tajantemente el suicidio[50].

Concina parece más hábil en la argumentación cuando dice que «la mujer debe mas bien sufrir, que la quiten la vida, que permitir, que la lleguen a violar. Porque si con la muerte pudiera evitar la violación, la fuerza no seria absolutamente tal, sino solo «secundum quid», que no quita absolutamente la voluntariedad». Con estas palabras, utiliza la prueba de la voluntariedad para plantear una situación afín al suicidio. Es decir, la voluntariedad, que parecía necesaria para concretar a qué tipo de delito se enfrentaba o había sufrido la mujer y enjuiciar en consecuencia el suicidio —dicho de otra forma, la mujer se suicida porque cometió un adulterio consentido o porque fue violada sin consentimiento, situaciones que en efecto son moralmente muy distintas— es considerada desde el punto de vista de su prueba: la fuerza que la mujer aplica al ser víctima del delito. Y esta fuerza ha de ser extrema, porque la mujer debe depositar toda su energía en la resistencia: la fuerza de resistencia prueba, por una parte, la violación (luego la falta de consentimiento en el delito), y por otra parte es una defensa de la vida que no puede interpretarse como un suicidio, porque el suicidio se entiende no como un acto contra el agresor sino contrariamente como el desvanecimiento ante el agresor. Esta forma de ver las cosas permite también «según qué casos», graduar el nivel de resistencia y la dureza que la mujer aplique en el forcejeo, lo que resultará determinante a la hora de medir el grado de involuntariedad que muestre ante su agresor e incluso si las circunstancias permiten entender un suicidio tanto en el sentido de una menor resistencia ante

[49] Matthaeus, *De criminibus*, cit., pp. 524-527.

[50] Molina, *De iustitia*, cit., tomo IV, cs. 552-553.

el agresor que se impone cuanto aun como resultado ulterior del encono máximo en la resistencia, de forma parecida a otras situaciones afines al suicidio[51].

La similitud de este problema del suicidio de la mujer ante la agresión masculina, en defensa de la castidad, con otras situaciones afines al suicidio, explica que Gómez de Amescua, que como otros autores antes citados hace hincapié en la virginidad de la mujer como una virtud espiritual y mental a salvo de la corrupción del cuerpo (una visión que, como hemos apuntado, resulta más espiritualista, menos materialista que la de Concina, y por eso mismo menos segura en la interpretación de los hechos y de su voluntariedad), busque una causa lícita de legitimación del suicidio como respuesta final a la agresión, y en este sentido se apoye en la visión generalizada del suicidio de la fémina, ante los peligros y amenazas del ataque masculino, como un acto que no se centra sólo en la preservación de la virginidad, sino también en la defensa de la fidelidad prometida al cónyuge, y que por lo tanto no está al servicio sólo de la virtud personal, sino también de la institución del matrimonio[52] .

Ya en el siglo xviii, Fulgencio Culiniati nos ofrece dos hipótesis; en una de ellas no sería legítimo el suicidio de la mujer, pero sí en la otra. Veamos: una mujer es prendida y su agresor le da dos opciones, o violarla o matarla. Si la mujer opta por ser violada, por miedo a la muerte inminente con la que su agresor la ha amenazado, la violación en definitiva se convierte en un acto voluntario, esto es, finalmente la mujer otorga su voluntad al acceso carnal con la intención de salvar la vida. Y es que el miedo, sostiene el autor, por mucho que aminore la voluntad, no elimina la voluntariedad, no merma en la mujer su capacidad para elegir. Ahora bien, diferente sería el supuesto en el que la mujer es prendida por sorpresa, y sin proposición o elección alguna es tomada a la fuerza, de tal manera que, aunque oponga resistencia, finalmente es violada. Si en el primer supuesto la opción por el acto sexual sería un hecho ilícito para Cuniliati, pues lo justo habría sido la elección de la muerte y la salvaguarda de la castidad, ahora, en el segundo supuesto, en el que el factor de la voluntariedad ha desaparecido, por la agresión inmediata o la resistencia opuesta, el único acto

---

51 Concina, *Theologia*, cit., p. 244.

52 Gómez de Amescua, *Tractatus*, cit., p. 268.

ilícito es el que comete el hombre que la agrede, pues ella cayó involuntariamente y consiguientemente quedará libre de culpa[53]. Es realmente singular la interpretación de Cuniliati. La importancia de la voluntariedad funciona en el segundo caso, en el que parece estar excluida por el propio acontecimiento sorpresivo y porque, en definitiva, se sigue hablando de fuerza y resistencia de la mujer. En el primer caso es particularmente sorprendente que, en el enfrentamiento de bienes a proteger —la castidad y la vida— se exija a la mujer la defensa de la castidad —lo que parecería promover una situación afín al suicidio— a no ser que se entienda que, para evitar su responsabilidad, lo que se está en realidad exigiendo a la mujer es el ejercicio de la fuerza, legitimando así, en esta tesitura, la posibilidad de su muerte. Lejano de los planteamientos puramente espiritualistas, Cuniliati termina por estar más cerca de la argumentación de Concina de lo que parece.

Antonio San José expone el problema de una forma cercana a Cuniliati. Explica que la mujer puede sufrir la violencia de dos formas: la primera de ellas sería por aprehensión, esto es, cuando el enemigo la sorprende por la fuerza y la captura, de tal manera que la mujer no puede moverse ni defenderse de ningún modo; esta forma se denomina «compulsio». La segunda de ellas no implicaría la fuerza del agresor, aunque, en su defecto, éste le daría a elegir entre la muerte o la sumisión, lo que se denomina esta vez «impulsio». Considera San José que la mujer debe entregarse a la muerte en caso de «impulsio», pues es preferible la vida espiritual a la vida corporal y no dejar manchar su alma por la culpa y el pecado. No sucedería lo mismo con la fémina que es prendida y forzada, sin posibilidad de escapar, pues al sufrir una «compulsio», mientras no haya culpa en su interior, no cometerá pecado ni manchará su honra. Como en Cuniliati, hay un contraste: ha de resistirse a la violación la mujer que tiene un margen de voluntad, y la involuntariedad salva espiritualmente a quien no tiene un margen de voluntad. Si esto parece hacer de la voluntad la clave, lo cierto es que la clave, externamente, reside en el ejercicio posible de la fuerza: es la fuerza de la mujer la que permite ver que no hay voluntad en el acceso carnal, y también la que permite funcionar como causa lícita de la eventual situación afín al suicidio, y su imposibilidad (o fuerza del agresor) la que permite no exigirla para

53 Cuniliati, *Universae theologiae moralis*, cit., pp. 335-338.

liberar de responsabilidad. Si no, habría ciertas contradicciones en la argumentación: la mujer que por miedo a la muerte decide pecar gravemente, sin defenderse del agresor, es cierto que permite la ejecución de un acto libidinoso, pero si su espíritu no ha sido violentado, porque elige la vida para huir de la muerte, no se alcanza a comprender su error. E incluso al centrar en la resistencia de la mujer la clave de la licitud, también parece haber una cierta contradicción en el hecho de que sirva de prueba de la involuntariedad, cuando sin embargo no se tiene en cuenta por parte de los autores la presión y el miedo al que la mujer queda sometida de cara a la toma de su decisión, factores que vician la voluntad y obviamente la condicionan, con mayor razón si se tiene en cuenta, de nuevo, el argumento de la ignorancia invencible de la mujer. Y esta duda sobre la realidad de los acontecimientos es la que viene a poner de manifiesto San José cuando añade como colofón que los confesores observan que en la práctica es habitual que las mujeres confiesen que el acceso carnal se produjo de forma compulsiva —excluyéndose la prueba de la resistencia— incluso en situaciones en las que no parece creíble que verdaderamente ocurrió así, debiendo el confesor interpretar de alguna forma el consentimiento que pudo haber en tales acciones[54], lo que nos lleva de nuevo al problema, tan sumamente difícil de resolver, de la prueba, incluida la de la fuerza misma, un problema que igualmente —en términos de gradación de la fuerza exigible— fue planteado por Concina.

En realidad, todas estas reflexiones no tienen por qué estar condicionadas por el factor del sexo; cabe idear situaciones similares en las que el protagonista sea un varón. Así Gómez de Amescua, en el siglo XVII, defendía que tanto la mujer como el hombre se arriesgaran a la muerte antes que consentir el estupro. Esto es así porque se trata de la valoración de la causa lícita en una situación afín al suicidio, aunque precisamente por esta razón, que siempre lo es de excepcionalidad, el término de estupro parece excesivo en su sentido, aun utilizado en su sentido genérico (que puede englobar la fornicación, el adulterio y aun la prostitución). Por lo demás, los planteamientos, basados en el consentimiento necesario para el pecado y la infamia, y en la fuerza de resistencia como exclusión de la voluntariedad, se repiten[55].

---

54 San José, *Compendium salmanticense*, cit., pp. 358-362.

55 Gómez de Amescua, *Tractatus*, cit., p. 268.

Esto no quiere decir que no exista una condición sexual relacionada con determinado tipo de problemas. La mujer vuelve a ser la afectada en otro delito relacionado con el crimen de suicidio: el aborto. En su tratamiento de la suicida en estado de gestación, Christoph Koch valora en qué momento temporal se encontraría la mujer, según la teoría clásica que equipara el aborto al homicidio sólo cuando se considera al feto con alma infusa[56]. Además, la pena a imponer dependería de la supervivencia o no del feto ante el conato suicida: si el feto sobrevive, se impone la fustigación a la mujer, mientras que si por el contrario muere, se aplica a la mujer la pena de muerte[57]. Es significativo que frente a la tendencia a la aplicación de la pena extraordinaria en el conato de suicidio, aquí se imponga la aplicación de la pena ordinaria, obviamente porque en su calidad delictiva de aborto el delito ha sido consumado.

El varón es el sujeto proclive a la mutilación, concretamente a la escisión del miembro viril para la prevención de las tentaciones de la carne. Volviendo a Gómez de Amescua, entiende que la amputación nada evita en relación con el pecado, pues éste reside en el intelecto, y no en el órgano sexual; cita las palabras del evangelista (*Mateo*, 19:12): «Sunt enim eunuchi, qui de matris utero sic nati sunt: et sunt eunuchi, qui facti sunt ab hominibus: et sunt eunuchi, qui seipsos castraverunt propter regnum caelorum». Hay por supuesto en la automutilación que es la castración, como sabemos, una vileza, un pecado, una injuria contra el Derecho natural y divino. Pero además la amputación del miembro viril no excluye la tentación, pues la castidad únicamente depende de la voluntad y de su capacidad para la contención. Por lo tanto, la castidad, concluye Gómez de Amescua, es una virtud espiritual y no física o material, y si por voluntad divina el hombre fue integrado de miembros, no es lícita su amputación, ni tampoco se sustrae al pecado aquél que por evitar el acto carnal opta por la castración de su órgano viril, pues la tentación y el pecado igualmente seguirán residiendo en su mente. Pese a que dicha amputación haya sido efectuada bajo el pretex-

---

[56] Sobre el aborto y su equiparación con el homicidio en función de los plazos para entender el alma infusa *vid.* José María García Marín, *El aborto criminal en la legislación y la doctrina. Pasado y presente de una polémica*, Madrid, Editoriales de Derecho Reunidas, 1980, pp. 43-69.

[57] Koch, *Institutiones iuris criminalis*, cit., pp. 271-272.

to de la humildad o el mantenimiento de la castidad, lo cierto es que, aunque parezca señal de buen celo, no deja de ser un acto irracional, desligado del conocimiento humano, y por lo tanto, hace incurrir en culpabilidad con su correspondiente condena[58]. Y es que una amputación de este tipo, por evadir los deseos y vicios carnales, no demuestra en el fondo más que la incapacidad de la resistencia viril[59].

También Juan Machado de Chaves defiende la ilicitud de un acto así, pues ya el Concilio I de Nicea definió como ilegítima la castración por evitar el pecado; y si algún santo se ha amputado, indica el autor, ha sido con ignorancia, o por la inspiración de una causa justa, y no con deliberado intento de matarse[60]. De nuevo, pues, la castidad en relación con la ignorancia o inspiración divina para justificar de alguna forma (con causa excepcional lícita) este tipo de hechos que, en general, la justicia ordinaria pena, arbitrariamente. Como se ve, no sólo la ignorancia queda vinculada al sexo femenino, sino también al masculino cuando la literatura jurídica y moral siente la necesidad de atenuar la responsabilidad por hechos que en principio serían penados conforme al Derecho divino, mas en ocasiones especiales la Iglesia los ampara, sea el caso de las beatas o vírgenes que se suicidaron, o ahora el de santos y religiosos que se amputaron el miembro para evitar caer en tentaciones carnales. En consecuencia, pecan los que se castran para vencer una tentación, alega Concina, porque para este fin no es necesario ni útil aquel medio[61]. Opinión parecida a la de Cuniliati, que hace referencia a la castración del miembro viril para evitar tentaciones, se basa en los comentarios de Santo Tomás y razona que no ha de prescindirse del miembro ni aun por causa de la salud del alma, pues «membrum non est praescindendum propter corporalem salutem totius, nisi quando aliter toti subveniri non potest: aliter subveniri, quam per membri abscissionem; quia peccatum subiacet

---

58 Gómez de Amescua, *Tractatus*, cit., p. 168.

59 *Ibid.*, p. 171.

60 Machado de Chaves, *Suma moral*, cit., pp. 141-142.

61 Concina, *Theologia*, cit., p. 244. Y como además afirma: «pecan mortalmente los padres que hacen castrar a sus hijos, sea consintiendo, o sea repugnándolo ellos. Y mas gravemente pecan quando los hacen castrar para que hagan papel de graciosos en los Theatros, y hagan una vida Theatral, esto es infame, y condenable entre cantoras, y bailarinas».

voluntati»[62]. Por cierto que en Santo Tomás se encuentra una fuerte crítica a los eunucos, que son castrados para mantener una suave voz para el canto, lo que no se admite como causa de licitud, porque el hombre no es dueño de sus miembros y sólo se permite la mutilación para la conservación natural de la vida: la voz suave y dulce en el canto es un factor secundario, un fin lucrativo o de entretenimiento, que no legitima la castración. Igualmente ilegítima y pecaminosa es la castración de niños por parte de los padres[63], porque, en definitiva, no

---

[62] CUNILIATI, *Universae theologiae moralis*, cit., p. 335.

[63] Terence R. MURPHY, «Wolful Childe of Parents Rage»: Suicide of Children and Adolescents in Early Modern England, 1507-1710», *The Sixteenth Century Journal*, 17, 3 (1986), pp. 259-270, no se detiene en la castración viril de los niños (incluso con fines lucrativos), pero sí que nos ofrece algunas claves acerca del comportamiento de niños y adolescentes, y el de sus padres, tutores o amos, que nos ayudan a entender las razones del suicidio juvenil durante la Edad Moderna. Parece que el suicidio de niños y adolescentes tendió a aumentar en Inglaterra durante los siglos XVI y XVII: Murphy indaga sobre este fenómeno partiendo de documentos datados entre los años 1485 y 1714, en los que se registra la incidencia del suicidio en edades comprendidas entre siete y veintiún años. Los datos que presenta no son muy significativos, sobre todo cuando se quiere afirmar con rotundidad una especie de «oleada» suicida entre jóvenes ingleses. De hecho, de los 13.968 suicidios dictaminados entre 1485 y 1714 en Inglaterra, sólo se ha podido determinar la edad de 1.098 víctimas, y de éstas 416 suicidios (un 38%) se cometieron entre los siete y veintiún años, predominando sin embargo las edades comprendidas entre los diecinueve y los veintiuno, de manera que las nociones de infancia y juventud, que también hay que comprender en su contexto histórico, vienen a relativizarse en muy gran medida; es cierto que Murphy reconoce que sus datos son escasos, y que si los informes procesales determinan el nombre, estado, grado o lugar de residencia, no determinan la edad, lo que dificulta evidentemente sus investigaciones. Por lo demás, si el suicidio es considerado socialmente como un crimen atroz y un pecado mortal, una traición hacia sí mismo, y resulta severamente castigado, las razones del fuero interno que fuerzan a cometerlo, siendo siempre misteriosas, todavía con mayor razón lo han de ser tratándose de niños y adolescentes. En la Inglaterra moderna eran varios socialmente los motivos convencionales que se relacionaban con el suicidio: desgracias, mala situación económica, pérdida de un amor, dolores extremos, enfermedades terminales, etc. En el caso de niños y adolescentes, los motivos se relacionaban con impulsos por escapar de la corrección e instrucción de padres y tutores, pues en la época el autoritarismo de los padres o superiores y la obediencia que sus dependientes les debían era extrema, de modo que no es de extrañar que el miedo y la anulación de la propia persona mermara la capacidad de juicio de niños y adolescentes que, desesperados, optaban por el suicidio. Podría decirse que hijos, criados o sirvientes adolescentes decidían

por perder la virilidad van a dejar de ser capaces de dolo y sucios de mente[64]. Los mismos ejemplos (los eunucos, los niños), con la misma opinión (ilicitud de la castración) y los mismos argumentos (gravedad del pecado y viabilidad de otros medios para conservar la castidad) están presentes en el razonamiento de Ginés Luis de la Madre de Dios[65].

Tal y como en la relación de la prohibición del suicidio con el Quinto Mandamiento, hay también aquí una posible confusión, comentada por Antonio San José, en relación con las palabras evangélicas: «Quod si oculus tuus dexter scandalizat te, erue eum, et proiice abs te: expedit enim tibi ut pereat unum membrorum tuorum, quam totum corpus tuum mittatur in gehennam» (*Mateo*, 5:29; más las ya citadas de *Mateo*, 19:12). San José explica que los textos de Mateo han de ser estudiados desde un sentido espiritual hacia la remoción de los impedimentos para el servicio a Dios, pero que en ningún caso la salvaguarda de la castidad consiste en amputar los miembros externos; y en cuanto a los santos que lo hayan hecho, entiende que son dignos de honra, pues actuaron por inspiración divina del Espíritu Santo, una desviación de las leyes comunes que por esta causa ya hemos visto operar excepcionalmente en otras situaciones[66].

---

suicidarse frente al sufrimiento y el tormento causado por sus tutores legales, y también que de alguna manera, ante la comisión de tan mala conducta (sin embargo autorizada legalmente como un derecho de corrección) por parte de sus superiores, el suicidio constituía una respuesta vengativa, un modo de devolución del castigo contra el abuso del superior. Como dice Murphy, el suicidio privaba a los padres del hijo, al amo del criado, a la comunidad de su miembro, y al rey de un sujeto que formaba parte de su reino; si el joven se encontraba aislado, sin derechos, impotente y alejado, siendo su principal y único valor, para sus superiores, el buen y obediente servicio, su suicidio podría al menos ser contemplado como una especie de fracaso social, un rechazo al sistema, una protesta en contra de la educación y la formación y una llamada de atención reivindicando su existencia social. Además, el suicidio implicaría la vergüenza y la desgracia de sus superiores, marcados por la infamia; la educación y la formación que padres o tutores legales aportaron a sus dependientes quedaría en entredicho, y cuando menos quienes abusaron habrían de percibir el juicio y la condena social.

[64] Cuniliati, *Universae theologiae moralis*, cit., pp. 335-338.

[65] Madre de Dios, *Praelectiones*, cit., pp. 407-411.

[66] San José, *Compendium salmanticense*, cit., pp. 358-362.

Argumentos parecidos son los que ofrece José Marcos Gutiérrez, a finales del siglo XVIII. Por una parte, recuerda la ley 25 del título 6 de la primera *Partida*, que se ocupaba de aquéllos que voluntariamente se castran, bien directamente, bien por persona interpuesta, quedando prohibida su ordenación religiosa; no sucede lo mismo con quienes han sido castrados con violencia, casualmente o por prevención de alguna grave enfermedad. Por otra parte, se refiere al caso de Orígenes, que observó la conducta «extraordinaria» de amputarse el miembro para evitar cualquier sospecha de su inclinación hacia las mujeres que asistieran a sus clases de teología, una conducta alabada por Demetrio, obispo de Alejandría, pero que otros criticaron. Dice Gutiérrez que esa polémica no se repetiría en la actualidad, cuando claramente, y a pesar de la existencia de opiniones que defienden la castración, «las mismas leyes que prohíben atentar a la propia existencia, prohíben asimismo toda mutilación que la alteraría o abreviaría, aun cuando esto no pudiese ocasionar la muerte»; el sentido de la paz social al amparo de la ley se impone como razón jurídica[67].

[67] GUTIÉRREZ, *Práctica*, cit., pp. 63-65.

CAPÍTULO V.
LAS PENAS DEL SUICIDA

La costumbre de la que vamos a hablar como determinadora de la pena del suicidio está vinculada a un uso sancionado por la práctica judicial de la que la literatura jurídica se hace eco, planteándose las razones de su legitimidad. En realidad, respecto de este último tema, todo está dicho cuando comentamos la triple injuria (a Dios, a la naturaleza y a la república) que entraña el suicidio, y todos los doctores, tanto del siglo XVI como del XVII, explican la atrocidad del crimen como merecedor de un castigo que implique tanto a la justicia civil como a la justicia eclesiástica[1]. Y esto se debe a la inexcusa-

[1] En lo referente a la condena civil o secular así como espiritual del crimen suicida, y sus variaciones punitivas según los países durante el curso del siglo XVIII, *vid.* Terri L. SNYDER, «What Historians talk about when the talk about suicide: The view from Early Modern British North Amerrica», *History Compass*, 5/2 (2007), pp. 658-674. Snyder estudia el suicidio como delito en la época moderna centrado en un ámbito occidental que abarca Europa (incluyendo las Islas Británicas, aunque tienda el autor a distinguirlas) y Norteamérica (incluyendo las colonias caribeñas). Es interesante puesto que, viendo la amplitud del área geográfica estudiada, se obtiene una constatación del hecho de que el suicidio, durante la Edad Moderna, fuese visto como un «homicidio hacia sí mismo», y un acto transgresor, contrario al orden divino, natural y positivo, a menudo considerado fruto de una inspiración diabólica. Son comunes, tanto en Europa como en América del Norte, las sanciones seculares y eclesiásticas impuestas a los suicidas, enumeradas en castigos corporales, confiscación del patrimonio, denegación de sepultura sagrada, oraciones, salmos y rezos por el alma del difunto, etc. En definitiva, la preocupación por el castigo del crimen de suicidio, como expone el autor, refleja el miedo y la cólera traducidas en el severo y duro trato que el suicidio recibe por parte de los poderes secular y eclesiástico. Snyder realiza

bilidad del suicidio, del que no puede ser explicación, como ya hemos visto, ninguna de las causas ordinariamente referidas, ni otras que puedan aventurarse, como el alcance acelerado de la felicidad eterna: liberarse de una vida miserable con este fin no es sino un craso error, y en definitiva no hay razón justa para admitir el suicidio. Es imperativo el precepto divino que reza «No matarás», y es sabido el ataque a la caridad como virtud teologal que implica el suicidio[2]. Esta cualificación del delito, moral y técnicamente, es la

---

un estudio comparativo entre las áreas europea y americana y si bien parece común que en todos estos espacios geográficos un suicida era considerado como una especie de «ser espiritual violento y peligroso», que debía ser castigado tanto por lo civil como por lo eclesiástico, las penas variaron de manera que, mientras los enterramientos profanos parece que fueron practicados de manera similar en todos los ámbitos, en algunos países en concreto, como Inglaterra o los Países Bajos, esta práctica punitiva se extendió incluso a los locos. En cuanto al número de suicidios, es dispar según la zona, destacando el número masivo de suicidios provocados por esclavos que llegaban a las colonias inglesas de Norteamérica (un «suicidio esclavo» que variaba según el origen étnico y la edad, y que puede considerarse una respuesta a la colonización cultural, conquista, inmigración y esclavitud forzada en esta época). Realmente, las expresiones referentes al suicidio utilizadas en los siglos XVI y XVII —«homicida de sí mismo», «auto-destructor», «auto-asesino»— implican esta visión culpable de su ejecutor, reflejando no sólo la repulsión moral hacia un acto de su naturaleza, sino además el reconocimiento de una naturaleza estrictamente criminal, lo que legitimaba a la justicia ordinaria para imponer un castigo al culpable que no debía recaer exclusivamente sobre él mismo, de forma personal, sino también sobre su familia y su patrimonio. En contraste, el término «suicida», desarrollado ya en el siglo XVIII, se antoja menos dañino. Parece en efecto también común, en el amplio ámbito geográfico que abarca Snyder, el hecho de que los aires reformistas surgidos durante el siglo XVIII dieran paso a la consideración del suicidio como un resultado de la perturbación mental o de una enfermedad psíquica, por lo que a la sazón las penas tendieron a mitigarse. Son diversos los factores que ayudan a explicar entonces la «despenalización» del suicidio: algunos autores lo consideran un producto de la Ilustración o de las posteriores revoluciones democráticas, y otros secularizan el problema (lo reducen al prescindir de su resonancia teológica) al relacionarlo con un clima social violento como el que coincidió con el inicio de la industrialización de algunos países y regiones, o con la Revolución Francesa ya a finales de siglo. No obstante, pese a la despenalización progresiva del suicidio, sin embargo en Norteamérica se seguirían imponiendo penas corporales a los esclavos que intentaban suicidarse, entre otras razones por la concepción patrimonial y utilitaria de la propia esclavitud.

[2] De hecho, tal y como explica detenidamente Vandekerckhove, *On Punishment*, op. cit., 2000, pp. 9-38, el castigo y la condena del suicida se deben, fundamental-

que ha impuesto en la práctica una forma de ejecución condicionada por el hecho de que en el suicidio, como es evidente, el reo ha muerto ya, por sus propias manos[3]. Ahora bien, como nos explica la lite-

mente, a la influencia cristiana, en particular al Derecho canónico, aunque también al Derecho romano, quizá de una forma un tanto secundaria. Dice el autor que las penas impuestas por un tribunal secular no dejan de ser una manifestación derivada de la condena espiritual por el comportamiento suicida, porque el ateísmo que entraña el suicidio, en la desesperanza de Dios, atrae una condena severa simultánea por el poder eclesiástico y secular.

[3] El tratamiento legal y consuetudinario del suicidio varía según la zona o región europea, y la condena generalizada no excluye tanto el mantenimiento de prácticas punitivas muy rigurosas, como la recomendación y el avance de criterios más benévolos en orden a la imposición de la pena. Por ejemplo, en la corona de Castilla la legislación establecida en las *Partidas* distingue entre el suicidio con conciencia de crimen y miedo a la pena, y el suicidio por otras causas (impaciencia, dolor, enfermedad, vergüenza, luto, etc.), siendo punible el primero de los tipos pero no el segundo. Similar tratamiento recibe el crimen de suicidio en el reino de Navarra, tal y como expone Julia Baldó Alcoz, «*Por la quoal cosa es dapnado*. Suicidio y muerte accidental en la Navarra Bajomedieval», en *Anuario de Estudios Medievales*, 37-1(2007), pp. 27-69; la autora estudia el problema de la intencionalidad criminal, la pena de horca y la cualificación de la forma de ejecución mediante el arrastramiento, la privación de sepultura y la confiscación de bienes, en la misma línea de coincidencias. Sin embargo, en Inglaterra, como analizan Macdonald & Murphy, *Sleepless Souls*, it., 2002, aunque el suicidio es tildado de crimen de traición —un tipo de traición para el Derecho secular y un pecado de desesperación a los ojos de la Iglesia— que constituye una ofensa a Dios, la naturaleza y el rey, conforme al pensamiento jurídico común, la penalización se extrema porque la confiscación de bienes y la denegación de la sepultura eclesiástica, como penas típicas del crimen, no se hacen depender de motivaciones que hayan tomado peso como causas del suicidio, y en particular de la litispendencia procesal como factor que agudiza la responsabilidad del suicida. La única vía para la atenuación de la pena es la enfermedad mental. En efecto, el estado mental del sujeto se convierte en el criterio principal, y para poder dictaminar un crimen como «felonia de se» mentalmente el individuo debía estar sano. Si finalmente el jurado determinaba que el suicidio se había efectuado en plenas condiciones mentales, fuera por el motivo que fuere, al individuo se le declaraba culpable de crimen de traición hacia sí mismo; si por el contrario se dictaminaba su inestabilidad mental, era declarado como «non compos mentis». Los rituales para castigar a los culpables de suicidio en Inglaterra nacen de un variopinto conjunto de creencias populares y costumbres: en definitiva, se entendía que era la comunidad la que castigaba al criminal según el uso de la zona. Asimismo, los ritos de profanación

ratura jurídica del XVI, menos analítica en este asunto que la del XVII aunque bien es cierto que más contundente al respecto, el arrastramiento, desde el lugar en el que el reo se causó a sí mismo la muerte hasta el lugar del suplicio, para quedar expuesto a la vergüenza de

---

del cadáver expresan una profunda convicción social de que el «autohomicida» era una especie de ser sobrenatural y maligno, mensaje que a su vez insistentemente se encargó de repetir el clero. De hecho, durante el siglo XIV teólogos y escritores desarrollaron, con un fin didascálico, una especie de «psicología» convencional religiosa que contribuyó a acentuar aún más la maldad de la acción suicida frente a la valoración de posibles situaciones que pudieran reducir la responsabilidad en el acto; de esta manera, durante la Alta Edad Moderna el suicidio fue condenado por la religión, la sabiduría popular y el Derecho consuetudinario, a lo que se sumaba la circunstancia de que el crimen suicida, con su contundente teoría, constituía una muy útil fuente de ingresos para la Corona. Con todo, si cada vez la ley fue más dura en la represión del suicidio, durante el siglo XVI, con la revolución de los Tudor, el número de suicidios aumentó significativamente, y este incremento a su vez propició un aumento del horror popular hacia el suicidio, de manera que los ritos de profanación se convirtieron en manifestaciones colectivas que, totalmente convencidas, contemplaban al suicida como una especie de demonio o ser inspirado o impulsado por Satán. Quedaba muy lejos de la austera moral castellana o navarra —y de su fría tipificación de causas del suicidio— este convencimiento inflamado de que el suicidio implicaba un apoderamiento demoníaco. En cualquier caso, hay que tener en cuenta que la consideración del impulso diabólico que provocó la hostilidad popular hacia el suicidio reflejada en los actos de profanación del cadáver, resultaba un diagnóstico aplicado habitualmente a todos los crímenes atroces y gravemente pecaminosos: todos eran actos impíos inspirados por Satán (aunque el suicidio sobrepasara los límites...). Consiguientemente, el suicidio entre 1500 y 1660 recibió mayor castigo en Inglaterra que en cualquier otro país europeo. A partir de 1660, a raíz de la Revolución, la actitud inglesa hacia el suicidio cambiará profundamente: la severidad judicial y eclesiástica cederá el paso a la indulgencia oficial y a la pública compasión. Parece que el panorama comenzó a cambiar antes de la Restauración, como puede comprobarse en el aumento del número de sentencias dictadas por los jurados con el veredicto de «non compos mentis» en detrimento de los culpables de «felonía de se», si bien la ley que penalizaba el suicidio no será suprimida hasta el siglo XIX: por eso, concluyen los autores, las tradicionales reacciones contra el suicidio fueron mitigadas caso por caso, y de una forma genérica ni siquiera a raíz de la abolición de su condena. Las decisiones tomadas por los jueces de instrucción y los jurados fueron especialmente significativas y relevantes para que la elite gubernamental cambiara de actitud, así como para la modificación de la visión tradicional y conservadora de la comunidad.

ser el centro de todas las miradas, contemplando sus despojos, es una forma típica de cualificación de la ejecución perfectamente mantenible respecto del cadáver, con su efecto infamatorio[4]. Como sos-

[4] Sobre el castigo del suicida, distinguiendo entre penas corporales, penas patrimoniales, diferentes procedimientos criminales europeos (fundamentalmente en Francia y Países Bajos) y penas patrimoniales durante la Edad Moderna, *vid.* VANDEKERCKOVE, *On punishment*, op. cit., pp. 39-138. El autor explica que el tratamiento del cadáver mediante castigo corporal responde a la denegación de todo aspecto de dignidad humana al suicida; por otra parte, la aplicación de unas u otras penas dependía del lugar en el que el cadáver apareciera: no era lo mismo encontrar al sujeto ahorcado en su propia casa que en un lugar exterior. Pero existe una suerte de ritual común europeo: normalmente el cadáver es conducido al lugar del suplicio previo arrastramiento por las calles más importantes de la villa o ciudad. La forma de ejecución de la horca podía ser sustituida por otras más denigrantes e infames, como pinchar el cadáver sobre una especie de palo con forma de tenedor, un poste con dos pinchos, etc.. Independientemente de la forma, la ejecución del suicida era el cénit del ritual del castigo, aunque ahí no concluía, pudiendo quedar su cadáver colgado varias horas o incluso días hasta que recibiera «sepultura asnal», entierro que podría realizarse a su vez de varias maneras: exponiendo los restos al aire libre apartados en un camino, dejando abierto el ataúd... En cuanto a los procedimientos criminales, Vandekerckove destaca en pp. 73-93 una evolución desde la suficiencia de la deliberación del acto de suicidio (ausencia de fuerza externa) para su denuncia, hasta una progresiva consideración de factores de la involuntariedad del acto (la inestabilidad mental, por ejemplo) como causa de atenuación o excusación de la responsabilidad: precisamente la familia del acusado estaba capacitada procesalmente para recurrir y probar que la muerte de su pariente había sido efecto de una enajenación mental que respondía a un estado de desesperación. Así se incrementaron las excusas que eximían a los suicidas de responsabilidades penales, todas ellas relacionadas con la enfermedad psíquica. Este criterio influyó a su vez en una regularización procesal cada vez más formalizada, en su preocupación por la prueba de la naturaleza del acto enjuiciado, siendo el modelo francés el más preciso, con la promulgación de las Ordenanzas Criminales de Luis XIV en 1670. La intervención familiar en el proceso, con la pretensión de probar la enajenación mental del suicida, se explica también punitivamente: la confiscación del patrimonio del suicida era la pena ordinaria generalizada que llevaba aparejada el crimen de suicidio, aunque de nuevo hay que recordar que el embargo de los bienes, en su alcance total o parcial, dependió de la tradición y costumbre de la zona; así Vandekerckove, en pp. 95-120, recuerda que en Bouillon la costumbre era el embargo de todos los bienes, muebles e inmuebles, mientras que en Saint Truiden sólo se confiscaban los bienes muebles. La doctrina jurídica moderna discutió a menudo la reducción de los efectos de la confiscación de bienes en orden a la salvaguarda de las expectativas hereditarias.

tiene Damhouder, el efecto ejemplarizante puede culminar también con el ahorcamiento del cadáver, a continuación, y tal es la costumbre que sigue la justicia. Después, sólo el juez está autorizado para recoger el cuerpo ahorcado, infamado, manteniendo el control público en el levantamiento del cadáver, y evitando manipulaciones de los cadáveres tan torticeras como las que pueden estar motivadas en devociones de supuestos martirios. Además, la atrocidad del delito se refleja en la imposición de la pena ordinaria de confiscación de bienes[5]. Como explica Giovanni Baptista Ziletti, los bienes del suicida han de formar parte del dominio temporal del fisco precisamente porque éste representa a la máxima autoridad de la justicia terrenal, y la injuria a la república que supone el suicidio puede comprenderse como un crimen de lesa majestad[6].

Siguiendo a Damhouder, las penas impuestas por la costumbre de la autoridad judicial pueden ser mitigadas. A estos efectos se valoran factores que pueden afectar a la capacidad de dolo del suicida, particularmente aquéllos que tienen que ver con la propia condición psíquica del sujeto: el frenesí, el furor, la melancolía, el defecto de los sentidos, la impotencia en el alma o la pobre fortaleza. Por supuesto, pueden valorarse causas objetivas, como la enfermedad grave, que dan lugar a vicios de la voluntad, como el miedo. Por esta vía, que afecta sobre todo al suicidio que carece de objetivación procesal de su causa —es decir, al que no se produce por conciencia de crimen o miedo a la pena, sino por tedio vital o dolor—, va restringiéndose en la práctica la aplicación de la pena de horca al cadáver del suicida, se limitará la confiscación de bienes en función de los derechos de los herederos legítimos y aun se concederá eventualmente la sepultura eclesiástica[7].

De esta manera, va tomando peso el problema, esencial en todo crimen, simple o cualificado, grave o atroz, de la voluntad criminal, de la intencionalidad maliciosa, del dolo. Y si por la vía de la capacidad (o también por la vía de las circunstancias del delito, en general) puede comprenderse que existieron perturbaciones mentales que imponen la culpa respecto al dolo en el criterio de valoración de la con-

---

5 Damhouder, *Praxis Rerum*, cit., pp. 310-312.

6 Ziletti, *Consiliorum*, cit., p. 45v.

7 Damhouder, *Praxis Rerum*, cit., pp. 310-312.

ducta delictiva, entonces las penas que la costumbre ha vinculado a la cualificación y a la atrocidad no podrán cuajar o deberán aminorarse. La desesperación del suicida ha de convertirse en un propósito doloso, para que la contundencia punitiva sea la mayor, como mayor es este crimen que injuria a Dios, a la naturaleza y a la república, pero si ese mal propósito resulta infundado, la costumbre punitiva más dura se interpretará restrictivamente[8].

---

[8] Los criterios punitivos no contrastan si se comparan las tradiciones católica y protestante, como parece lógico por otra parte si se tiene en cuenta su común fundamento teológico en la repulsa del suicidio. Watt, *Choosing death*, cit., 2001, estudia un ámbito geográfico y temporal concreto, Génova durante la Alta y la Baja Edad Moderna, y en lo que al procedimiento jurídico protestante se refiere distingue dos etapas: la primera de ellas abarca desde 1542 a 1650 (pp. 80-92), y la segunda desde 1651 a 1798 (pp. 92-125). En la primera etapa, la intolerancia hacia el crimen del suicidio es unánime, lo que puede constatarse en las sentencias dictadas por los magistrados genoveses: las autoridades judiciales estaban plenamente convencidas de que el suicidio era la consecuencia de una inspiración diabólica que, consiguientemente, debía ser castigada con la privación de los tradicionales ritos de enterramiento. Durante este tiempo, Watt documenta cuarenta suicidios, y de ellos sólo uno recibe sepultura sagrada (caso atípico, pues, y quizá sólo relativamente, pues afectaba a un miembro muy influyente de una familia genovesa). Tradicionalmente, todos los culpables del delito de suicidio eran enterrados extramuros, siguiendo los rituales típicos de la zona. A su vez, explica Watt que con frecuencia las autoridades judiciales consideraban que la denegación de las celebraciones y rituales sagrados no eran suficiente castigo para con el suicida: hasta 1650, en trece ocasiones, los culpables de suicidio fueron arrastrados por las calles de Génova, y otros tantos introducidos en un barril y depositados en el río. Pero no sólo la condena afecta al cadáver del suicida, pues se imponían otras penas de carácter patrimonial: la primera ordenanza genovesa sobre los criminales de suicidio, datada en 1568, nada expresaba sobre la profanación y entierro del cadáver, sino que exigía únicamente la confiscación de sus bienes, eximiendo de la pena a los «insanos» de mente. Además, la tentativa era considerada relevante en cuanto a la responsabilidad criminal. Desde mediados del siglo xvi hasta 1650, subraya Watt, los registros judiciales señalan doce conatos de suicidio, que serían castigados con penas extraordinarias de azotes o destierro, dependiendo a menudo de la naturaleza o extranjería (castigo más severo) del suicida. Explica el autor que si el tratamiento judicial durante el siglo xvi puede parecer excesivamente duro en Génova, en otros países europeos, como es el caso ya comentado en estas páginas de Inglaterra, en comparación se mostraron mucho más estrictos. Será a partir del siglo xvii cuando los magistrados genoveses comenzarán a mostrar una mayor benevolencia hacia el crimen de suicidio. Watt confirma así que en la Génova protestante el tratamiento judicial del crimen de suicidio fue similar al

Cuando se trata de conductas criminales semejantes al suicidio, o que forman parte de la perpetración de actos dirigidos a la consumación del suicidio, las penas son las mismas y están legitimadas de la misma manera, en la reflexión sobre las injurias derivadas del perjuicio causado al propio cuerpo. Pero, una vez más, la interpretación del acto delictivo y la pena impuesta dependerán del propósito doloso que se aprecie respecto de la perfección del suicidio. Así sucede en la automutilación, fundamentalmente, que podrá ser castigada como el suicidio si la intención criminal tuvo ese fin, porque, desde este punto de vista, la situación jurídica es la de un conato de suicidio. Otra cosa es que, como dice Damhouder, la doctrina se divida en si el conato del suicidio merece la pena ordinaria, conforme a la consideración del régimen jurídico de la atrocidad, o no, según una práctica más benévola, a la que nos referimos anteriormente, y siempre teniendo en cuenta la comisión de actos próximos respecto de la consumación del delito, y no de meros actos remotos. Damhouder se refiere de forma expresa, en este sentido, a la confección de aparatos con el fin de provocar la propia muerte[9]. El mismo tipo de razonamiento entendemos que debe valer por lo que se refiere al mandato del suicidio.

Ahora bien, la apreciación de factores que reducen el dolo y aumentan la culpa, y por lo tanto abogan por la mitigación extraordinaria de la pena, en la atención primordial al grado del propósito criminal («qualitas doli»), tiene en el caso del suicidio, en términos

---

de otros países europeos de tradición católica: la profanación del cuerpo, la denegación de los ritos y celebraciones religiosas y la confiscación de bienes son penas comunes tanto en países católicos como protestantes. La segunda etapa cronológica, que abarca entre 1651 y 1798, destaca ciertamente por la mitigación de las penas y un trato más humanitario del suicida por parte de los magistrados genoveses. Las penas se aminoraron, los cadáveres dejaron de profanarse, y los bienes sólo fueron confiscados en aquellos casos en los que los suicidios se produjeran por conciencia de un delito anterior, conforme a la tradición marcada por el Derecho romano para con los delitos de lesa majestad. A partir de 1750 sólo ocasionalmente se privó de sepultura a los que optaran por quitarse la vida; de hecho, el proceso de secularización y despenalización del suicidio en la Génova protestante se produjo de una forma también muy similar al de otros países europeos. No hay pues razones, según Watt, para entender que la tradición protestante fue más dura y rigurosa que la concepción católica, o mucho menos que la anglicana, en lo que se refiere a la penalización tanto espiritual como secular, judicial y consuetudinaria, del crimen suicida.

[9] DAMHOUDER, *Praxis Rerum*, cit., p. 314.

generales por lo que se refiere a la doctrina y la costumbre judicial, un cierto sentido de círculo vicioso. Es decir, como hemos visto en las páginas anteriores la doctrina pretende ser contundente en el castigo del suicidio, porque este acto criminal produce un efecto injurioso tan grave que las motivaciones psicológicas han de ser apartadas o minusvaloradas, puesto que podrían funcionar como justificaciones que en la práctica estarían reduciendo la importancia de esas injurias a Dios, a la naturaleza y a la república tan importantes sobre todo en la teología dogmática. Si ahora, al fin, esas mismas motivaciones y esos mismos factores complejos y psicológicos pueden hacerse valer por la vía del examen del propósito criminal doloso y al fin reducir o mitigar la pena si se entiende que matizan el dolo y subrayan la culpa, estaremos asistiendo a una situación un tanto contradictoria. Esto explica que doctores como Tommaso Trivisano mantengan su contundencia absoluta contra el suicidio, contra el conato de suicidio o contra la automutilación, defendiendo su castigo, en régimen de igualdad, sin que para él tengan importancia las causas que pudieron motivar el comportamiento. La dureza de sus argumentos se percibe en su insistencia en la imposición de la pena al cadáver, en defensa del Derecho natural. Asimismo, es muy significativo que desarrolle una crítica a la excesiva relajación de la administración de justicia, y destaque la necesidad y urgencia de que los jueces, en estos supuestos, lleven a cabo una exhaustiva investigación por el interés de la religión y el bien de la república, contra la impunidad de este crimen atroz. Su insistencia diagnostica una falta de interés judicial por el suicidio, quizá porque cuando está abierto un procedimiento en cierto modo se entiende inútil su dilatación a falta de reo (y de hecho, opera la presunción a favor del suicidio por conciencia del crimen o miedo de la pena), y cuando no hay procedimiento abierto la dificultad de prueba sobre las razones del suicida es muy aguda, y difícilmente salvable por la intervención de testigos, cuya posibilidad de penetración psicológica es evidentemente limitada, como si en esta injuria máxima contra Dios que es el suicidio sólo Dios pudiera conocer su motivación, sólo Dios a quien se ha usurpado el poder sobre la vida sin embargo mantuviera el conocimiento de la explicación última del comportamiento de su criatura[10]. La impresión es que sólo en el suicidio durante el desarrollo del proceso penal, por conciencia del delito o miedo de la pena,

[10] Trivisano, *Decisionum causarum*, cit., p. 325.

parece existir un criterio viable para la determinación de un propósito doloso pleno, articulado en su presunción, mientras que el suicidio en libertad permite una más fuerte, más amplia y difusa, apreciación de condicionantes psíquicos, mitigadores de la pena. Toda esta relajación judicial deriva finalmente en una cierta inaplicación de las penas de horca y confiscación que se refieren como costumbre punitivas en crisis a lo largo de la Edad Moderna.

En líneas generales, la doctrina jurídica del siglo xvi se muestra contundente y escueta al abordar el tema de la penalidad. La doctrina del siglo xvii no aporta ninguna novedad teórica que suponga cambio trascendental con respecto a la centuria anterior, pero es mucho más analítica y en definitiva condiciona la imposición de la pena al suicida en virtud de las cualidades o circunstancias que concurran en la comisión del crimen.

Ordinariamente, la administración de justicia impone al suicida la misma pena que al homicida, y en consecuencia habría de ser castigado con la pena (aun simbólica) de muerte y la confiscación de los bienes[11]. Ahora bien, en este sentido y de cara a la imposición efectiva de la condena, la legislación, y de manera mucho más minuciosa la doctrina jurídica, aclara o tipifica dos conjuntos de motivaciones ya mencionadas: el suicidio por causa de la conciencia de un delito previo o del miedo o vergüenza por la condena impuesta, y el suicidio por causa del tedio vital o la impaciencia del dolor. Además, como hace Benedicto Carpzov, hay que diferenciar dos supuestos: el delito consumado del suicida y el suicidio intentado pero finalmente detenido o impedido. En el primer caso, Carpzov entiende que no debe someterse el cadáver a ningún tipo de pena sensitiva o aflictiva, e incluso defiende una opinión contraria a la costumbre del ahorcamiento del cadáver, recogiendo no obstante las discrepancias de la doctrina que siempre dejan cierto margen al arbitrio judicial. Pero no discute la denegación de la sepultura eclesiástica —arrojando el cadáver a un lugar infame— cuando el suicidio es por conciencia de crimen o miedo de la pena; la sepultura eclesiástica se mantiene, por el contrario, en el suicidio sin propósito doloso o con «animi impotentia». Cuando el suicidio queda en conato —porque hubo impedimento (se estropeó o no fue útil el instrumento de su muerte; o hubo insuficiencia de esfuerzo en el sujeto) o se detuvo al suicida— la

---

[11] Concioli, *Resolutiones criminales*, cit., p. 359.

impunidad es la regla si el suicidio fue por causa de tedio vital, mientras que el suicidio por conciencia del crimen o miedo de la pena será sancionado, siempre y cuando aquel delito llevara aparejada pena de muerte y de confiscación de bienes; en cuanto a qué pena haya de merecer, aunque se recoge una diversidad de criterios doctrinales, Carpzov se inclina hacia la pena extraordinaria por arbitrio judicial[12].

Próspero Farinacio revisa también la cuestión. Desde luego, confirma que el ahorcamiento del cadáver del suicida queda al arbitrio del juez, reconociendo una tendencia restrictiva contra la admisión de esta costumbre. Si su mayor fuerza puede concretarse en el suicidio por causa de conciencia de crimen o miedo de la pena, cuando el delito fuera penado con muerte y confiscación de bienes, en el que la presunción dolosa habría de funcionar con máxima claridad, un sector de la doctrina sin embargo entiende que la muerte por horca se encuentra subsumida en la pena condigna al crimen anterior del que resulta confeso, y defiende que su único castigo ha de ser la confiscación de los bienes, excluidas las penas corporales; otro sector legitima el ahorcamiento del cadáver del suicida, limitado precisamente a aquel supuesto de mayor gravedad[13]. Por su parte, Gómez de Amescua sitúa el problema de la horca en el ámbito más amplio de las penas corporales y ordena los casos en los que entiende que cabe el castigo judicial sobre el cadáver del suicida, a saber: por una parte, cuando dentro de prisión es hallado muerto el reo que está siendo investigado, pues aunque en principio su cuerpo no debe ser afligido hasta que no exista una sentencia definitiva condenatoria, no obstante el juez puede arbitrariamente determinar un castigo corporal si el reo estaba acusado de delito atroz, así como finalmente, tras la condena, también podrá ahorcar públicamente al cadáver con un fin de ejemplaridad; por otra parte, advierte Amescua de que de ningún modo se puede castigar con la horca públicamente el cuerpo de aquél que se suicidó por tedio vital o causas similares, si bien el juez puede determinar otras penas corporales según las circunstancias que llevaron al individuo a darse muerte y que consten, por ejemplo, por la deposición de testigos. Como se ve, tanto la horca como las otras penas corporales quedan, como decía Farinacio, al arbitrio del juez: los abogados pueden solicitarlas, así como los herederos recurrirlas; pero no rige una apli-

---

12 Carpzov, *Practicae Novae Imperialis*, cit., pp. 12-14.

13 Farinacio, *Praxis*, cit, p. 318.

cación de naturaleza ordinaria —y aun se excluye la degradación del cadáver en el caso del clérigo— aunque parezca que se deja prevista una razón para fundamentarlas en los crímenes atroces, si el juez las impone, como es el fin ejemplarizante de la pena[14].

Podría decirse que la contundencia teórica contra el suicidio es tan resistente como la inclinación práctica hacia la restricción punitiva. Francisco Pradilla defiende el arrastramiento y la vivicombustión (acentuando la dimensión religiosa de la injuria) para el suicida, con independencia de su sexo y con independencia del instrumento utilizado, con la única condición de «juicio, y entendimiento, al tiempo que tal delito cometiere». Es tan tajante, que parecería que la referencia a la capacidad de dolo es sencillamente la constatación de que el delito es doloso, sin excluir de este régimen de penas el suicidio por tedio vital. También defiende la imposición de la confiscación de bienes, pero con la condición, limitadora de la pena, de que carezca de hijos. Pero después añade que si el suicidio ha sido posterior a la acusación por un delito que llevaba aparejada pena de muerte y de confiscación de bienes —y en consecuencia se trata de suicidio por miedo de la pena— por Derecho común se le ha de considerar confeso del delito y se le impondrá la confiscación de bienes: «Y si el que ansi se matare, fuere acusado de algun delito, por el qual se le deuia imponer pena de muerte, y confiscación de sus bienes, y por miedo de la pena se matare, deue por derecho comun ser condenado en sus bienes, y es auido por confiesso de tal delito». No queda del todo claro si tener al suicida por confeso del delito anterior que merecía pena de muerte limita la previsión del arrastramiento y la vivicombustión a este supuesto de suicidio por miedo de la pena, pero puede tener su lógica, pues si la pena de muerte que merece el suicida —como homicida— se subsume en la pena de muerte que merecía el delito, el hecho de convertir la forma de ejecución de la horca en la forma de ejecución de la vivicombustión ratificaría esa subsunción y la cualificaría (con la quema) por haberse sumado el suicidio. Ahora sí que podría entenderse que queda excluido el suicida por tedio vital, porque no tiene el juicio y entendimiento requerido para la aplicación de ese régimen punitivo.

Si la limitación de la confiscación funcionaba con el respeto a las expectativas hereditarias de los hijos, de forma general (pero también

---

14 Gómez de Amescua, *Tractatus*, cit., pp. 220-221.

unida a la aplicación de la vivicombustión), parece que hay que entender que, aunque en el suicidio por miedo de la pena la limitación no se repita, está presupuesta, como por otra parte no puede ser de otra manera al estar tipificado el respeto a los herederos en la ley 8 del título 23 del libro octavo de la *Nueva Recopilación*[15]: «*La pena del que se desesperare.* / Todo hombre, ò mujer que se matare à sì mismo, pierda todos sus bienes, i sean para nuestra Camara, no teniendo herederos descendientes». Esta consideración de la ley mantiene sin embargo una cierta ambigüedad, porque la última determinación de las penas para el suicidio por conciencia del crimen se basa en el Derecho común, y eso no evita —como demuestra la confiscación— que el «ius proprium» pueda anteponerse, y por lo tanto también la costumbre judicial, para la que Pradilla aconseja un régimen de penas general tan contundente. Además, Pradilla incluye, al igual que hace la ley citada de la *Nueva Recopilación*, a la mujer, sin distinción, dando de nuevo preferencia al «ius proprium» y sin acoger (como le ocurre con la hipotética incapacidad del suicidio por tedio vital) una posible tendencia a la exención penal por ignorancia invencible o su condición jurídica de «fragilitas sexus». En realidad, lo que hace Pradilla es basarse en la ley vigente y complementar la información que ésta ofrece en función de nuevas añadiduras de naturaleza doctrinal común que parecen quedar como posibles orientaciones subordinadas, como si las restricciones punitivas del suicidio que la doctrina recoge y la práctica sigue quedaran incorporadas sólo a título secundario respecto de la legislación y de una firme declaración punitiva que la interpreta. Además, añade un dato interesante en relación con el auxilio o la cooperación de terceros en el suicidio, si bien de carácter genérico —lo que permitiría incluir el mandato y el consejo—: «Y el que diere armas, y con que se mate, tiene pena de muerte»; con una mención de las armas que funciona, como en el homicidio, cualificando con la proditoriedad el acto doloso de complicidad o similar, y explica la preferencia por la pena ordinaria[16].

También Baltasar Gómez de Amescua se refiere al auxilio o la cooperación en el suicidio, y se muestra partidario de la aplicación de la

---

[15] *Nueva Recopilación*, en *Las Leyes de recopilacion*, Madrid, I Imprenta de Pedro Marin, II Imprenta Real de la Gazeta, 1775.

[16] Francisco Pradilla, *Suma de las leyes penales*, Madrid, en la Imprenta del Reyno, 1639, fol. 12.

pena ordinaria. No sólo cuando se consigue que la muerte sea efectiva, sino también cuando se ha lesionado a otro, a petición suya, y la muerte no se sigue. Teniendo en cuenta la tendencia a imponer en la práctica una pena extraordinaria cuando se trata de conato de suicidio, no se comprende bien que si el conato es protagonizado por un tercero, que se mueve en el régimen «tamquam principalis» del auxilio o la inducción, la pena sea mayor; a no ser que se considere que la mitigación de la pena que se acepta en el suicida que no perfecciona su propia muerte no puede extenderse al tercero que lo asiste porque en éste se da un doble delito simultáneamente, el de un homicidio simple y el auxilio a un crimen atroz, lo que cualificaría el conato en su caso. Gómez de Amescua cita en este sentido a Plaza y Moraza, con sus explicaciones sobre las prohibiciones jurídicas tanto del suicidio como del homicidio, dos ámbitos en los que se mueve a la vez quien colabora en el suicidio: tan prohibida está la muerte de uno mismo como la del prójimo; en ambas participa el auxiliador del suicidio. Por otra parte, expone Amescua que el hecho de causar la muerte viene a ser un asunto público, porque sólo la justicia pública dispone de potestad —potestad reglada— para dar muerte, en calidad de castigo al malhechor, excluida de cualquier forma la justicia privada que parece estar ejercitándose cuando una persona decide castigarse o pide a otro y el otro acepta que lo castigue. Finalmente, todas estas consideraciones, dada su problemática técnica, invitan a la valoración sopesada del grado de intervención del tercero, y por lo tanto, a la hora de decidir si merecerá pena ordinaria, habrá que tener en cuenta la diferencia entre una colaboración efectiva y una mera intencionalidad o pensamiento de cooperación[17].

Frente a la posición contundente de Pradilla, la tendencia a restringir el régimen punitivo del suicidio, de la que se hace eco en mayor o menor medida toda la doctrina jurídica, puede comprobarse en las reflexiones de Marco Antonio Sabelli. Sabelli considera que hay que aplicar la confiscación de bienes, con la anulación del testamento en su caso, cuando el suicida llevó a cabo su propia muerte por conciencia de un crimen anterior si este crimen llevaba aparejada precisamente la pena de confiscación de bienes y se hubiera demostrado su culpabilidad. En realidad, entonces, la confiscación no se impondría por razón del delito cometido a posteriori, es decir, del suicidio, sino

[17] Gómez de Amescua, *Tractatus*, cit., pp. 86-88.

culminando la exigencia de responsabilidad en la administración de justicia por el crimen anterior. Aunque quizá sólo en cierto modo, porque el principio general de que la muerte extingue la responsabilidad penal[18], si se hiciera tabla rasa del suicidio reduciéndolo a mera pre-

---

[18] Sobre la imposición de castigos corporales al cadáver del suicida en Flandes (incorporada oficialmente a Francia en 1795), André VANDENBOSSCHE, «Deux temoignages de l'application en Flandre française de l'Ordennance de 1670 en matière de suicide», *Revue d'Histoire de Droit*, 22-2 (1954), pp. 169-181, parte de la ordenanza citada de Luis XIV que establecía en qué tipo de crímenes se había de abrir un proceso judicial a pesar de la defunción del acusado o culpable de dicho delito. Los casos son cuatro: crimen de lesa majestad (divina o humana), el duelo, el suicidio y la rebelión contra la justicia pública. En consecuencia, si la muerte del criminal anula el crimen anteriormente cometido, conforme al principio jurídico general de extinción de la responsabilidad, bajo esta ordenanza a su vez este principio queda anulado, con la apertura del proceso judicial contra el difunto reo, lo que se debe a la gravedad del crimen, en orden a que su castigo «post mortem» contribuya a dar ejemplo a la sociedad. En concreto, el autor se centra en averiguar si esta ordenanza, en lo que concierne al delito de suicidio, fue aplicada en las ciudades flamencas francesas o simplemente su teoría quedó plasmada por la jurisprudencia sin ser habitual su puesta en práctica. Parece que los procesos sobre crímenes de suicidio son raros, y quizá esta escasez de pleitos constituya el resultado de la reprobación social, de fuerte tradición cristiana, que al mismo tiempo constituye la razón de la severidad con la que es tratado el delito: el cuerpo del suicida es enganchado a una carreta y arrastrado por las calles de la ciudad o villa; posteriormente es ahorcado de los pies y a continuación su cadáver es arrojado a la calle. Se trata de un espectáculo infamante, dirigido a presionar moralmente al público. A esta pena se suma una pena patrimonial, la confiscación de bienes, y una condena eterna de la memoria del culpable, con la privación de la sepultura eclesiástica. Puede que la dureza de este conjunto de penas aplicadas al autor de un crimen suicida sirva para explicar el número insignificante de suicidios, o al menos de suicidios reprimidos y severamente castigados en la zona norte de Francia. Por otra parte, la efectividad del castigo queda subordinada a la condición de que el suicidio sea ejecutado por el sujeto en plenas facultades mentales y que así quede ratificado por la autoridad judicial. Vandenbossche se refiere a dos procesos de 1691 y 1723 que demuestran que la ordenanza de Luis XIV fue aplicada al suicidio, y destaca la rapidez de la represión. En tales casos, los regidores recogen informaciones que arrojan alguna luz sobre un posible delito de suicidio, aunque en realidad prime la presunción de culpabilidad. El cadáver es examinado por expertos y el juez de instrucción designa a un médico y a un cirujano que juran, por el bien de su conciencia, visitar y examinar el cuerpo difunto una vez se haya producido su traslado a la prisión más cercana. Tras el informe médico, tal y como marca la ordenanza de 1670, prestan declaración los testigos —precisamen-

sunción probatoria, evitaría la confiscación, y sin embargo el suicidio viene a reforzar la imposición de la pena, pues la injuria atroz que entraña rompe aquel principio general. Sin embargo, si el suicidio fue la consecuencia de factores como el pudor, la vergüenza o el cansancio de la vida, no debería aplicarse la confiscación de bienes ni considerarse la nulidad del testamento, ni mucho menos proceder al ahorcamiento del cadáver que ha sido observado como costumbre en muchas naciones por arbitrio del juez. Esto supone admitir que la confiscación de bienes del suicida, como asegura Sabelli apoyándose en la opinión de Antonio Concioli y otros juristas, ha quedado obsoleta, ya entrados en el siglo xvii, pues o no se aplica o si se aplica, por producirse el suicidio por miedo de la pena, se debe en rigor a la pena prevista para el delito anterior. Además, Sabelli recoge la opinión de Domingo Antúnez sobre la restricción punitiva añadida, en cuanto a la improcedencia de la confiscación de bienes, incluso en el suicidio por conciencia de crimen o miedo de la pena, si el suicida tiene familiares descendientes y ascendientes hasta el tercer grado, una interpretación muy difundida (y presente, como hemos visto, en el Derecho castellano) con la que sin embargo no se muestra de acuerdo, defendiendo la aplicación rigurosa de la confiscación conforme al Derecho común, con mayor razón si reiterada en el «ius proprium» estatutario, lo que parece en armonía con esa visión de la confiscación como una pena derivada del crimen que fue cometido anteriormente por el suicida, y cita el ejemplo en este sentido del rigor que se siguió con un criminal en Florencia, confeso de delito, que se ahorcó en prisión en 1688[19].

Ciertamente, Antonio Concioli explicaba que tanto hay doctores que defienden la confiscación de los bienes del suicida si el delito anterior fue grave, como otros que limitan o excluyen la confiscación. Pero en lo que parece que hay acuerdo común es en no admitir la confiscación de bienes cuando el suicidio tiene por causa el dolor o el tedio vital. Gómez de Amescua relaciona más concretamente qué tipos de suicidio quedan excluidos de la pena establecida por el Derecho civil, y cita así las causas o situaciones del cansancio de la vida, la

---

te porque el crimen de suicidio sólo sería castigado si su autor era consciente y gozaba plenamente de sus cualidades mentales, el testimonio de testigos y conocidos es imprescindible— y, finalmente, se dicta sentencia.

[19] Sabelli, *Summa diversorum*, cit., p. 287.

impaciencia provocada por el dolor u otras condiciones adversas, la vergüenza o el pudor, el luto o la soledad, la miseria, la pérdida de la vida durante el sueño (si no surgen dudas sobre la existencia de un homicidio); no admite por el contrario la causa de jactancia o agitación, como la que motivó el suicidio del filósofo Empédocles, porque resulta sospechosa de herejía. Ahora bien, cuando el suicidio fue cometido por conciencia de la comisión de un crimen anterior, y por el miedo a la pena, el Derecho civil se impondrá con la confiscación de los bienes y la invalidez del testamento[20]. Concioli, en todo caso, admite que en este supuesto la imposición de la pena de confiscación podrá evitarse si se prueba la inocencia del reo, y así queda articulada la acción procesal de los herederos que supone tanto la defensa de la fama del reo cuanto la protección de sus propias expectativas patrimoniales hereditarias[21].

Este criterio que regula el suicidio se extiende también a la autolesión. Dice Farinacio —atendiendo al paralelismo que existe entre homicidio y suicidio, por un lado, y por otro herida y autolesión, con una mayor gravedad en los segundos términos— que si un sujeto se hiere o vulnera a sí mismo por cansacio de la vida o impaciencia del dolor, no sufrirá la pena de confiscación de bienes[22]. Pero si se autolesiona por conciencia de crimen o miedo de la pena, entonces hay que imponer la pena correspondiente al delito que previamente cometió, como puede ser la pena de muerte y la confiscación de bienes, aunque no hay aquí entonces pena de muerte del suicida porque tratándose de un conato de suicidio —si así se considera la autolesión— existe una preferencia en la doctrina, como vimos en su momento, favorable a la imposición de una pena extraordinaria, y no de la ordinaria del homicidio.

Farinacio recuerda que en todo caso las causas de conciencia del crimen y tedio vital tienen un valor en último término probatorio, porque se deducen de la existencia o no de un procedimiento judicial en virtud del cual, si existe, se presume una certeza de dolo, que permite continuar con la administración de justicia respecto del delito anterior, y si no existe, permite poner la intención criminal en tela de jui-

[20] Gómez de Amescua, *Tractatus*, cit., pp. 199-201.

[21] Concioli, *Resolutiones criminales*, cit., p. 359.

[22] Farinacio, *Praxis*, cit., pp. 321-322.

cio, y aun relacionada con factores de hipotética incapacidad de dolo. Y porque se trata de presunciones, Farinacio insiste en definitiva en el valor fundamental de la prueba, plena si fuera posible, muy particularmente a los efectos de diferenciar entre hallazgos de cadáver y suicidios —no basta el rumor popular para presumir que aquél que haya aparecido ahorcado optó de propia voluntad por estrangularse, si lo pudo haber hecho un tercero; y lo mismo puede decirse de quien aparece ahogado en un pozo, si pudo haber sido empujado—, como presupuesto para la imposición de pena alguna[23].

Desde luego, parece claro que es en el suicidio por conciencia del crimen o miedo de la pena en el que se centra la posibilidad de aplicar la pena de confiscación de bienes, por la fuerza de la presunción, pero la implícita consideración de un proceso criminal abierto respecto de un crimen anterior obliga también a tener en cuenta en qué momento, preprocesal, inquisitivo o propiamente judicial, ha tenido lugar el suicidio. Luis de Molina desmenuza este problema. Sostiene que si el suicida fue sorprendido en delito flagrante, que obliga a la pena ordinaria de muerte o de deportación, sus bienes irán a parar al fisco; este criterio está de acuerdo con la máxima jurídica «iura transgredi propter enormitatem delicti etiam in procedendo». Asimismo, si el sujeto no fue sorprendido en delito flagrante, pero sí fue detenido y, tras la debida inquisición, acusado formalmente, con el efecto de litispendencia, el suicidio una vez abierto el juicio plenario produce una presunción de que su muerte es prueba de su culpabilidad —esto es, se trata de un suicidio cometido por conciencia del crimen y consecuente miedo de la pena—, de manera que, al tenerlo por confeso de su crimen anterior, el fisco debe confiscar sus bienes y anular, si lo hubiere, su testamento. Por el contrario, si el delito cometido con anterioridad no merece la pena de confiscación de los bienes del reo, ni la pena de muerte natural o la deportación, o si aun habiéndolo cometido el delincuente ni fue sorprendido flagrantemente, ni detenido después, ni acusado formalmente en juicio, el suicidio —que no será considerado motivado por la conciencia del crimen ni por el miedo de la pena— no dará lugar a la imposición de la confiscación de los bienes ni a la invalidación consecuente del testamento. Entiende por lo tanto Molina que si el delito anterior no llevaba aparejadas las penas de muerte y confiscación, ni siquiera será posible imponer la confiscación de bie-

[23] *Ibid.*

nes al suicida por conciencia del crimen o miedo de la pena; y conviene subrayarlo porque en este caso —planteado bajo litispendencia, para que la causa de conciencia del crimen o miedo de la pena se entienda operativa en cuanto al suicidio— parecería confirmarse que el suicidio sólo tiene un valor presuntivo de culpabilidad, pero que no da lugar por sí mismo a una pena, porque si la confiscación de bienes del suicida, como pena del suicidio, podría entenderse subsumida en la pena de confiscación impuesta por el delito anterior, sin embargo cuando éste no la prevé debería mantenerse como pena propia, de modo que su desaparición implica que es la pena por el delito antes perpetrado la que en verdad mantiene su fuerza; el problema está en que la ley puede prever expresamente, como ocurría en Castilla, la confiscación de bienes para el suicida, de manera que o bien se aplica esta confiscación por el suicidio, aun no prevista para el delito anterior —y de hecho Molina deja constancia de que la norma que establezca el «ius proprium» podrá matizar la solución general que comenta—, o bien habrá que entender que esa norma legal o estatutaria debe interpretarse restrictivamente, es decir, para el caso de suicidio por conciencia de un crimen anterior sólo cuando éste diera lugar a la aplicación de la pena de confiscación de bienes.

Por último, en ningún caso embarga el fisco los bienes si el suicidio fue causado por cansancio de la vida u otras motivaciones que no estén relacionadas con la vergüenza y el miedo a la pena por un delito previamente perpetrado; pero como esta conciencia o miedo por el delito previo, a tenor de lo dicho anteriormente, se hace efectiva sólo en la apertura de procedimiento, o al menos en la detención, habrá que presumir que a falta de actividad de la administración de justicia el suicidio no se debió a la conciencia del crimen, y en menor medida aún al miedo a la pena, sino al tedio vital, preservadas entonces las expectativas hereditarias testadas o intestadas.

Como hemos visto, resumiendo, hay una restricción punitiva del suicidio, que concentra su función de presunción de culpabilidad en la conciencia del crimen anterior o en el miedo a su pena, y por otra parte una función del suicidio como refuerzo de la aplicación de la confiscación de bienes cuando ésta, lógicamente —por eso es refuerzo— estuviera prevista en el delito cometido con anterioridad, contra el principio de extinción de la responsabilidad penal por la muerte, debido a la atrocidad de la injuria suicida. Ahora bien, si en caso de detención flagrante de quien después será suicida puede entenderse que el suicidio tiene por causa la conciencia del crimen, cuando se trata de un crimen atroz, en el que se permite simplificar las exigencias procedimentales, es la propia extrema atrocidad del delito la que impide que se siga la regla de que la muerte extingue la responsabilidad penal, con el consiguiente mantenimiento de la confiscación de bienes, como sucede en el crimen de herejía, en el de lesa majestad humana o en el de sodomía. Lo que estaría debatiéndose implícitamente es si podría razonarse de la misma forma con el suicidio, caracterizado por la misma atrocidad[24]. Aunque, en realidad, no llega a plantearse así el problema, quizás porque se sabe perfectamente que según la opinión común sólo un determinado tipo de suicidio —por conciencia del crimen o miedo de la pena— da lugar a la confiscación, frente a la ausencia de matices (en cuanto a tipología de causas) en la herejía, la lesa majestad o la sodomía. Así las cosas, Molina explica la divergencia doctrinal que existe sobre la limitación de la confiscación de bienes en términos amplios, respecto de estos delitos atrocísimos de la herejía, la lesa majestad humana, la sodomía —y si en éstos es así, también en el suicidio—, cuando existen descendientes, ascendientes y colaterales hasta el tercer grado: la mayoría de los doctores, pero no la unanimidad, se muestra a favor del respeto de las expectativas hereditarias. El problema puede surgir cuando la normativa del «ius proprium» defiende una aplicación tajante de la confiscación, sin limitaciones expresamente contempladas, con el significado expansivo que defiende Gregorio López; pero la tendencia que prevalece consiste en interpretar que dicha normativa queda prevista para el suicidio por conciencia del crimen anterior que mereciese la pena de confiscación de bienes, como un presupuesto que puede o no limitarse en mayor medida aún respetando a los herederos —como hacen las *Partidas* en relación con el crimen de lesa majestad—, o no respetándolos —según la línea tajante de Jacobo de Rávena—, y su a vez extendiendo su condición a los colaterales, o bien restringiéndola a ascendientes y descendientes[25]. Desde luego, la limitación de la confiscación de bienes del suicidio quedaría entendida en el seno de la misma limitación, propugnada por la doctrina, en los delitos atrocísimos a los que se asimilaba el suicidio. Por otra parte, las limitaciones que antepone el «ius proprium» pueden ser directas —al ocuparse de la confiscación

---

24 Molina, *De iustitia*, cit., tomo IV, cs. 588-589.

25 *Ibid.*, tomo IV, cs. 588-592.

expresamente, con mayor o menor claridad— o indirectas —como sucede con el efecto derivado del reconocimiento en los Derechos castellano y portugués a la capacidad del reo para otorgar testamento—[26].

Pero venimos diciendo que el suicidio da lugar a una presunción de culpabilidad: una presunción muy fuerte, en sede procesal, que a pesar de su eficacia no es «iuris et de iure», sino «iuris tantum». Y esto es así porque los herederos legítimos tienen reconocida acción procesal para demostrar la inocencia del acusado, obviamente incluso razonando contra las pruebas, por ejemplo testificales, que consten ya en el proceso; los herederos podrán procurar la prueba de que no hubo delito anterior —lo que significa que el suicidio posterior no ha podido ser por conciencia del crimen, sino, en todo caso, por el dolor debido a una acusación injusta o aun calumniosa— o directamente de que la causa del suicidio fue el tedio vital. Si los familiares aportan las pruebas suficientes que demuestren la inocencia del reo suicida, los herederos podrán suceder en los bienes, evitando la confiscación por el fisco. Como acabamos de decir, queda incluida la posibilidad, y esto es algo en lo que insiste Molina, de que los herederos puedan probar, contra la presunción, que a pesar de su culpabilidad en el crimen anterior, el suicida se mató por otros factores, como la ira o el dolor grave[27].

El hecho de que el suicidio funcione como una presunción permite también que la doctrina de alguna manera anteponga el procesamiento por el delito anterior al problema sobrevenido del suicidio. Por eso los doctores pueden concretar como fundamental el hecho de que el reo, en el momento del suicidio, fuera tenido ya por confeso, de manera que si no existió confesión ni prueba plena de la culpabilidad no haya de imponerse la pena de la confiscación. Molina cita a Pablo de Castro para exponer la opinión de que si el suicidio se produce tras la mera citación del sujeto, sin que el futuro suicida haya sido sorprendido flagrantemente, ni haya declarado aún en juicio, se ha de presumir, en caso de suicidio, y en virtud de su presunción, que la muerte se produjo por conciencia de crimen, de tal manera que será tenido por confeso precisamente en razón del suicidio; pero la opinión común de los doctores, entre los que cita particularmente a Gregorio

[26] *Ibid.*, tomo IV, c. 590.
[27] *Ibid.*

López, entiende precisamente lo contrario, esto es, que la detención flagrante, la acusación, la confesión o por supuesto la sentencia definitiva son exigencias —condiciones más exigentes— para que el suicidio permita presumir que la causa fue la conciencia del crimen. Podríamos decir entonces que así como la confiscación de bienes por el suicidio es en realidad una especie de refuerzo de la confiscación de bienes que llevaba aparejado el crimen anterior, la presunción del suicidio en cuanto a que existía conciencia del crimen o miedo de la pena es un reflejo también de que el procedimiento criminal hubiera producido ciertos efectos procesales o hubiera avanzado hasta el punto en el que la culpabilidad hubiera quedado declarada, probada o fuertemente presumida. Un planteamiento más rígido de la presunción por suicidio parecería ir además en contra de la comentada acción procesal que tienen los herederos para mostrar su disconformidad con el contenido del curso procesal y probar que fueron otros los factores que motivaron el suicidio del reo en contraposición con la conciencia de crimen; llega a admitirse incluso la reapertura del proceso para dar cauce a esta acción procesal de los herederos, permitiendo que el juez dicte de nuevo sentencia[28].

Por supuesto, hay un criterio predominante que no excluye, como venimos diciendo, otras opiniones. Antonio Concioli, cuando revisa la cuestión, explica que frente a las tendencias doctrinales restrictivas de la penalidad —esas opiniones en las que, como hemos visto, el régimen punitivo del suicidio parece ser absorbido por el régimen punitivo de un crimen atroz perpetrado con anterioridad y convertido en objeto de un proceso criminal— existe también un criterio favorable a una concepción más rigurosa de la pena según la cual el hecho de que el delito anterior derive en la aplicación de la pena de confiscación de bienes, no debería significar que el suicidio no mereciera otra pena añadida, en la medida en que obviamente se trata de un nuevo crimen cometido. Si en lo que se refiere al ahorcamiento del cadáver el arbitrio judicial pudiera ser una solución suficiente, porque en rigor no hay padecimiento de la pena corporal en el reo, sino tan sólo infamia, en la confiscación los bienes del reo son un objeto tan cierto tras su muerte como lo eran en vida[29]. La acción procesal de los herederos tiene que entenderse, desde esta perspectiva, como la posibilidad de

---

[28] *Ibid.*, tomo IV, cs. 590-591.

[29] Concioli, cit., p. 359.

probar que el efecto presuntivo al que da lugar el hecho de la comisión del suicidio durante el procedimiento judicial no ha de ser tal porque cabe la prueba de que la causa del suicidio fue el tedio vital o el dolor; no sería una vía de limitación de la confiscación, sino un instrumento para determinar en rigor su aplicabilidad a partir del juicio sobre la existencia o no de culpabilidad.

Próspero Farinacio dedica una extensa parte de su obra al análisis de la pena de confiscación de los bienes como condena del suicida. Como es habitual en él, realiza un pormenorizado repaso de las distintas posiciones doctrinales. Constata, por una parte la aplicación de la pena de confiscación de bienes al suicidio cuya causa es la conciencia del crimen o el miedo de la pena, una restricción punitiva dentro de la tipología del suicidio que constituye la opinión común de los doctores, y que forma parte en realidad, sin contradicción, del criterio de evitar una imposición regular y ordinaria de la pena de confiscación, que se entiende como una pena de una dureza extrema que debe utilizarse con una cierta excepcionalidad. Situada la cuestión en la determinación de la causa del suicidio, en orden a la activación del régimen penal, Farinacio también hace hincapié en la necesidad de la prueba: en realidad, tanto respecto del crimen de suicidio —si fue por conciencia del crimen o miedo de la pena, como se presume si existe un procedimiento judicial, o si fue por tedio vital, como se permite probar a los herederos—, cuanto en su caso respecto del crimen anterior cometido por el suicida: la confesión, o cualquier otra prueba plena, es una exigencia que permitirá evitar acusaciones falsas y calumniosas sobre los actos del suicida así como una aplicación arbitraria de la confiscación[30].

Además, Farinacio se plantea, como Molina, qué interpretación es razonable según el momento procesal en el que nos situemos si existía un procedimiento abierto contra un reo que después se suicidó. También en este aspecto se manifiestan las tendencias rigoristas o flexibilizadoras de la doctrina. Los doctores que acentúan la represión entienden que si un sujeto, que cometió un delito que permanece oculto, por la misma presión moral de su responsabilidad o el temor a la futura actividad de la administración de justicia decide suicidarse, merecerá le pena de confiscación de bienes aun-

---

30 Farinacio, *Praxis*, cit., pp. 323-329.

que no haya sido descubierto y capturado, no se hayan comenzado diligencias en el ámbito de la información sumaria, o no haya sido acusado con el efecto de litispendencia que deriva de la apertura del juicio plenario, porque en definitiva el suicidio se produjo por conciencia del crimen. Farinacio recoge aquí una concepción sustantiva de la causa de conciencia del crimen en el suicidio, que parece no depender —frente a lo que resulta ser la tónica común en las reflexiones de los juristas— del funcionamiento, avanzado en mayor o menor medida, de la administración de justicia; sin embargo, en seguida se sitúa en la línea doctrinal que diferencia entre el «metus poenae» y la «conscientia criminis», siendo sólo esta última la causa estricta del suicidio que se contempla de cara a la imposición de la pena de confiscación de bienes: el miedo inconcreto —porque el delincuente no tiene la certeza de su riesgo, al no haber actuado el órgano judicial— formaría parte de ese conjunto de afecciones psicológicas que se incluyen en el tedio vital. Es interesante que Farinacio recoja esta distinción aunque al final limite la conciencia del crimen a la existencia de una causa, porque está dejando constancia de interpretaciones posibles, rígidas o flexibles, que además siempre se van reproduciendo en cada planteamiento de un distinto aspecto jurídico del problema del suicidio. En este sentido, la exigencia de un procedimiento judicial para que sea visible la causa de la conciencia del crimen o del miedo de la pena puede plantearse de diversas maneras: la interpretación que intenta limitar los efectos de la conciencia del crimen o miedo de la pena puede sostener que sólo cabe presumir esta causa del suicidio cuando el reo ha sido acusado formalmente, en litispendencia, pero esta posición, quizá equilibrada, puede o bien relajarse, a favor de la presunción, considerando que es suficiente la detención del reo, o el comienzo de la investigación en la información sumaria sobre su culpabilidad que implica su encarcelamiento como medida de garantía; o bien agudizarse, en contra de la presunción. Se agudiza si se entiende que no es suficiente la acusación, para que la presunción de conciencia del crimen o miedo de la pena sea efectiva, por ejemplo al requerir la contestación de la acusación. También puede exigirse la confesión del reo u otra prueba plena: la interpretación que no la exige, es porque considera el suicidio prueba plena del crimen, mientras que la interpretación que la exige es porque reduce el suicidio más estrictamente a una presunción, que se refuerza o completa con la prueba plena, una «confessio ficta» que no puede tener más valor que la «confessio vera» [31].

O bien puede considerarse necesaria —para la doctrina más exigente— la sentencia definitiva, anterior o posterior a la muerte del reo. La exigencia de sentencia definitiva parece lógica si se tiene en cuenta el reconocimiento de la acción procesal de los herederos para la prueba de que el crimen anterior no fue cometido por el reo, o de que la causa del suicidio no fue la conciencia del crimen o el miedo de la pena, en orden a la no imposición de la pena de confiscación de bienes, porque tiene que haber pronunciamiento del juez sobre este objeto, admitiendo el tedio vital o reconociendo la conciencia del crimen. Además, se considera necesaria la sentencia definitiva si el procurador fiscal acusa «post mortem» —afectando con la potencial infamia a la memoria del difunto— presumiendo que el suicidio se produjo por conciencia del crimen, por mucho que en rigor no se hubiera activado anteriormente, ni con la detención ni tampoco con un estricto impulso procesal, la administración de justicia; aunque exista ulteriormente un procedimiento judicial, ya no tiene éste la misma naturaleza que el abierto antes de que el suicidio se produzca, y por lo tanto también cesará la presunción de que el suicidio se ha producido por conciencia del crimen o miedo de la pena, y por eso el procurador fiscal asume la carga de la prueba —por ejemplo, mediante declaraciones testificales— respecto de la responsabilidad penal en cuanto al crimen perpetrado y asimismo respecto de la circunstancia de que esta potencial responsabilidad sea la verdadera causa del suicidio, necesaria para el decomiso de los bienes del suicida.

Sin novedad, Farinacio reconoce la detención en la comisión flagrante del crimen como una razón —el detenido es confeso— para presumir el suicidio por conciencia del crimen o miedo de la pena al margen del desarrollo del curso procedimental. Cuando el crimen es atrocísimo, como en los ya referidos delitos de herejía, lesa majestad humana o sodomía, la pena de confiscación de bienes se aplicará irremisiblemente como pena ordinaria.

Como hemos apuntado en distintos momentos, la doctrina relaciona expresamente con la pena de confiscación de bienes la invalidación de las disposiciones testamentarias del suicida. Esta invalidez del tes-

---

31 *Ibid.*, pp. 323-329.

tamento afecta también a los legados o disposiciones de bienes singulares. Lógicamente, si la pena de confiscación de bienes no se impone porque se entiende, por falta de procedimiento judicial, o se prueba, que el suicidio se produjo por tedio vital, impaciencia del dolor u otras causas similares, la validez de los legados se mantendrá, como la del testamento en general. Es una opinión común de los doctores.

Es opinión pacífica igualmente que los bienes no serán tampoco confiscados, ni invalidado el testamento y el legado, si el suicidio se produce por conciencia de un crimen anteriormente cometido pero que no llevaba aparejada la pena de muerte o de confiscación de bienes, aunque el reo fuese acusado o confeso. No obstante hay que notar que una corriente jurídica más represiva abogaría por la confiscación de bienes también en este supuesto ahora contemplado, entendiendo que la confiscación de bienes deriva, no del crimen anterior, que no la merecía, sino del suicidio, como pena ordinaria que le resulta propia. Verdaderamente, la opinión doctrinal mayoritaria deja la previsión de la confiscación de bienes en el Derecho legal o estatutario como una pena ordinaria un tanto irregular, que depende del concurso de un delito con la misma pena. La posición minoritaria es sin embargo la más coherente, en su tendencia represiva de castigo independiente del suicidio. Pero siempre hay matices, porque la idea misma de concurso delictivo no parece configurada de la misma manera en todos los doctores, y puede haber ciertas contradicciones argumentales. Farinacio por ejemplo trae a colación la opinión de Pedro de Bellapertica según la cual el suicida ha cometido dos delitos diferentes: el crimen anterior por el que está siendo enjuiciado, y el crimen mismo del suicidio. Sin embargo, no llega a decir que la confiscación de bienes depende del suicidio, sino que entiende que depende del crimen anterior (y esto es lo que permite que se desarrolle la opinión mayoritaria, y que se excluya la confiscación si el crimen anterior no la merece), teniendo en cuenta además que esto es coherente si se reduce el suicidio susceptible de la confiscación a aquél que tiene por causa la conciencia del crimen cuando este crimen la lleva prevista, y por otra parte que podría entenderse absurdo defender dos penas cuando una por sí sola es general en sus efectos patrimoniales. Pero, desde luego, sí que subraya Bellapertica la existencia de dos crímenes, y al fin parece que como un factor de concurso que sirve de refuerzo a la aplicación indudable de la pena; y Farinacio también utiliza esta doble responsabilidad, en la que el suicidio deja su impronta atrocísima, para recordar a los herederos cómo, así las cosas, los delitos y pecados no pueden quedar impunes[32]. En todo caso, aunque las posiciones que independizan o hacen concurrir los delitos —anterior y de suicidio— tengan sus puntos de contacto y sus divergencias, de lo que no cabe duda de que se confirma siempre la tendencia mayoritaria a restringir la represión punitiva en la materia del suicidio. Podrían añadirse aquí las consideraciones ya expuestas a propósito del respeto en la confiscación a las expectativas hereditarias.

Farinacio plantea además el supuesto de que el suicidio haya sido motivado por una doble causa, esto es, por la conciencia del delito anteriormente perpetrado y por el tedio vital. Teniendo en cuenta cómo se ordena el régimen del suicidio, a través del juego de las presunciones con la referencia objetiva de la existencia o no de un procedimiento judicial, se incurrirá en una redundancia típica de un caso de laboratorio jurídico. Así, en principio, se parte de una valoración de cuál haya podido ser la motivación principal, jerarquizando causa principal y secundaria, y presumiendo que la causa principal fue la conciencia del crimen, pero como ésta requiere una actividad de la administración de justicia, su primacía no es otra cosa que la presunción ordinaria por conciencia del crimen en sede judicial, porque en rigor no puede presumirse por encima de otra causa si este procedimiento judicial no existe (la conciencia del crimen no es técnicamente tal si no hay actividad de la administración de justicia). Si se entiende que la causa principal fue el tedio vital, cuando no existe procedimiento judicial no es en realidad porque la causa del tedio vital se imponga a la causa de conciencia del crimen, pues siendo esta inoperativa en realidad se trata de que solamente se contempla la causa del tedio; cuando existe procedimiento, se trata de la prueba de otra causa del suicidio, la del tedio, que está permitida y dará lugar a la mitigación de la pena, pero sólo cuando el juez la considere probada y con efectos jurídicos; de modo que puede entenderse o decirse que la causa del tedio vital se impone como principal, pero finalmente, a efectos punitivos, se tratará tan sólo de la elección judicial de un régimen causal fundada en la prueba ordinaria de ese régimen. La estructura técnica está muy bien delimitada en la tipología jurídica del suicidio y no cabe crear zonas de sombra. Desde este mismo punto de vista, se puede añadir también que, con independencia de la valoración de qué causa

---

32 *Ibid.*, pp. 323-328.

—miedo de la pena o tedio vital— sea la primera o la secundaria, cuando no consta el cuerpo del delito no cabe la imposición de la confiscación de bienes, luego no ha podido presumirse que exista suicidio por conciencia del crimen o miedo de la pena.

La acción procesal de los herederos para defender la inocencia del suicida forma parte, así pues, de una tendencia general a evitar soluciones jurídicas demasiado drásticas ante el suicidio, y particularmente la pena de confiscación de bienes, de una forma un tanto paradójica si se tiene en cuenta la contundencia con la que está elaborada la naturaleza de este pecado mortal y crimen atroz. Los herederos tienen la posibilidad de probar que el reo no cometió ese crimen anterior que dio lugar a un procedimiento criminal —o que lo cometió pero concurriendo factores que eximen de responsabilidad penal, como sucedería por ejemplo en un homicidio necesario, en defensa propia, o en el caso de la prescripción extintiva del delito—, eliminando de esta forma la situación procesal objetiva que permite presumir un suicidio por conciencia del crimen o miedo de la pena; así como de probar, centrándose en el suicidio mismo, que su causa no tuvo nada que ver con el crimen anterior, y que se debió al tedio vital o cualquier otra situación afín o similar[33].

Gómez de Amescua recogerá en su tratado sobre el suicidio estos criterios, que restringen la pena de confiscación de bienes al suicidio cometido por conciencia de crimen merecedor de pena de muerte natural o civil, o por miedo de esta pena, siempre y cuando los herederos legitimados procesalmente, hasta el tercer grado, no hayan podido probar que el delito anterior no fue cometido por el reo o que el suicidio se produjo motivado por la causa del tedio vital y similares. El suicidio demuestra la culpabilidad respecto del delito anterior desde el momento de la acusación —de manera que, de acuerdo con la preocupación de la doctrina por la prueba del crimen precedente, se ha de haber cumplido una laboriosa tarea inquisitiva—, aunque Amescua se refiere a la opinión doctrinal que exige (contra el Derecho común, aunque las *Partidas* integran en Castilla como propio ese Derecho común: «e seyendo ya el pleito començado por demanda, e por respuesta»[34]) la con-

---

[33] Farinacio, *Praxis*, cit., pp. 327-329.

[34] Se trata de la ley 24 del título primero de la séptima *Partida*: «*Como deue el judgador lleuar el pleito d ela acusacio(n) adela(n)te si el acusado se mata el*

testación de la acusación en orden a una estricta litispendencia y el decomiso de los bienes deriva de ese delito anterior cuya culpabilidad el suicidio confirma. De este modo, el suicida es tenido tácitamente por confeso, y se prosigue en realidad como si se hubiera pronunciado ya la sentencia condenatoria; aunque no faltan juristas, como sabemos y recuerda Amescua, que exigen el pronunciamiento de una sentencia definitiva, por entender que la confiscación es una condena, la condena depende de una sentencia, luego sin sentencia no puede haber confiscación. La confesión tácita produce efecto respecto de la responsabilidad por el crimen anterior cometido, y no por el suicidio, dada la vinculación de la confiscación por suicidio al tipo concreto de suicidio por conciencia del crimen o miedo de la pena conforme a las disposiciones del «ius proprium» —en el Derecho castellano concretamente, la interpretación de la ley de la *Nueva Recopilación* que establece la pena de confiscación de bienes para el suicidio matizada por la ley de *Partidas* que condiciona la confiscación al suicidio por conciencia del crimen o miedo de la pena[35]—; también hay autores que interpretan estrictamente la correspondencia de cada pena —aunque sea la misma— respecto de cada delito cometido, de forma independiente, deduciendo por lo tanto que, en el supuesto de que el crimen anterior no contemplara la pena de confiscación de bienes, ésta todavía podría ser impuesta en relación con la comisión del crimen de suicidio[36].

---

mismo. / Desesperado seyendo algund ome en su vida por yerro que ouiesse fecho de manera q(ue) se matasse el mesmo después que fuesse acusado. En tal caso como este dezimos que si el que se mato por miedo de la pena que esperaua recebir, por aquel yerro que fizo, o por vergue(n)ça que ouo, porque fue fallado en el mal fecho de q(u) lo acusaron si el yerro era a tal que si le fuesse prouado deue morir por ende: e perder sus bienes, e seyendo ya el pleito començado por demanda, e por respuesta se mato, estonce deuen tomar todo lo suyo para el rey. Esso mismo seria si el yerro fuesse de tal natura quel fazedor del pudiesse ser acusado después de su muerte, assi como desuso diximos en las leyes deste titulo q(ue) fablan en esta razón. Mas si el yerro fuesse tal, que por razón dell non deuiesse prender muerte: maguer se matasse, no(n) le deuen tomar sus bienes, ante duen fincar a sus herederos. Esso mesmo deue ser guardado si alguno se matasse por locura, o por dolor, o por cuyta de enfermedad, o por otro grand pesar que ouiesse».

35 En referencia a NR. 8.23.8 y P. 7.27.2.

36 Gómez de Amescua, *Tractatus*, cit., pp. 202-209.

La pena de confiscación de bienes, en su caso, implica la invalidez del testamento y de los legados, así como de las donaciones interconyugales. Pero, como es sabido, existen disposiciones del «ius proprium» y recomendaciones doctrinales en el sentido de limitar la confiscación de bienes en determinados crímenes aun atroces, respetando las expectativas jurídicas patrimoniales de los herederos, aunque Gómez de Amescua llama la atención sobre el «gran absurdo» que puede derivarse de entender restrictivamente la pena de confiscación de bienes, cuando se ha producido un suicidio por conciencia del crimen o miedo de la pena, si el delito perpetrado con anterioridad llevaba aparejada la pena de confiscación de bienes con total contundencia y sin restricciones, hubiese herederos o no los hubiese, porque entonces el suicidio, en vez de reforzar la condición criminal del reo —que cometió el delito anterior y después cometió el crimen de suicidarse— tendría un efecto positivo sobre la situación patrimonial de los herederos (y podría ser la explicación —no precisamente entonces el miedo a la pena, sino antes bien la atenuación de la pena— del suicidio mismo). Sin embargo, en contra de una interpretación restrictiva de la pena de confiscación de bienes puede también hacerse valer algún precepto del «ius proprium»; por ejemplo, la ley quinta del título primero del libro primero de la *Nueva Recopilación* que establece lo siguiente: «*Que al tiempo que finare el Christianismo, confiesse, y resciba Comunion, pudiendo facer, è seyendo requerido, so la pena en esta lei contenida.* / Todo fiel Christiano al tiempo de su finamiento sea tenudo de confessar devotamente sus pecados, i rescebir Comunion del Sacramento santo de la Eucaristia, según lo dispone la santa Madre Iglesia; i el que no lo hiciere, é finàre sin Confession, è Comunion, pudiéndolo hacer, que pierda la mitad de sus bienes, i sean para la nuestra Camara; pero que si finare por caso que no pudo confessar, ni comulgar, que no incurra en pena alguna». Según la literalidad de esta norma, la confiscación de los bienes, reducida a su mitad —como era práctica restrictiva a menudo recomendada por la doctrina jurídica— se aplicaría en el suicidio, pero en todo suicidio, tanto si se ha cometido por conciencia del crimen o miedo de la pena como si se ha cometido por tedio vital o cansancio del dolor. Ahora bien, este criterio no está exento de problemas pues, ¿qué ha de hacerse respecto de los bienes de aquél que se confiesa, recibe la comunión y a continuación se suicida? Podría pensarse, para salvaguardar la diferencia de régimen entre suicidio por conciencia del crimen y por tedio vital, aplicando la confiscación de bienes sólo en el primero, que este precepto se refiere a los supuestos de muerte natural, pero si se entiende que, a falta de advertencia expresa, el suicidio no deja de ser muerte, resultaría difícil mantener la discriminación de causas, porque significaría desentenderse de que la confesión y la comunión, previas al suicidio, tienen una naturaleza ofensiva, pues comulga indignamente con el cuerpo de Cristo quien después ha de comportarse como Judas. Tener en cuenta esta ofensa da lugar a la opinión favorable a la imposición de la pena de confiscación de mitad de los bienes en todo caso de confesión sacramental anterior (con cualquier causa de suicidio), si bien la confesión sacramental anterior en realidad funcionaría de una manera semejante a la conciencia del crimen, no obstante en este supuesto se trate no de la comisión previa de un acto antijurídico sino del efecto de conversión de un acto lícito en ilícito en virtud del suicidio, de la misma forma que, en otro orden de cosas, se considera punible la conducta del guardián de la prisión, hasta ahora lícita, si el reo comete el suicidio, convirtiendo aquel comportamiento cuando menos en negligente[37].

Gómez de Amescua recuerda que la pena de confiscación de bienes, en el caso de los suicidas que optan por privarse de su vida por conciencia de la comisión de un delito anterior, está respaldada por la comunidad de doctores en cuanto propia del Derecho romano, el «ius proprium» en forma de Derecho legal o estatutario, o la costumbre, aunque en estos Derechos pudiera suceder que no fuera el secuestro de los bienes la pena impuesta. Por otra parte, la confiscación de bienes no es sino una pena relacionada con el delito anterior atraída por la causa de la conciencia del crimen o del miedo de la pena, y por lo tanto lo mismo tiene que suceder —que la pena del delito anterior se imponga— si la pena impuesta al delito anterior es otra, y el suicidio por conciencia de este delito se produce después. Incluso podría decirse que, en ese tipo de causa que está formada por la disyuntiva entre conciencia del crimen y miedo de la pena, hay una indistinción o reunión de conceptos o expresiones deliberada, a modo de denominaciones sustancialmente iguales pero que dependen de su momento de manifestación en el proceso: la conciencia del delito expresa una culpabilidad anterior a la acusación, y el miedo de la pena una culpabilidad a raíz de la acusación, lógicamente ya que en la acusación es

---

[37] *Ibid.*, pp. 202-203, 226.

donde se procede a realizar la petición de pena. Como es sabido, el efecto de la presunción provocada por el suicidio dependerá de la opinión que se tenga respecto del momento procesal en el que se admite que se produzca, aunque esta conciencia de los tiempos procesales podría llevar también a una gradación de la presunción que sin embargo la doctrina no desarrolla. Pero la dependencia del suicidio respecto de la responsabilidad penal por el crimen anterior es evidente, articulada de una u otra manera; dicho de otra manera, no puede imponer el juez la pena de confiscación por un delito anterior al que por ley no se estipule dicho castigo.

La sentencia definitiva que condena a la pena de confiscación de bienes puede hacerlo con una eficacia «lata» o «ferenda». La imposición de la confiscación «lata sententia» implica el reconocimiento de los efectos de la pena «ipso iure», desde el momento en el que se cometió el delito, aunque habría que determinar qué delito se toma como referencia, si el anterior perpetrado o el suicidio mismo. Si el reconocimiento de los efectos de la pena se produce «ferenda sententia», quiere decirse que la confiscación tendrá eficacia desde el momento del pronunciamiento de la propia sentencia condenatoria. Ésta es, evidentemente, una cuestión importante, porque —dejando de lado ahora hasta qué punto se consideren respetadas las expectativas hereditarias— el momento de la eficacia de la confiscación afecta a la validez o nulidad de actos de terceros que intenten transmitir o enajenar partes del patrimonio del suicida precisamente para sustraerlos al embargo. Gómez de Amescua se basa en un texto de Papiniano, que reza «ut si se interfecerint, bona eorum confiscentur» y que, como se ve, utiliza el tiempo verbal futuro, para entender que los bienes no se suelen confiscar «ipso iure», pues normalmente la eficacia de la confiscación tiene como referencia la declaración de la sentencia condenatoria. Por el contrario, hay juristas que defienden la condena del suicida con efectos «ipso iure», efectos que parecen determinarse en el momento del suicidio —otro efecto jurídico del suicidio, además de su naturaleza de presunción—, en virtud de la sentencia «lata» que, como todas estas sentencias que tienen un sentido automático de la pena y previo respecto del propio ejercicio del ministerio judicial, parte de la idea de que los propios actos del reo suicida denotan su culpabilidad probada. Es coherente que esta última opinión doctrinal abogue además por la admisión de procedimientos sumarios que prescindan prácticamente de todos los requisitos formales, para proceder a una represión rápida y eficaz, esto es, a una inmediata confiscación de los bienes del reo. Este régimen se aplica sin división de opiniones en los delitos atrocísimos de herejía o lesa majestad humana, respecto de los cuales la fuerza de la presunción de culpabilidad provocada por el suicidio es máxima, aunque no hubiera existido detención flagrante o acusación formal en juicio.

Como vemos, el tratamiento del suicidio en Gómez de Amescua no ofrece ninguna clave sorprendente, y los criterios interpretativos de cuándo hay que entender que se presume un suicidio cometido por conciencia del crimen o miedo de la pena, o por el contrario debido al tedio vital, el dolor y similares, se mantienen en el territorio de la doctrina constante en los doctores. Es interesante sin embargo que Amescua plantee la singularidad de una situación. Si el reo se suicida, después de haber sido capturado flagrantemente cometiendo un delito, o de haber sido investigado o acusado por un determinado crimen, se presumirá que su suicidio es la respuesta a la conciencia del crimen o al miedo de su pena, mereciendo la pena de confiscación, mientras que si el suicidio es cometido por un sujeto no sorprendido en ni acusado de la comisión de delito alguno, dicha pena de confiscación no le será aplicada, puesto que no se presume que su suicidio haya sido motivado por miedo o conciencia de infracción alguna, y por ende prevalecerán otros factores, que podemos reunir en la referencia al tedio vital; hasta aquí, no hay novedad. Pero entonces se plantea una situación peculiar, cuando se prueba que aquél que ha sido sorprendido «in fraganti» en el delito, o acusado de este crimen, se suicida oprimido por un grave dolor. No se trata exactamente —aunque está muy cercano el planteamiento— del concurso de causas del que se ocupaba Farinacio, aunque ciertamente pueda reducirse a la misma hipótesis; en realidad, como el suicidio por conciencia del crimen opera en razón de una circunstancia objetiva como es la existencia de un procedimiento judicial, basta que exista la detención flagrante o la evolución del curso procedimental —cada autor precisará hasta qué punto— para que esta causa del suicidio se presuma operativa, y entonces la constatación de que además hay un tedio vital sólo vendrá a producir, efectivamente, el concurso de causas. Pero quizá Amescua piensa en una situación que no es idéntica a la que explicaba Farinacio, porque valora las causas del suicidio desde un punto de vista sustantivo: lo que Amescua se pregunta no es si opera una causa u otra del suicidio, sino si realmente la motivación del sujeto ha sido una causa u otra; lo que Amescua se plantea no es si se presume un suicidio por conciencia del crimen por el hecho de haberse incoado un procedimiento judicial, sino si verdaderamente, en el acto del suicida, la motivación que le llevó a privarse de la vida depende de la perpetración del delito anterior (como si se tratara del dolor por el delito anterior). Puede verse muy bien en el ejemplo que trae a propósito: supóngase que el padre que se mata a sí mismo ha sido acusado de parricidio, por la muerte de su hijo, pero el suicidio no se debe a la conciencia de crimen —lo cometiera o no, abierto el procedimiento rige la presunción de esta causa— sino sencillamente al dolor que siente —si es inocente, por supuesto, pero incluso en una situación de culpabilidad— por la pérdida de su hijo. Pues bien, como ocurría en el concurso de causas de Farinacio, la rígida estructura de la tipología jurídica del suicidio tiene que resolver haciendo prevalecer una causa (conciencia del crimen) u otra (tedio vital). Y de hecho la respuesta que da Amescua a la hipótesis que acaba de plantear consiste sencillamente en exigir la prueba —se refiere concretamente a la actividad procesal de los herederos, para evitar la confiscación de bienes— de que esa causa de la conciencia del dolor —del padre por la muerte de su hijo— ha sido la prevalente, porque entonces vence —como cualquier otra prueba del tedio vital— contra la presunción a favor de la causa de la conciencia del crimen que se presumió en virtud de la apertura del procedimiento judicial. Como es teoría común, Gómez de Amescua dirá que los herederos pueden probar efectivamente que el tedio vital o el cansancio del dolor motivaron el suicidio, o bien que el delito anterior no fue cometido por el suicida —el padre suicida no tuvo culpa en el supuesto parricidio—; o bien, añade, que el crimen anterior queda excusado por caso fortuito o fuerza mayor (no existió voluntariedad), «ex potestate legis» (como en el homicidio necesario en defensa propia o en el cometido contra quien fue declarado enemigo público; o en el supuesto de prescripción del anterior delito, o de indulto del príncipe).

La doctrina reconoce un fuerte límite a la posibilidad de prueba del tedio vital en la confesión y la condena por sentencia definitiva del delito precedente por parte del reo que se suicida. Algunos doctores no admiten siquiera la prueba contra la confesión, y lo mismo sucedería en el supuesto de una sentencia firme, ya con efecto de cosa juzgada. Por eso el valor de la presunción a favor de la causa de conciencia del crimen o miedo de la pena suele centrarse en el momento procesal de la acusación, porque también lo es todavía de un objeto procesal pendiente de prueba, que puede articular las acciones procesales de los herederos: es el punto en el que toda la estructura jurídica del suicidio tiene un encaje simultáneo, antes de que los actos procesales sucesivos —prueba, tormento, sentencia— inclinen a la balanza hacia el refuerzo de una determinada presunción. De todas formas, como dice Gómez de Amescua, sobre el fisco pesa siempre la necesidad de probar el delito anterior que se imputa al reo y su culpabilidad: de hecho, ésta es la prueba que permitirá hacer valer la causa de suicidio por conciencia del crimen y la aplicación consiguiente de la pena de confiscación de bienes. Y esa carga de la prueba sobre el fisco, aunque está orientada fundamentalmente a probar la conciencia del crimen o el miedo de la pena —contando con la presunción que deriva de la acusación anterior al suicidio— más que a probar el delito anterior —la no comisión por el suicida es lo que resulta de interés probar a los herederos—, parte por supuesto de una cierta valoración de las sospechas respecto del delito anterior perpetrado, que permite la apertura de la investigación judicial y se desarrolla en la inquisición judicial misma, en la que pueden producirse toda suerte de indicios, conjeturas y presunciones —por ejemplo, la fuga del reo encarcelado en la información sumaria puede permitir considerarlo confeso—, aunque toda esta batería de presunciones y probanzas tiene un problema grave cuando viene a producirse un suicidio porque, como señalan los doctores, la muerte dificulta la tarea probatoria, y por eso es necesario en todo caso que conste el cuerpo del delito, puesto que, si no consta, incluso la confesión anterior al suicidio puede ponerse en entredicho.

El tedio vital es una causa a la que se unen otras muchas similares, con una doble condición. Por una parte, se trata de una causa amplia que permite incluir factores de alteración de la voluntad muy diversos, algunos de los cuales no tienen por qué afectar al dolo en el crimen de suicidio, mientras otros pueden ser la vía para hacer valer razones de inculpabilidad y particularmente de incapacidad de dolo. Por otra parte, el tedio vital tiene una cierta naturaleza de categoría por defecto: como la conciencia del crimen o el miedo de la pena funciona inmediatamente al activarse la circunstancia objetiva del procedimiento judicial, todo suicidio que no se sitúe en este ámbito judicial tendrá a su favor la presunción de que se trata de un suicidio por tedio vital o causas similares. Tal y como funciona la presunción a favor de una causa de suicidio (conciencia del crimen o miedo de la pena) cuando existe procedimiento judicial, funciona la presunción a favor de otra causa (tedio vital) cuando no existe. Por lo que se refiere a la primera cuestión, Gómez de Amescua llega a estudiar la posibilidad de asimilar al tedio vital una causa tan aparentemente distinta (si se atiende a su manifestación externa, más que al efecto que pueda producir en el trastorno de la voluntad) como es la jactancia o la burla, poniendo como ejemplo el suicidio del filósofo Empédocles, que optó por precipitarse al volcán Etna para encontrar una muerte con la espectacularidad que creía merecer la dignidad de su persona. El suicidio «iocandi causa» forma parte de la causa del tedio vital desde el momento en que no se plantea la existencia de proceso criminal y se le apareja, como hace Amescua, una pena extraordinaria y no la confiscación de bienes. La flexibilidad de esta categoría de causa del suicidio, dentro de la tipología jurídica, parece evidente; la atracción de otras causas similares —demencia, ira, melancolía, etc.— será evidente[38].

Ahora bien, ¿cuál es la situación de aquéllos que se suicidan sin motivo aparente alguno? Será fácil suponerlo, teniendo en cuenta la categoría residual del tedio vital. Conforme a la máxima que cita Amescua: «si sine causa sibi manus intulit, puniendus est»; en efecto, el suicidio «sine causa» debe ser castigado. Cuál sea el régimen del castigo, parece claro: la pena extraordinaria propia del suicidio por tedio vital. Y esto es así porque si el suicidio sin causa se produce en el curso de un procedimiento judicial, no puede considerarse en rigor como un suicidio sin causa, puesto que opera la presunción de que el suicidio se produjo por conciencia del crimen o miedo de la pena; si no existe un procedimiento judicial abierto, entonces sí podrá considerarse que el suicidio carece de causa o, sencillamente, reconocer que no hay posibilidad de averiguar la causa por la que se produjo, pero lo cierto es que, al margen del juicio, el suicidio se presumirá tal y como se presume el suicidio por tedio vital, y se castigará, de forma arbitraria extraordinaria, por el acto mismo del suicidio, como no puede ser de otra manera, porque en caso contrario el suicidio quedaría impune, y ya fue explicado en su momento que si la valoración de las causas del suicidio tiene un efecto jurídico, esa tipología no supone alterar en lo más mínimo la contundencia de la naturaleza atroz y pecado mortal del suicidio, cualquiera que sea la razón por la que se acometa. Aunque no tenga causa o no se conozca, el suicida injuria a

---

38 *Ibid.*, pp. 209-223.

Dios, la naturaleza y la república con su acto; esto es fundamental e irrevocable. Ahora bien, concretando entonces su tipo a efectos prácticos, como dice Amescua apoyándose en Gómez y Menochio, el suicidio sin causa hace presumir un suicidio por tedio vital[39].

Esta es, pues, la construcción doctrinal de la penalidad del crimen de suicidio tal y como evoluciona durante los siglos XVI y XVII, con sus constantes y sus diversas opciones matizadoras. En el siglo XVIII, dos son las vertientes que nos va a ofrecer la literatura jurídica. Una de ellas, más fiel a la tradición jurídica de las centurias anteriores, en definitiva repite lo que hasta ahora ha sido expuesto por la doctrina, sin añadir ninguna idea nueva y en todo caso tomando partido por alguna de las interpretaciones que la doctrina clásica ya consideraba como alternativas. Por otra parte, existe una segunda vertiente más crítica que resalta la dureza de las penas impuestas a los suicidas y que además las considera, bajo un criterio de utilidad, innecesarias, tanto corporales como patrimoniales. Tal vez es este elemento filosófico-jurídico, a propósito de la finalidad de la pena caracterizada por el utilitarismo, el que realmente diferencia estas dos vertientes, porque ya en la primera ha podido percibirse la obsolescencia de la pena de la horca y la tendencia restrictiva en la pena de confiscación de bienes, bien por su inaplicación en el suicidio causado por tedio vital, bien por su aplicación limitada al suicidio por causa de conciencia de crimen o miedo de la pena que precisamente llevara aparejada esta pena de confiscación de bienes[40].

---

39 *Ibid.*, pp. 209-223.

40 Sobre el proceso de descriminalización del suicidio, centrado fundamentalmente en el Flandes francés del siglo XVIII, *vid.* Lieven VANDEKERCKHOVE, «The Decriminalization of Suicide in 18th-century Europe», *European Journal of crime, Criminal Law and Criminal Justice*, vol 6/3, 252-266 (1998), pp. 252-266. El autor describe la superación de la concepción teológica y jurídica, medieval y moderna, del suicidio como una de las mayores ofensas criminales sancionada en jurisdicción mixta canónica y civil, a partir de los cambios sociales y culturales que tienen lugar en el siglo XVIII, y en concreto de la crítica hacia el funcionamiento de la administración de la justicia que está tan presente en la obra de reputados defensores del reformismo penal como Cesare Beccaria. Esta reforma penal se entiende como una combinación de la eficacia jurídica con un mayor humanitarismo y un descenso de la severidad punitiva; la «humanización» del Derecho penal se concibe no tanto como una repentina oleada de benignidad hacia el género humano, cuanto como un cambio profundo en la manera de entender el poder que era ejercido sobre la población pretendien-

Las aportaciones de George Beyer se aproximan más a la primera de las corrientes, como aluvión de ideas recogidas de autores predecesores, simplificadas o presentadas de forma básica o elemental, aunque quizá aportando algún rasgo de originalidad. De hecho, se muestra muy contundente al afirmar que la razón sana dicta que el suicidio no haya de ser castigado cuando el acto fue consecuencia del dolor y de otras molestias padecidas, y su negativa a la imposición de una pena procede de la asimilación de una filosofía estoicista, que considera inapropiado aplicar al cuerpo cualquier tipo de disciplina «post mortem». Sin embargo, no ha de suceder lo mismo con aquéllos que se privan de la vida, y con ella de la fama, o quienes hacen del suicidio un acto violento, porque en estos casos debe procederse a la confiscación de los bienes, a la denegación de la sepultura eclesiástica y también, añade, a la quema del cadáver. Pero da la impresión de que en

do eliminar las irregularidades del autoritarismo. El suicidio, como crimen, viene a ser puesto en tela de juicio al discutirse la naturaleza del hecho en sí, su criminalidad y la imposición del castigo, si bien es cierto que ya desde finales del siglo XVII venía siendo objeto de crítica, sobre todo desde el ámbito anglosajón en el que tan rígido y duro había resultado su régimen jurídico. Fueron así muchos los autores que se implicaron en este debate generalizado sobre la reforma penal y que se posicionaron de cara a la aplicación o no de castigo en relación con el comportamiento del suicida. Brissot de Warville consideraba la represión del suicidio como una equivocación política; Marat, en términos morales, opinaba que si un individuo estaba destinado a servir a la comunidad sólo en función de la consecución de la felicidad, entonces el ser humano debería disponer del derecho absoluto de poder abandonarla libremente cuando la comunidad no le aportase más que miseria; Beccaria rechazaba la imposición de cualquier castigo a los suicidas al considerarlo injusto e inútil: injusto, pues en última instancia afectaba a un inocente (quien sufre la infamia familiar o la confiscación del patrimonio), e inútil porque en realidad no producía ningún efecto represivo o ejemplar. No obstante, Vandekerckhove explica cómo el movimiento reformista provocó también una reacción reafirmadora de la criminalidad del suicidio, que bajo ningún concepto lo concebía como una acción libre e individual en la medida en la que la ley natural lo prohíbe y en virtud del argumento de que el ser humano no puede usurpar el dominio de Dios sobre la vida. Con todo, esta corriente no quedó exenta de un cierto carácter reformista e ilustrado, pues aunque en líneas generales defendía la imposición de penas para la acción suicida, abogaba simultáneamente (aunque bien es verdad que no deja de ser una posición doctrinal clásica) por el establecimiento de límites por ejemplo en lo concerniente a la confiscación de bienes, y propugnaba la abolición de las penas corporales, tales como el arrastramiento, mutilación o ahorcamiento del cadáver.

esta exposición hay algo de mero ensayo histórico-jurídico cuando finalmente confirma el autor que en la actualidad los jueces suelen ser más benevolentes para con los suicidas, de modo que procura la prueba de la más mínima circunstancia sospechosa de cara a la manifestación de que el suicidio no fue un acto deliberado por conciencia de crimen —volviendo así el jurista a la tipología clásica de causas del suicidio— y que fueron factores como la melancolía y la tristeza los que determinaron la puesta en marcha de un acto tan bochornoso y virulento. La confiscación o la denegación de sepultura eclesiástica ceden, entonces, ante estas causas de melancolía y sus derivados; y por lo que se refiere a las costumbres alemanas del ahorcamiento del cadáver o del apuñalamiento del cadáver con la espada, entiende que son tradiciones obsoletas y penas que deben considerarse suprimidas[41]. Como se ve, el planteamiento es el clásico, aunque la melancolía sustituya como concepto al semejante tedio vital, y las puntualizaciones tienen que ver con el estilo y la forma argumentativa de cada época, más que con el régimen institucional.

Rudolph Engau nos explica qué tipo de penas aplicaban las antiguas leyes, desde el Derecho romano hasta la *constitutio imperialis Carolina*, siempre según las motivaciones que provocaran el suicidio, destacando que, en general, las antiguas leyes no imponían pena a los propricidas de «débil esperanza», si bien el cadáver pudiera ser tratado de una forma un tanto inhonesta. El Derecho romano[42], indica,

---

[41] George Beyer, *Delineatio iuriscriminales secundum constitutionem carolinam*, Lipsiae, Impensis Ioann Friderici Bravnii Haered., 1727, pp. 254-255.

[42] Sobre la condena y castigo del suicidio en el Derecho romano *vid.* Arrigo D. Manfredini, *Il suicidio. Studi di Diritto Romano*, Torino, G. Giappicheli Editore, 2000. Manfredini describe la complejidad del tema y aunque en líneas generales acaba confirmando la existencia de un delito de suicidio como tal, clasificado por los juristas como un «homicidio de sí mismo», subraya también el problema de la concreción de la penalidad, pues las informaciones en las que el autor se basa provienen de fragmentos jurisprudenciales (donde prevalecen los juristas de la época severiana) y de constituciones imperiales (desde el emperador Caracalla a Diocleciano) sobre los cuales pesa el interrogante de la autenticidad. Explica el autor que no existe un tratamiento sistemático y directo del suicidio, sino tan sólo consideraciones jurídicas relevantes respecto del acto en determinadas tesituras: la confiscación de bienes en el supuesto del suicidio antes del pronunciamiento de sentencia (se sobreentiende que previa comisión de un delito) y el régimen de los soldados o de los esclavos, siempre en el contraste latente con un «libre arbitrio de la muerte». Manfredini con-

distingue, como hasta el momento, dos tipos de suicidio, aquél motivado por impaciencia del dolor, cansancio de la vida u otras razones similares, y aquél por conciencia de crimen o temor de la pena a imponer. En este último caso de *authochiria*, los bienes serían confiscados puesto que la provocación de la muerte confirmaría la comisión del delito anterior, salvo que los herederos sean capaces de demostrar la inocencia del reo. Pero ahora, no obstante, resalta Engau que este tipo de suicidios es extraordinario, inusual, de lo que se deduce que sólo en raras ocasiones serán aplicadas las penas previstas, de esta forma limitada en causa, para el suicidio. Otra cosa es la penitencia, pues el Derecho canónico denegará la sepultura eclesiástica al suicida que con dolo malo se arranque la vida. Por lo que se refiere a las penas sobre los restos mortales del suicida, explica Engau la tradición consuetudinaria de lanzamiento, desgarramiento, horca, rueda o quema del cadáver («sepelio de costumbre asnal»[43]), siempre a partir de

---

sidera que si el Derecho romano ha dispuesto sanciones en determinadas situaciones no lo hace tanto por castigar en sí el acto del suicida, cuanto como un mecanismo de protección de los diferentes intereses que entran en juego en el caso concreto (el fisco o las necesidades militares, entre otros factores). De forma paralela, existe una sanción social del suicidio, es decir, un sentimiento popular de condena, con una resonancia moral, al percibirlo como una muerte espantosa en el convencimiento de que nadie puede permitirse una anticipación de los decretos divinos y a su margen liberar de antemano el alma de la cárcel del cuerpo. MURRAY, *Suicide in the Middle Ages*, op. cit., vol. II, pp. 152-181, considera que Derecho romano dejará notar su influencia en la Edad Media como una especie de «historia fantasma», al tratarse de recuperar una jurisprudencia que durante mucho tiempo había estado «muerta», «oculta», y que por lo tanto no puede evitar la simultánea vigencia e influencia recíproca de un Derecho contemporáneo medieval que surge de acuerdo con las nuevas necesidades sociales y concepciones morales y religiosas.

[43] «Sepultura de asno» es la expresión denigrante que se utilizaba para designar el entierro profano del suicida, basada en el texto bíblico de *Jeremías* 22:18-19 que reza así: «Propterea haec dicit Dominus ad Ioakim, / Filium Iosiae, regem Iuda: / Non plangent eum: Vae, frater! Et vae, soror! / Non concrepabunt ei: Vae Domine! et vae inclyte! / Sepultura asini sepelietur, / Putrefactus et proiectus extra portas Ierusalem» (*Biblia Sacra iuxta Vulgatam Clementinam. Nova editio. Logicis partitionibus aliisque subsidiis ornata a Alberto Colunga, O. P. et Laurentio Turrado*, novena editio, Madrid, Biblioteca de Autores Cristianos, 1994). La expresión «entierro de asno» no era una simple frase tomada de la Biblia en el uso vulgar y común, pues también es recogida en el *Decretum* de Burchardo de Worms. A su vez, también fueron utilizadas otras variantes, como «sepultura de perro», cuyo sentido es el mismo: la consideración del

la causa de conciencia de crimen del suicidio, para explicar que se trata de costumbres punitivas obsoletas y rechazadas por la comunidad de los doctores, por otra parte contraproducentes en cuanto a la infamia que provocaban si finalmente se descubría la inocencia del reo respecto del crimen anterior. Pero sabemos que este apartamiento de las costumbres penales sobre el cadáver son constantes en toda la época moderna, desde sus mismos inicios, y no un hallazgo ilustrado. Por otra parte, acepta Engau que no siempre un suicidio por causa de conciencia de crimen o miedo de la pena da lugar al embargo de los bienes, pues puede precisarse la prueba plena de la culpabilidad o una sentencia condenatoria en este sentido, y desde luego, en el recorrido procesal, los herederos pueden intervenir ejerciendo su acción para probar la inocencia del suicida respecto del crimen anterior o la motivación de su suicidio en causas de melancolía, con la posibilidad de reclamar también la devolución de las expensas derivadas del transporte del cuerpo del suicida o la remuneración del verdugo cuando se pretendió la aplicación del castigo[44].

Igualmente Koch hace un breve repaso sobre la penalidad del suicidio a lo largo de la historia, destacando, por ejemplo, que la filosofía estoicista permitía el suicidio, dando libertad al cuerpo en caso de enfurecimiento, pues es sabido que los antiguos romanos no consideraban el hecho suicida un acto criminal, salvo que dicha acción fuera provocada por conciencia de crimen o en el Ejército, procediendo las autoridades al secuestro de los bienes. Para el caso castellano, explica Koch, Carlos V no determinó ninguna pena, aunque definió el modo de reivindicar los bienes del *propricida* para el fisco, salvo que el delito cometido previo al suicidio no conllevara el embargo de los bienes, en cuyo caso el Estado no puede entrometerse, ni ninguna costumbre contraria o ley puede tener lugar al respecto.

Como se ha dicho, a menudo las diferencias de la literatura jurídica iluminista tienen que ver más con la forma de exposición —más sucinta, escueta, ordenada, sistemática, elemental— que con los contenidos. Al igual que puede prestarse atención a la historia, en el estu-

---

suicida como una especie de animal, una especie de ser anormal o inhumano indigno de ser enterrado en campo santo. *Vid.* VANDEKERCKHOVE, *On punishment*, cit., pp. 20-21.

[44] ENGAU, *Elementa*, cit., pp. 251-257.

dio de temas jurídicos, ya desde el siglo XVII, como tuvimos ocasión de comprobar, puede sumarse el interés por la catalogación científica y la exposición estructurada y cerrada de los temas, en una analítica institucional más fácil de comprender, sin entrar en la complejidad de las citas doctorales y de los constantes argumentos confirmativos o limitativos. Christoph Kock destaca siete formas de suicidio, según el tipo de motivación: el suicidio provocado por conciencia de crimen, que lleva aparejada la pena capital, cuando el reo es convicto o confeso; el suicidio por conciencia de crimen cuando el crimen no ha sido probado; el suicidio por ánimo maligno y vergüenza, y no por conciencia de crimen; el suicidio por impaciencia del dolor, furor, melancolía, luto, morbo, etc., en el que el autor defiende un trato benigno del cadáver, pero no ordinaria, por ejemplo sin denegar la sepultura eclesiástica pero realizando un sepelio sin pompas fúnebres con entierro en los márgenes del cementerio, demostrando que la repulsa al suicidio como pecado moral y crimen atroz, al margen de causas, todavía no ha desaparecido; la tentativa o conato de suicidio por impiedad y mal propósito, defendiendo que sea castigado con penas extraordinarias de cárcel o destierro; el suicidio del ingenuo, del insensato de mente simple y con «ánimo imbécil»; y por último, el conato suicida en el ejército. En las páginas anteriores de este trabajo, al estudiar el suicidio en los siglos XVI y XVII, han sido planteadas todas estas posibilidades, causas y situaciones, aunque la doctrina no las catalogara como hace Kock. Por otra parte, Kock reconoce que la penalidad del suicidio sigue reducida, pues únicamente se procedería a la confiscación de los bienes en el primero de los supuestos catalogados, y por supuesto insiste mucho en la necesidad de una minuciosa investigación judicial en orden a la prueba del suicidio como condición para la imposición de esa pena de confiscación de bienes. Respecto del cadáver y posibles penas póstumas, Kock las critica como costumbres impropias de la época, y recuerda que el verdugo carece de potestad sobre el cadáver: a esas costumbres rudimentarias se opone la ley y la costumbre actual, y el verdugo no puede seguir aquéllas sino éstas[45].

No podemos obviar que la doctrina jurídica de los siglos XVI, XVII y XVIII hace, en lo referente al acto del suicidio, mayor hincapié en el tema de la penalidad y de las condenas del suicida, que en otros aspec-

---

45 KOCH, *Institutiones*, cit., pp. 269-272.

tos técnicos. Da la impresión de que haya influido siempre la dificultad que ya de por sí supone condenar a una persona sin vida, a lo que puede sumarse la ambigüedad y escasa regulación que ofrece la normativa sobre esta institución del autohomicidio. Pero en el siglo XVIII esta concentración en la penalidad concurre con la crítica que se desarrolla contra la pena de confiscación de bienes, propia del suicidio, igual que contra la pena de muerte[46]; aunque la limitación de la confiscación no es una sorpresa, sí es significativa la crisis del régimen punitivo de una institución que parecía concentrar el mayor de sus efectos —que a veces parece la única y bien menor posibilidad de su punición— precisamente en esa pena en crisis.

La persistencia del «ius proprium» altomoderno en el siglo XVIII nos llevaría a exponer nuevos problemas del suicidio dependientes de la técnica legislativa y de la vigencia prolongada de normas recopiladas por una selección en cascada. A veces la doctrina, quizá una vez más movida por el afán de sintetizar, optará por limitarse a explicar lacónicamente estas leyes, aun sabiendo de su prolongación a veces defectuosa en esta época tardía, de una forma tan obsoleta como el método de su ordenación: Juan de Ayllón Laynez por ejemplo realiza una lectura plana de la ley de la *Nueva Recopilación* que se ocupa del suicidio, de la que deduce que en Castilla cualquier suicidio, sea motivado por la razón que fuere, bien por conciencia de crimen, bien por tedio vital, impaciencia del dolor u otras causas, incurre en la pena de confiscación de bienes, excepto si su ejecutor dispone de descendientes legítimos[47]; una lectura que curiosamente resulta tan radical y anticuada en unos aspectos como proclive a las limitaciones de la confiscación de bienes que avanzan con los tiempos. En definitiva, vemos que simplemente Ayllón Laynez se limita a reproducir la ley, sin más aportaciones al respecto, aunque su opinión no deja de ser demasiado pobre cuando al menos a estas alturas podemos afirmar con total rotundidad que la comunidad de doctores aboga únicamente por la confiscación cuando se trate de suicidios efectuados por conciencia de crimen o miedo a la pena, crímenes anteriores que a su vez llevaran aparejada la muerte natural y civil.

---

[46] *Vid.* Miguel PINO ABAD, *La pena de confiscación de bienes en el Derecho Histórico Español*, Córdoba, Servicio de Publicaciones Universidad de Córdoba, 1999, pp. 201-244; en particular sobre el suicidio, pp. 241-244.

[47] AYLLÓN LAYNEZ, *Illustrationes*, cit., pp. 226-227.

Cuando Cremani recuerda los castigos que se aplican a aquellos que por conciencia de crimen se dan muerte, debido a la infamia que el suicidio provoca sobre la memoria de los hombres, y refiere la confiscación de bienes, y la venganza de sus cuerpos arrojándolos al fuego, ahorcándolos públicamente o incluso echándolos a las fieras y aves salvajes para que los desgarren, está escribiendo un ensayo pintoresco y algo extravagante sobre la historia del pensamiento, antes que una analítica jurídica de la teoría y práctica del suicidio. El suicidio no está bien visto pero provoca una cierta perplejidad, e incluso curiosidad científica, y así Heinrich Berger asegura, después de las consabidas preguntas retóricas que ponen de relieve la vileza del suicida, que es necesaria la investigación e indagación de las causas por las cuales el suicidio se produjo (necesidad de prueba también puesta de relieve desde los comienzos de la Modernidad), y que desde luego si la causa es la impaciencia o el dolor y similares, el suicida no debe ser castigado, aunque sí debiera enterrarse su cuerpo en los márgenes del cementerio y bajo moderada y discreta ceremonia, como síntoma de la injuria que entraña su acto. Sin embargo, si el suicidio se produce por conciencia del crimen, Berger considera que caben dos opciones, en función de que el crimen anterior fuera o no probado; si no existiera posibilidad de probar el delito previo, el castigo únicamente recaería sobre el cadáver, siendo arrastrado y enterrado bajo el patio de la cárcel, una medida que se antoja ya exagerada en estos tiempos; si por el contrario se demostrara que el suicida era el autor del crimen anterior, no sólo se aplicaría un castigo sobre su cuerpo ya muerto, como la horca o la quema en la hoguera, sino que además, como hasta ahora hemos venido diciendo, se le confiscarían los bienes. Ya por último, si fue sorprendido atentando contra sí mismo, es decir, en conato de suicidio, a menudo, explica Berger, el suicida no es castigado si la causa fue la impaciencia de la vida, aunque la impiedad y el propósito doloso recomiendan la imposición de un castigo extraordinario. Asimismo, recuerda la singularidad del ejército, pues cuando algún militar es sorprendido atentando contra su propia vida, aunque quede en un mero conato, será castigado con la pena capital[48]. Por lo tanto, la teoría moderna del suicidio se reproduce en todas sus posibilidades, por mucho que se haya partido de una defensa de la atemperación de

---

48 Henricus Berger, *Electa Iurisprudentiae criminalis*, Lipsiae, Sump. Haered. Friderici Lanckisii, 1606, pp. 93-100.

su régimen: tan fiel es la doctrina a esta atemperación, como al resto de la construcción institucional. Y así, por conservar, Cremani conserva desde la fuente misma de la legitimación jurídica, pues si considera la aplicación de estas penas del suicidio como útiles y convenientes, legítimas y oportunas, es porque cualquier otra posición la juzga filosóficamente contraria a la recta razón divina y humana, y a la obligación de conservación de la vida propia de la ley natural del hombre[49].

Pero también encontramos doctores más distantes respecto de la tradición moderna, para quienes continuar con la atemperación del régimen del suicidio tiene que tener un tono más rupturista que continuista. José Marcos Gutiérrez tiene en este sentido un tono muy crítico que parece pretender desmontar toda opinión o argumento clásico en relación con el suicidio y su castigo, tanto corporal como civil, al mismo tiempo que, con un aire un tanto burlesco y jocoso, viene de alguna forma a ridiculizar el contenido normativo y las opiniones jurídicas predominantes hasta el momento. Por una parte, destaca la brevedad de la ley que en su momento dictó Enrique III, contenida en la *Nueva Recopilación*, en comparación con las leyes relativas a los suicidas de países como Inglaterra u otros Estados europeos[50]. Ade-

---

49 CREMANI, *De iure*, cit., pp. 287-291.

50 Sara M. BUTLER, «Cultures of Suicide?: Suicide verdicts and the «community» in thirteenth and fourteenth century England», *Historian*, 69-3 (2007), pp. 427-449, centra su atención en diferentes comunidades inglesas bajomedievales exponiendo las singularidades del crimen de suicidio según la región, entendiendo precisamente que la variación regional de costumbres culturales es un factor —sumado a la dificultad de la identificación del suicidio como una «felonia de se»— que moldea los valores morales y jurídicos de las comunidades medievales. El estudio del procedimiento judicial seguido en la Inglaterra bajomedieval describe cómo, a partir de 1194, los jueces de instrucción se encargarían de dictaminar veredictos preliminares conforme a las investigaciones y pruebas disponibles, tales como la comprobación del cuerpo del delito y la escena de la muerte, los testimonios y comentarios de testigos, familiares, vecinos, etc.; asimismo, el jurado analizaba las diligencias y finalmente determinaba si el objeto del proceso podía calificarse como un crimen de suicidio o una muerte accidental. No parece que fuera respetado el orden solemne de los juicios (lo que resulta común en la jurisprudencia europea respecto de los delitos de mayor atrocidad); a veces, explica la autora, la sentencia del jurado estaba determinada desde un principio, antes de llegar al final del procedimiento, sobre todo en situaciones de notoriedad (otro supuesto de sumariedad procesal) en las que los hechos eran más que evidentes y las pruebas indiscutibles. En el pronunciamiento de

más, otorga a la norma un sentido completamente diferente, en contraposición a las opiniones y reflexiones ofrecidas hasta el momento, al indicar que «ella no priva de nada a quien privó de todo la muerte:

---

la sentencia que determina la existencia de un crimen de suicidio influyen factores religiosos (por supuesto, el juicio moral de ascendencia agustiniana sobre la extrema gravedad del pecado), culturales o económicos, además de las reacciones emocionales y psicológicas del jurado frente al supuesto criminal concreto. Una vez declarado el crimen suicida, el Estado procedía a confiscar los bienes muebles e inmuebles del culpable por un año y un día de duración. Solamente quedaban excluidos de juicio y confiscación, como sabemos, los «insanos» de mente. Butler concluye advirtiendo de que si los historiadores del Derecho quieren entender mejor cómo funcionaban los procedimientos judiciales medievales y a qué obedecía el pronunciamiento de las sentencias por los jurados, han de traspasar los límites de la ley y abrazar otras fuentes documentales; sin cuestionar las fructíferas y valiosas investigaciones y aportaciones de la autora, y sin infravalorar las fuentes primarias (documentación de archivo) y secundarias (bibliografía) utilizadas, hay que notar que Butler sin embargo prescinde de las fuentes normativas y doctrinales de la época, lo que resulta tanto como afrontar la práctica sin una valoración de los presupuestos teóricos que estaban presentes en el razonamiento de sus protagonistas. Anteriormente, Sara M. Butler, «Degrees of Culpability: Suicide Verdicts, Mercy, and the Jury in Medieval England», *Journal of Medieval and Early Modern Studies*, 36-2 (2006), pp. 263-290, había pretendido demostrar, partiendo del caso de Richard Peioun, cómo los jurados ingleses medievales no aplicaron rectamente la ley, prestando atención a otros factores populares a la hora de dictar sus veredictos. Richard Peioun era un niño que a la edad de un año se cortó el cuello con un juguete: su actitud, explica la autora, no era mucho más extraña que la de cualquier niño de su edad en la Inglaterra medieval, pues los juzgados estaban repletos de supuestos de casos fortuitos de niños fallecidos por caídas a pozos o a calderas de agua hirviendo, además de otros recurrentes juegos peligrosos. De ahí que, en principio, sea difícil entender que el grupo de doce hombres «buenos y justos» que conformaban el jurado sentenciaran que el pequeño Richard había decidido libremente suicidarse, más aún cuando un niño carece legalmente de capacidad de dolo. Además, el jurado, a la hora de dictar su veredicto, podía haber tenido en cuenta que la muerte del niño fuera debida a una negligencia paternal. Sin embargo, finalmente, el jurado declaró que el niño era culpable de un crimen de homicidio de sí mismo, marcando a sus padres con la infamia y la vergüenza social y dándole «bárbaro entierro» al cadáver infantil. En cierto sentido, puede entenderse que la decisión del jurado significaría una fuerza disuasoria sobre otros padres, una pena ejemplarizante, un toque de atención a las familias de la comunidad para evitar posibles descuidos o negligencias con los hijos. Pero, desde luego, no hay en esta decisión una observancia estricta y formal de la ley. Parece que los jurados medievales jugaron un papel esencial a la hora de «afinar» la severidad

no quita a los tristes descendientes los bienes que quedaron por ella: no se ensangrienta o venga ridículamente en el frío y yerto cadaver del infeliz suicida: no castiga al hijo que ha perdido a su padre, al padre

---

de la ley en virtud de un código de ética comunal, en el que la condena del suicidio responde a una preocupación religiosa y también al interés económico de la Corona sobre los bienes confiscables. De nuevo se echa de menos en Butler que sus afirmaciones sobre la relevancia de la información de las fuentes jurídicas no se acompañe de un tratamiento profundo de éstas, particularmente de las normativas y doctrinales. La misma línea de investigación continúa Sara M. BUTLER, «Local Concerns: Suicide and Jury Behavior in Medieval England», *History Compass*, 4/5 (2006), pp. 820-835, concretamente el aspecto relativo al interés de la justicia regia en los efectos lucrativos para el fisco derivados de la persecución del crimen de suicidio, pues efectivamente desde mediados del siglo XIII los reyes de Inglaterra reclamaron su derecho de confiscar las tierras y propiedades de los suicidas. Si la Corona abogaba por una severa y recta aplicación de la ley en beneficio propio, en contraposición los jurados ingleses tenían en mente una amplia gama de preocupaciones y responsabilidades sobre las que centrarse antes de dictar sentencia. Los jurados que dictaban una sentencia de suicidio se enfrentaban a una doble responsabilidad, el empobrecimiento de una familia (a raíz de la confiscación) y también una especial preocupación por la comunidad que a partir de ese momento debía hacerse cargo de la familia afectada. Si actualmente, explica Butler, no es fácil de asimilar el suicidio de un conocido próximo, en la Inglaterra medieval sus consecuencias se extendían a lo psicológico y emocional. Bien es cierto que para los jurados era difícil exculpar abiertamente a un suicida, más cuando se apoderaba de la comunidad una especie de miedo generalizado que a su vez se combinaba con prescripciones religiosas y legales. El suicida era una especie de demonio eternamente condenado, pero además legalmente un criminal. Pero eso no evitó que en ocasiones los jurados se mostraran compasivos, no sólo por la familia, sino también por el propio suicida, sin que esto excluya por supuesto otros veredictos en los que incluso acentuaban la naturaleza depravada y criminal del acto del suicida. Es posible, apunta la autora, que la dureza y rigidez de la sentencia dependa del estatus y reputación del suicida, mostrándose el jurado más severo con aquellos suicidas de condición mediocre para señalar y mostrar las consecuencias de sus acciones. Hubo pues tendencias diversas en este funcionamiento del jurado como representante de su comunidad, sin excluir actuaciones judiciales caracterizadas por la independencia de criterio frente al interés regio tratando de reducir al mínimo el daño que una muerte de estas características podía suponer para el bienestar colectivo. En relación con la Francia moderna Alain JOBLIN, «Le suicide a'l'epoque moderne. Un exemple dans le France du Nord-Ouestà Boulogne-Sur», *Revue Historique*, 589 (1994), pp. 85-120, examina la concepción criminal del suicidio, delito en el que se hace presente la jurisdicción regia en virtud de su atrocidad —un homicidio cualificado, como sabemos, porque se mata el cuerpo y el alma—,

que ha perdido a su hijo, ni a la desconsolada viuda que ha perdido a su marido, ni infama a su inocente familia o posteridad con tan necio hecho»[51].

La ley contenida en la *Nueva Recopilación* no es breve porque sea de carácter general, válida para cualquier suicida, como en su momento han podido sostener o al menos cuestionar otros juristas, ni mucho menos se trata de que su brevedad debiera generar confusión alguna acerca de la imposición de la pena, ni tampoco cabría discutir por qué la ley exime de la condena a los descendientes directos, pudiendo heredar legítimamente sus bienes, aun cuando el suicida hu-

---

siguiendo un procedimiento judicial que parece haberse respetado en su formalidad estricta. Partiendo de un caso registrado sobre un soldado que aparece ahorcado, el autor expone el avance de la investigación del crimen: advertidos del «rumor» de un suicidio, los oficiales de justicia se trasladaban al lugar de los hechos para comprobar la muerte; el escribano redactaba un extracto descriptivo de la situación informando sobre tres puntos: en primer lugar, el cuerpo del delito (posición, estado, contusiones); en segundo lugar, la descripción del objeto con el que el soldado se había dado muerte (o le habían dado muerte, según se determinase); y por último, la descripción de la vestimenta y los objetos personales hallados en los bolsillos del cadáver. Se fijaba entonces un sello en la frente del cuerpo, con el escudo de la ciudad, y se ordenaba el traslado del cadáver a la prisión. Continuaba la fase sumaria con el análisis de los datos en orden al esclarecimiento de las causas y condiciones de la muerte, entrando en escena el procurador fiscal, que a su vez designaba a dos médicos que «visitaban» al cadáver para elaborar un diagnóstico pericial, y se tomaba declaración a los testigos. Tras la investigación sumaria, se abría el juicio plenario, con sus habituales fases procesales, hasta el pronunciamiento definitivo de un veredicto. Las penas, como la horca del cadáver, responden a la consideración del suicidio como un acto particularmente denigrante, incluso en relación con el homicidio, en la medida, como dice Joblin, que simbólicamente conecta su naturaleza con el crimen de Judas Iscariote, que así traicionó al Salvador del mundo. Así parece evidente que el estudio del suicidio tiene, además del entramado jurídico, connotaciones sociales y algo más inaprensible: la historia de un drama humano. La justicia regia evolucionó, durante la segunda mitad del siglo XVII y el siglo XVIII, hacia una actitud más tolerante, teniendo en cuenta las pruebas como un factor de atenuación de la pena, pero, frente a la dinámica que nos explicaba Butler en Inglaterra, la justicia local, sin embargo, optó por mantener una línea intransigente, una práctica (espectaculares y rígidos procedimientos judiciales para con los crímenes suicidas) que ya bien entrado el siglo XVIII era contemplada como una costumbre obsoleta o arcaica.

[51] GUTIÉRREZ, *Práctica*, cit., p. 64.

biera cometido el mayor de los crímenes atroces. Todas estas son divagaciones tortuosas y alambicadas de los doctores modernos. El verdadero motivo por el que la ley castellana es tan escueta es que en definitiva no tiene lógica castigar a los herederos de aquél que se priva de la vida con la muerte, pues no tiene sentido castigar al inocente por un acto ajeno (va en contra del viejo principio de responsabilidad penal individual): para Gutiérrez, el suicidio es un acto que no deja de ser horroroso y repugnante, pero que no tiene por qué hacer recaer su responsabilidad sobre los familiares del suicida; tampoco hay motivo, explica, para marcar a la familia con la infamia y la vergüenza. Pero, al desarrollar este razonamiento, en consecuencia Gutiérrez simplemente estaría manifestando la inexistencia de dicha ley, una ley que precisamente es expresada de forma tan breve porque carece de contenido jurídico propio, una «falsa» norma cuya pretensión no es la de regular el delito suicida en sí, como han entendido quienes la han tergiversado y viciado: en realidad es una ley que sólo trata de regular y asegurar el control de unos bienes en el supuesto de que quedaran sin dueño, por el suicidio. Nada de condicionamientos procesales ni de pena establecida en su función; «pero —añade Gutiérrez—, ¿Quién creería que en dichas naciones se hace comparecer ante un tribunal a un ser que ya no existe, que se presenta contra el una acusación, que se le forma un proceso, y que se condena un asqueroso cadaver a unas ignominiosas y ridículas ceremonias?» Es decir, ya no es que Gutiérrez se aleje del tradicional pensamiento que une e identifica al suicidio con un delito grave y atroz de homicidio, sino que abiertamente considera un absurdo esa articulación jurídica que vincula suicidio y procedimiento judicial, un proceso criminal que resultaría increíble e ilógico, una causa abierta que sentencia a un cuerpo sin vida a ser ajetreado, marcado y ahorcado públicamente contra todo sentido común[52].

No obstante, advierte Gutiérrez de que con sus palabras no trata de hacer apología del suicidio, una acción que si bien antiguos y modernos filósofos han defendido en determinadas circunstancias, por otra parte viene condenada tajantemente por la religión católica. Ahora bien, «pero seanos licito decir, que en nuestro dictamen en el catálogo de los delitos y penas de una legislación criminal debiera pasarse en silencio el suicidio, reservado para Dios su castigo». En definitiva, el

[52] *Ibid.*, pp. 63-65.

suicidio no debiera ser penado porque no debería ser un delito tipificado por el Derecho positivo, sino un acto encomendado exclusivamente a la justicia divina, puesto en las manos de Dios[53].

Para reforzar sus argumentos, Gutiérrez recuperará el discurso de Benito Jerónimo Feijóo, al que ya nos hemos referido, para demostrar con «sólidas razones» que aquéllos que optan por privarse de la vida son dementes o furiosos, consiguientemente seres imposibilitados para delinquir que en su mayoría, por ese trastorno, no deben ser privados de sepultura sagrada. Ya había llegado Feijóo a asomarse a la idea de la despenalización: «no podrá menos de parecer inútil una ley contra los suicidas, cuando apenas podrá justificarse contra alguno que se quito la vida en su sana razón, y cuando la impunidad de este rarísimo delincuente no puede tener ningún influjo perjudicial en la república»[54]. Esto es, si son evidentes las dificultades para distinguir entre un suicidio plenamente deliberado, racional y manifiesto, de un suicidio derivado de la perturbación mental, y es ésta la que parece predominar en los suicidios, es ilógico y absurdo que una norma castigue el suicidio, pues raramente será aplicada. Además, se pregunta Gutiérrez, ¿en qué perjudica a la república que un suicidio, incluso aquél ejecutado con conciencia de crimen, no sea un hecho castigado?; ¿qué daño puede hacer un suicidio a la república? El criterio de la utilidad pública, del interés social como razón de la represión penal, típico del siglo XVIII, está aquí presente.

Esto último es interesante porque Gutiérrez viene a poner en tela de juicio la teoría sobre la injuria y el daño al Derecho positivo y la justicia del príncipe, característica del suicidio. En primer lugar, porque al aceptar, en sintonía con Feijóo, que la mayor parte de los suicidios son provocados por furor, locura, demencia, cuestiona implícitamente qué tipo de servicio social, útil y valeroso, puede ofrecer un loco o un desesperado. Pero lo mismo sucede con el delincuente que extraordinariamente se quita la vida a conciencia y premeditadamente: ¿qué utilidad puede tener para la república un criminal, con o sin delito anterior? «Por otra parte, aun cuando supusiésemos a los suicidas con todo su juicio, seria también superflua contra ellos una ley penal. Esta no podrá seguramente contener la mano de quien ha lle-

53 *Ibid.*, p. 64.
54 *Ibid.*

gado a aborrecer tanto su propia vida que intenta quitársela, despreciando la ley tan poderosa naturaleza, que se la recomienda vivísimamente como la cosa mas cara y amable de todo viviente»[55]. Una ley penal contra el acto suicida sería algo insignificante e inútil. Y es que ningún castigo llegaría a responder proporcionalmente a un acto tan bochornoso y horrendo como el suicidio; una forma sutil de defender la impunidad del suicida, encubriendo la idea con argumentos simplistas que critican con fuerza la atrocidad del acto en sí, sin excluir su inmunidad: expresado de otro modo, una forma de camuflar ideales de carácter racionalista. Y así prosigue el autor: «Y quien no hace aprecio de ella [de la vida], ¿qué caso hará del vilipendio, ignominia, o escarnio que haya de hacerse de su insensible cadáver?, ¿qué le importará la confiscación de sus bienes en perjuicio de su esposa e hijos si los tiene, cuando nada le ha importado el separarse de ellos para siempre dando una prueba segura de que no los ama?». Si el suicida ni siente ni padece, ¿qué sentido tiene castigar su cuerpo, ya muerto, o confiscar los bienes en detrimento de quienes debieran ser las víctimas de su homicidio y no sus cómplices?; ¿de qué sirve perjudicar a una esposa e hijos que, demostrado está al suicidarse, nunca apreció? ¿Para qué esa costumbre o «practica pena del colgar el cadaver del suicida preso y acusado por delito digno de muerte»? Pero Gutiérrez, quizá consciente de la dureza de sus críticas, recula: dicha costumbre, explica, sólo debería aplicarse cuando el crimen previamente cometido fuese infamatorio, pues la horca, efectivamente, es una pena de infamia; en definitiva, el cuerpo del suicida debe ser colgado, sí, pero como consecuencia de un crimen infamatorio anterior, y no por el crimen posterior, el suicidio, siempre y cuando hubiese sido dictada sentencia antes de la comisión del suicidio, «porque de otra suerte sería condenado y castigado un hombre no habiendo podido defenderse». De nuevo estamos en la secular teoría del suicidio, con sus claves repetidas durante toda la Modernidad, lo que hace ciertamente desalentadora en este punto la opinión de Gutiérrez. Pero la brecha interpretativa está abierta, y todavía hay un apunte técnico significativo: no sólo se requiere una sentencia judicial de culpabilidad respecto del crimen anterior, previa al suicidio, para que éste pueda ser penado, sino que, además de insistir, en este mismo sentido, en la necesidad de una exhaustiva investigación de demuestre aquella culpabilidad del

---

[55] *Ibid*, p. 65.

reo, Gutiérrez niega que de ella forme parte la presunción del suicidio como confesión tácita de la culpabilidad[56]. Si cumplidas las circunstancias de procedimiento judicial y litispendencia, la conciencia del crimen como causa punible del suicidio no funciona ya como presunción, el margen de responsabilidad penal por el suicidio, que nunca había conseguido afianzar la tendencia expansiva que parecía derivarse de la contundente gravedad (máxima) de su naturaleza jurídica ni frenar la preferida restricción de su castigo, está estrechándose hasta tal punto que, efectivamente, se encuentra a un paso, se diga o se camufle, de la despenalización[57].

---

[56] *Ibid.*, pp. 41-65.

[57] La dificultad de una despenalización definitiva del suicidio acusó el obstáculo de implicar un enfrentamiento con la legislación, la costumbre y la doctrina jurídico-teológica (tanto católica como protestante) que ha sido analizada en estas páginas. Ahora bien, una visión humanitaria del suicida estuvo ciertamente presente en Europa al menos desde principios de la Edad Moderna. En este sentido, como punto de referencia intelectual del siglo XVI, Michel de MONTAIGNE, *Essais de Michel de Montaigne. Avec les notes de tous les commentateurs* (ed. J. V. Le Clerc), libro II, cap. III, París, Chez Lefèvre Libraire, 1836, pp. 420-437, sostuvo una concepción de la muerte como el remedio que cura todos los males («et ce n'est pas la recepte à une seule maladie, la mort est la recepte à touts maulx; c'est un port tresasseuré, qui n'est jamais à craindre, et souvent à rechercher»), y en particular que «la plus volontaire mort, c'est la plus belle» (p. 421). Asimismo, obra clave del siglo XVII (aunque no publicada hasta el siglo XVIII) fue la del polémico John DONNE, *Biathanatos* (ed. John W. Hebel), Michigan, Facsimile Text Society, 1930, en la que se juega con la paradoja de la muerte superior a la vida, planteando la licitud del suicidio, como la del homicidio, en determinados casos, y sobre todo —llamativamente— cuestionando la contrariedad de la acción suicida al orden divino, natural y positivo; una inmensa provocación, como explica Paolo BERNARDINI, «*I have the keys of my prisión in myne owne hand.* Prime note di lettura sul *Biathanatos* di John Donne (1607-1608)», *Materiali per una storia della cultura giuridica*, 1 (2004), pp. 3-17, que invita a reflexionar, con un uso ecléctico de la historia, la teología dogmática y la casuística jurídica, no sólo sobre el suicidio en sí mismo, sino sobre la voluntad de construcción de un nuevo saber y de una nueva valoración de la libertad. Como hemos visto, la tendencia a un juicio humanitario sobre el suicidio cuajará en la idea de la despenalización a partir del siglo XVIII, como constata la clásica cita de Cesare BECCARIA, *Tratado de los delitos y de las penas. Traducido del italiano por D. Juan Antonio de las Casas*, cap. XXXII, Madrid, por D. Joachin Ibarra, 1774, pp. 187-197, cuando afirma, con toda claridad: «el suicidio es un delito, que parece no admite pena, que propiamente se llame tal; porque determinada alguna, ó caerá sobre los inocentes, ó sobre un cuerpo frio é insensible. Si esta no hará impresión en los vivos, como no la haría azotar una esta-

FUENTES PRIMARIAS

Pedro de ARAGÓN, *De iustitia et iure*, Salamanca, aput Guillermum Foque, 1590.

Iván ARANDA, *Lugares comunes de conceptos, dichos y sentencias en diversas materias*, Madrid, por Juan de la Cuesta, 1612.

Juan AYLLÓN LAYNEZ, *Ilustrationes sive additiones eruditissimae ad varias resolutiones Antoni Gomezzi*, Venetiis, ex Typographia Balleoniana, 1735.

Alfonso de AZEVEDO, *Commentarii juris civilis in Hispaniae regias constitutiones. Tomus quintus octavum librum novae recopilationis complectens*, Lugduni, apud fratres Deville, 1737.

Martín de AZPILCUETA, *Manual de confesores y penitentes que clara y brevemente contiene la universal y particular decisión de quasi todas las dudas que en las confessiones suelen ocurrir de los pecados, absoluciones, restitucio-*

---

tua [...]; porque la libertad política de los hombres supone necesariamente, que las penas sean meramente personales» (p. 187), pues «qualquiera que se mata, hace menos mal á la Sociedad, que aquel que para siempre se sale de sus confines [...] Y si la fuerza de la Sociedad consiste en el número de los Ciudadanos, por el hecho de salirse y entregarse á una Nacion vecina, origina doble daño, que aquel que simplemente con la muerte se quita de la Sociedad misma» (p. 188). Beccaria realiza así una reinterpretación jurídico-social del suicidio, que también es una reinterpretación de la disciplina jurídica penal: «Qualquiera Ley que no esté armada, ó que la naturaleza de las circunstancias haga insubsistente, no debe promulgarse; y cómo sobre los ánimos reyna la opinión, que obedece á las impresiones lentas é indirectas del Legislador, y que resiste á las directas y violentas; así las Leyes inútiles, despreciadas de los hombres, comunican su envilecimiento aun á las mas saludables; porque se miran mas como una dificultad para vencerla, que como un depósito del bien público» (p. 189). En general, para la evolución de la concepción del suicidio en las fuentes no jurídicas, sino filósoficas y literarias de la Edad Moderna, *vid.* MINOIS, *History of Suicide*, cit., pp. 59-179.

nes, censuras, & irregularidades, Salamanca, casa de Andrea de Portonariis, 1557.

Cesare BECCARIA, *Tratado de los delitos y de las penas. Traducido del italiano por D. Juan Antonio de las Casas*, Madrid, por D. Joachin Ibarra, 1774.

Iacobus de BELLO VISU, *Avrea practica criminalis Iacobi de Bello Visu, vetustissimi cum practici, tum iuris interpretis, ex recognitione*, Colonia, apud Maternum Cholinum, 1580.

Henricus BERGER, *Electa Iurisprudentiae criminalis*, Lipsiae, Sump. Haered. Friderici Lanckisii, 1606.

George BEYER, *Delineatio iuriscriminales secundum constitutionem carolinam*, Lipsiae, Impensis Ioann Friderici Bravnii Haered., 1727.

Samuel BOEHMER, *Elementa Iurisprudentiae Criminalis*, Halae, Sumtibus Orphanotropei, 1774.

Diego de CANTERA, *Quaestiones criminales tangentes iudicem, accusatorem, reum, probationem, punitionemque delictorum*, Salmanticae, excudebat Cornelius Bonardus, 1589.

Ludovico CARERI, *Practica causarum criminalium*, Lugduni, apud Gulielmum Rovillium, 1562.

Benedicto CARPZOV, *Practicae Novae Imperialis saxonicae rerum criminalium*, Pars I, Vittebergae, Sumptibus Haeredum D. Tobiae Mevii, & Elerdi Schumacheri, 1670.

Emanuel CONCEPCION, *Suma de los nueve tiempos*, Pampilone, Apud Lazarum Gonzalez de Assarta et Guillelmum Francisco et Alcanduz, 1696.

Daniel CONCINA, *Theologia Christiana dogmatico-moral. Tomo I*, Madrid, Oficina de Antonio Fernandez, 1776.

Antonino CONCIOLI, *Resolutiones criminales theorico-practicae*, Ludugni, Sumptib. Pedri Borde, Joannis, & Petri Arnaud, 1681.

Luigi CREMANI, *De iure criminali*, vol. II, Ticini, Apud haeredes Petri Galeatii, 1792.

Fulgencio CUNILIATI, *Universae theologiae moralis accurata complexio candidatis accommodata*, Tomo I, Venetiis, Apud Thomam Bettinelli, 1772.

Iodoco DAMHOUDER, *Praxis Rerum Criminalium*, Antuerpia, Apud Ioannem Bellerum, sub insigni Falconis, 1555.

Tiberio DECIANI, *Tractatus criminalis. Tomus secundus*, Augustae Taurinorum, apud haeredem Nicolai Bevilaqua, 1593.

Antonino DIANA, *Resolutionum moralium*, Pars V, Matriti, ex typographia Mariae de Quiñones, 1640.

John DONNE, *Biathanatos*, ed. John W. Hebel, Michigan, Facsimile Text Society, 1930.

Rudolph ENGAU, *Elementa Iuris Criminalis Germanico-Carolini*, Ienae, Sumtibus Viduae Croekerianae, 1767.

Prospero FARINACIO, *Praxis, et theoricae criminalis*, Editio postrema recens ab Auctore recognita, locupletata, & mendis expurgata, Lugduni, Sumptibus Iacobi Cardon, 1631.

Benito Jerónimo Feijoo, *Teatro crítico universal o Discursos varios en todo género de materias, para desengaño de errores comunes*, Tomo VI, Madrid, en la Imprenta de Don Antonio de Sancha, 1773.

Caleb Fleming, *A dissertation upon the unnatural crime of self-murder: occasioned by the Many Late Instances of Suicide in this City, & c.*, London, printed for Edward and Charles Dilly, 1773.

Antonio Gómez, *Variae resolutiones juris civilis, communis, et regii, tomis tribus distinctae*, Matriti, typis Pedri Marin, 1730.

Baltasar Gómez de Amescua i. c. Toletano, *Tractatus de potestate in se ipsum*, Mediolani, aput Hieronymum Bordomun, 1609.

Francisco Guijarro, *Bueno uso sobre teología moral según la doctrina y espíritu de la Iglesia*, Valencia, Oficina de D. Benito Monfort, 1793.

José Marcos Gutiérrez, *Practica criminal de España*, Tomo III, Madrid, Imprenta de don Fermín Villalpando, 1828.

Christoph Koch, *Institutiones iuris criminalis*, Ienae, Apud Melchioris haeredes, 1791.

Pedro Ledesma, *Segunda parte de la Summa, en la qual se summa y cifra todo lo moral, y casos de consciencia que no pertenecen a los Sacramentos, con todas las dudas, con sus razones breuemente puestas*, Salamanca, en casa de Antonia Ramirez viuda, 1605.

Juan Machado de Chaves, *Suma moral y resumen brevissimo de todas las obras del doctor Machado*, Madrid, por Andrés García de la Iglesia, 1661.

Ginés Luis Madre de Dios, *Praelectiones in Universam Theologiam Moralem*, Matriti, Typis Benedicti Cano, 1788.

Antonio Matthaeus, *De criminibus*, Trajecti ad Rhenum, Typis Ioannis a Waesberg, 1654.

Jacobo Menochio, *De paresumptionibus conjecturis signis, & Indiciis*, Aureliae Allobrogum, Apud Samuelem Crispinum, 1609.

Ludovico Molina, *De iustitia et Iure*, Moguntiae, Excudebat Balthasar Lippius, Sumptibus Hermanni Mylii Brckm, 1614.

Michael de Montaigne, *Essais de Michel de Montaigne. Avec les notes de tous les commentateurs*, ed. J. V. Le Clerc), París, Chez Lefèvre, Libraire, 1836.

Diego Pérez de Salamanca, *Ordenanzas Reales de Castilla glosadas. Tomo III*, Madrid, imprenta de Josef Doblado, 1780.

Pedro de Plaza y Moraza, *Epitome delictorum, causarumque criminalium, ex iure pontificio regio & caesareo. Liber I*, Venetiis, apud Hieronymum Scotum, 1573.

Josef Santiago Plenk, *Medicina y cirugía forense o legal*, Madrid, en la imprenta de la viuda e hijo de Marin, 1796.

Francisco Pradilla, *Suma de las leyes penales*, Madrid, en la Imprenta del Reyno, 1639.

Marco Antonio Sabelli, *Summa diversorum tractatumm*, Tomo II, Venetiis, Apud Paulum Balleonium, 1697.

Antonio SAN JOSÉ, *Compendium salmanticense in duos tomos distributum universae theologicae moralis quaestiones*, Pompelone, apud Joseph Longas et Benedictum Cosculluela, 1791.

Jacobo de SIMANCAS, *De catholicis institutionibus liber, ad precavendas & extirpandas haereses admodum necessarius*, Compluti, apud Andream de Angulo, 1569.

Domingo de SOTO, *De iustitia & iure*, libri decem, excudebat Ioannes Baptista a Terranova, 1574.

Félix TORRES AMAT, *Vida del Illmo. Señor don Félix Amat, arzobispo de Palmira &c., que contiene las notas y opúsculos inéditos que en ella se citan, y algunos otros documentos relativos a dicha vida*, Madrid, Imprenta que fue de Fuentenebro, 1838.

Tommasso TRIVISANO, *Decisionum causarum civilium, criminaliumenthae reticorum*, Francoforti, ex oficina typographica Nicolai Bassai, 1595.

Domenico URSAYA, *Instituciones criminales usui etiam forensi*, Roma, ex Typographia Josephi Monaldi, 1701.

Giovanni Baptista ZILETTI, *Consiliorum seu responsorum ad causas criminales*, Venetiis, apud Bernardinum Ziletum et frates, 1566.

FUENTES SECUNDARIAS

Enrique ÁLVAREZ CORA, «La doctrina del homicidio en el siglo XVI», *Initium. Revista Catalana d'Història del Dret*, 20 (2015), pp. 243-370.

Olive ANDERSON, *Suicide in Victorian and Edwardian England*, Oxford, Clarendon Press, 2003.

Julia BALDÓ ALCOZ, «*Por la quoal cosa es dapnado*.Suicidio y muerte accidental en la Navarra Bajomedieval», en *Anuario de Estudios Medievales*, 37-1(2007), pp. 27-69.

Cristiano BARBIERI, Pierluigi RONCAROLI, «Da Verona a Masyerling: Riflessioni sul fenómeno dell'omicidio-suicidio partendo da alcuini casi storico-artistici», *Rassegna italiana di Criminologia*, 2 (2008), pp. 351-372.

Jaime BARRERA PARRA, «*Occidere se ipsum* en Tomás de Aquino», en Felipe Castañeda (coord.), *Francisco de Vitoria. Relección sobre el homicidio & comentario a la cuestión 64 «sobre el homicidio» de la «Suma Teológica II(A)-II(AE)*, Bogotá, Universidad de los Andes, pp. 149-184.

Paolo BERNARDINI, *Literature on Suicide, 1516-1815. A Bibliographical Essay*, Lewniston (Nueva York), Mellen, 1996.

- «*I have the keys of my prisión in myne owne hand.* Prime note di lettura sul *Biathanatos* di John Donne (1607-1608)», *Materiali per una storia della cultura giuridica*, 1 (junio 2004), pp. 3-17.

Mikel BERRAONDO PIUDO, *La violencia interpersonal en la Navarra Moderna (siglos XVI-XVII)*, Tesis doctoral dirigida por Dr. D. Jesús María Usunáriz Garayoa, Pamplona, Universidad de Navarra, 2012.

Sara M. BUTLER, «Women, suicide, and the Jury in Later Medieval England», *Journal of Women in Culture and Society*, 32-1 (2006), pp. 141-166.

— «Degrees of Culpability: Suicide Verdicts, Mercy, and the Jury in Medieval England», *Journal of Medieval and Early Modern Studies*, 36-2 (2006), pp. 263-290.

— «Local Concerns: Suicide and Jury Behavior in Medieval England», *History Compass*, 4/5 (2006), pp. 820-835.

— «Cultures of Suicide?: Suicide verdicts and the «community» in thirteenth and fourteenth century England, *Historian*, 69-3 (2007), pp. 427-449.
Caitlin G. Callaghan, «Seven Shillings and a Penny: female suicide in Late Medieval England», *Medieval Feminist Forum*, 43-1 (2007), pp. 88-107.
Felipe Castañeda (coord.), *Francisco de Vitoria. Relección sobre el homicidio & comentario a la cuestión 64 «sobre el homicidio» de la «Suma Teológica II(A)-II(AE)»*, Bogotá, Universidad de los Andes, 2010.
Francisco Castilla Urbano, «Francisco de Vitoria y la relección «de homicidio». Consideraciones morales sobre el suicidio», en Felipe Castañeda (coord.), *Francisco de Vitoria. Relección sobre el homicidio & comentario a la cuestión 64 «sobre el homicidio» de la «Suma Teológica II(A)-II(AE)*, Bogotá, Universidad de los Andes, pp. 187-216.
Jonathan Davies (ed.), *Aspects of Violence in Renaissance Europe*, Farnham, Ashgate, 2013.
Sonja Deschrijver, «From Sin to Insanity? Suicide Trials in the Spanish Netherlands, Sixteenth and Seventeenth Centuries», *The Sixteenth Century Journal. The Journal of Early Modern Studies*, 42-4 (2011), pp. 981-1002.
José María García Marín, «La legítima defensa en el Derecho castellano de los siglos xvi a xviii», *Anuario de Historia del Derecho Español*, 57 (1987), pp. 759-770.
— *El aborto criminal en la legislación y la doctrina. Pasado y presente de una polémica*, Madrid, Editoriales de Derecho Reunidas, 1980.
Margarita Garrido, «Consideraciones sobre el suicidio femenino en la antigüedad», *CECYM. Centro de Estudios Clásicos y Medievales. Cátedra I* (2003), pp. 126-132.
Catalina González, «Ironía y escepticismo en «sobre el suicidio de David Hume, en *Francisco de Vitoria. Relección sobre el homicidio & comentario a la cuestión 64 «sobre el homicidio» de la «Suma Teológica II(A)-II(AE)»*, Bogotá, Universidad de los Andes, 2010, pp. 243-260.
Róisín Healy, «Suicide in Early Modern and Modern Europe», *The Historical Journal*, 49 (2006), pp. 903-919.
Martín Ibarra Benlloch, «El suicidio de la mujer en la Historia eclesiástica de Eusebio de Cesarea», en *Congreso de Jóvenes Historiadores y Geógrafos. Actas I*, Madrid, editorial de la Universidad Complutense, 1990, pp. 569-576.
— «Diferencia de pareceres entre Lactancio y Eusebio de Cesarea en torno a la muerte voluntaria del Cristiano en testimonio de fe», *Anuario de Historia de la Iglesia*, 3 (1994), pp. 95-107.
Miguel Ángel Isais Contreras, «Del homicidio voluntario a la monomanía suicida: perspectivas históricas y explicativas de un mismo fenómeno», *Estudios Sociales*, 1 (2007), pp. 133-164.
Alain Joblin, «Le suicide a'l'epoque moderne. Un exemple dans le France du Nord-Ouestà Boulogne-Sur», *Revue Historique*, 589 (1994), pp. 85-120.

Michael Macdonald & Terence R. Murphy, *Sleepless Souls. Suicide in Early Modern England,* Oxford, Clarendon Press, 2002.

Arrigo D. Manfredini, *Il suicidio. Studi di Diritto Romano,* G. Giappicheli Editore, Torino, 2000.

Gian Paolo Massetto, «Il suicidio nella dottrina dell'età di mezzo», *Acta histriae,* 12 (2004), pp. 139-176.

Olli Matikainen & Satu Lidman, *Morality, Crime and Social Control in Europe 1500-1900,* Helsinky, SKS, 2014.

Georges Minois, *History of Suicide. Voluntary Death in Western Culture,* Maryland, The John Hopkings University Press, 1992.

Alejandro Morín, «Desesperación y suicidio en Partidas y Cantigas de Santa María, en M. Brizuela (coord..), *El hispanismo al final del milenio. V Congreso Argentino de Hispanistas,* Córdoba (Argentina), Comunicarte Editorial, 1999, pp. 231-241.

— «Suicidas, apóstatas y asesinos. La desesperación en la Séptima Partida de Alfonso el Sabio», en *Hispania. Revista Española de Historia,* 207 (2001), pp. 179-220.

Terence R. Murphy, «Wolful Childe of Parents Rage»: Suicide of Children and Adolescents in Early Modern England, 1507-1710», *The Sixteenth Century Journal,* 17-3 (1986), pp. 259-270.

Alexander Murray, *Suicide in the Middle Ages. The Violent against themselves,* vol. I, Nueva York, Oxford University Press, 1998.

— *Suicide in the Middle Ages. The Curse on Self-Murder,* vol. II., Nueva York, Oxford University Press, 2000.

Pedro Ortego Gil, «Puesto en ejecución. Notas históricas sobre conato y tentativa», *Initium. Revista Catalana d'Història del Dret,* 19 (2014), pp. 421-523.

— «Frágiles y sagaces: notas sobre dolo y punición de las mujeres en la Edad Moderna», en Francisco Luis Pacheco Caballero (ed. y coord.), *Mujeres y Derecho. Una perspectiva histórico-jurídica. Encuentro de historiadores del Derecho,* Barcelona, 2015, pp. 187-261.

Miguel Pino Abad, *La pena de confiscación de bienes en el Derecho Histórico Español,* Córdoba, Servicio de Publicaciones Universidad de Córdoba, 1999.

Christophe Regina, «Se délivrer soi-même de la vie. Confession d'un suicidé marseillais au siècle des Lumières», *Rives Méditerranéennes,* 44 (2013), pp. 107-123.

Felipe Rojas, «Voluntaria Mors. Apuntes sobre el suicidio en la sociedad y la literatura romanas», en Felipe Castañeda (Coord.), *Relación sobre el suicidio & comentario a la cuestión 64 «sobre el homicidio» de la «Suma Teológica II(A)-II(AE),* Bogotá, Universidad de los Andes, 2010, pp. 129-145.

Victoria Sandoval Parra, «Teología y vulgarización político-jurídica del martirio en la Monarquía Universal Católica», en Manuel Torres Aguilar y

Miguel Pino Abad (coords.), *Burocracia, poder político y justicia. Libro-homenaje de amigos del profesor José María García Marín*, Madrid, Dykinson, 2015, pp. 641-671.

Alice & Gwen SEABOURNE, «Suicide or accident-self killing in medieval England», *British Journal of Psychiatry*, 178 (2001), pp. 42-47.

Jean-Claude SHMITT, «Le suicide au Moyen Age», *Annales. Histoire, Sciences Sociales*, 1 (enero-febrero, 1976), pp. 3-28.

Terri L. SNYDER, «What Historians talk about when the talk about suicide: The view from Early Modern British North America», *History Compass*, 5/2 (2007), pp. 658-674.

Raoul VAN DER MADE, «L'influence de l'ivresse sur la culpabilite (XVI e XVII siècles)», *Revue d'Histoire du Droit*, 20-1 (1952), pp. 64-88.

Lieven VANDEKERCKHOVE, «The Decriminalization of Suicide in 18th-century Europe», *European Journal of crime, Criminal Law and Criminal Justice*, 6/3 (1998), pp. 252-266.

— *On Punishment. The confrontation of suicide in Old-Europe*, Leuven, Universitaire Pers Leuven, 2000.

André VANDENBOSSCHE, «Deux temoiguages de l'application en Flandre Française de l'ordennance de 1670 en matiere de suicide», *Revue d'Histoire de Droit*, 22-2 (1954), pp. 169-181.

Jeffrey R. WATT, *Choosing death: suicide and calvinism in Early Modern Geneva*, Kirksville, Truman State University Press, 2001.

Made in United States
Orlando, FL
04 November 2026

90204437R00146